자원봉사론

이근홍

지식터

머리말

자원봉사는 공동체의식에 기반을 두고 오랫동안 전승되어 온 사회복지의 한 분야이지만 1980년 이후 복지국가의 위기론이 대두되면서 필요성이 부각되어 왔으며, 노인인구가 증가하고 장애인, 요보호아동, 다문화가족 등이 많아지면서 대인서비스 욕구가 증대되어 더욱 필요하게 되었다. 자원봉사는 공적·제도적 서비스의 한계를 극복하는 데 기여하고 사회문제를 예방·해결하며, 더 많은 대상자에게 더 많은 서비스를 제공함은 물론 자원봉사자의 성장과 발전을 돕고 지역사회 발전에도 공헌할 수 있게 하여 그 필요성이 날로 부각되고 있다. 자원봉사는 앞으로 자발적인 참여를 기반으로 개인, 지역사회 및 국가의 발전에 기여함은 물론 및 세계평화에도 공헌하는 우리 사회에서 없어서는 안 될 중요한 요소로서 더욱 활성화시켜야 할 것이다.

이 책은 자원봉사의 전반적인 내용을 다루고자 총 4부, 17장으로 구성하였다. 제1부는 자원봉사의 기초 부분에 해당하는 자원봉사의 개관, 제2부는 자원봉사의 분야, 제3부는 자원봉사자의 관리, 그리고 제4부는 자원봉사의 미래로 편성하였다.

제1부 자원봉사의 개관은 주로 자원봉사의 기초가 되는 내용을 5개의 장으로 나누어 서술하였다. 제1장 자원봉사의 개념은 자원봉사의 개념, 자원봉사의 특성 및 자원봉사의 필요성을 다루었다. 제2장 자원봉사의 철학은 자원봉사활동의 근간이 되는 가치와 관련되어 있는 자원봉사의 철학과 자원봉사의 동기를 제시하였다. 제3장은 자원봉사자의 자세로서 자원봉사자의 자세와 자원봉사자의 기술에 대해 서술하였다. 제4장은 자원봉사의 발달과 관련하여 영

국, 미국 및 한국의 자원봉사의 역사에 대해 다루었다. 제5장은 자원봉사와 관련된 법 중에서 자원봉사활동기본법, 사회복지사업법 등에 대해 설명하였다.

제2부 자원봉사의 분야는 자원봉사 분야의 분류를 알아보고 청소년자원봉사, 노인자원봉사, 장애인자원봉사, 다문화가족자원봉사 및 국제자원봉사의 6개의 장으로 구분하여 서술하였다. 제6장 자원봉사 분야의 분류에서는 자원봉사활동을 분야별, 대상별로 분류하여 살펴보았다. 제7장 청소년자원봉사는 청소년의 특성, 청소년자원봉사의 필요성, 원칙 및 분야를 다루었다. 제8장 노인자원봉사는 노인의 특성, 노인자원봉사의 필요성, 원칙 및 분야를 서술하였다. 제9장 장애인자원봉사는 장애인의 특성, 장애인자원봉사의 필요성, 원칙 및 분야를 다루었다. 제10장 다문화가족자원봉사는 다문화가족의 특성, 다문화가족자원봉사의 필요성, 원칙 및 분야에 대해 서술하였다. 제11장 국제자원봉사는 국제자원봉사의 필요성, 기능, 원칙, 유형 및 분야로 구분하여 상세하게 서술하였다.

제3부 자원봉사자의 관리는 자원봉사자 관리과정을 중심으로 5개의 장으로 구분하여 서술하였다. 제12장 모집과 심사는 자원봉사자의 모집에서 심사까지의 과정을 서술하였다. 제13장 교육과 훈련은 자원봉사자의 교육과 훈련에 대해 상세하게 제시하였다. 제14장 배치와 지도감독은 자원봉사자의 선정과 자원봉사자의 적재적소 배치와 관련된 내용 및 자원봉사활동을 지도하고 감독하는 내용을 서술하였다. 제15장 기록과 평가는 자원봉사활동에 대한 기록과 활동내용의 평가를 다루었다. 제16장 인정과 보상은 자원봉사활동에 대한 인정과 지원봉사활동을 활성화하기 위한 보상내용을 서술하였다.

제4부 자원봉사의 미래는 제17장 자원봉사의 과제와 전망을 중심으로 서술하였다. 자원봉사에서 앞으로 해결해야 할 중요한 과제들 중에서 자원봉사의 인식 제고, 자원봉사의 홍보 강화, 자원봉사 프로그램의 다양화, 자원봉사자의 효율적 관리, 자원봉사자에 대한 보호보상제도의 확충 등과 관련된 내용들을 주로 다루었다. 또한 자원봉사의 과제와 더불어 자원봉사가 앞으로 어떻게 전

개될 것인가에 대한 전망을 제시하였다.

이 책은 자원봉사에 관한 전반적인 내용을 상세하고도 심도 있게 제시하고 있으므로 자원봉사를 학습하거나, 자원봉사를 연구하거나, 현장에서 직접 자원봉사를 실천하는 사람들에게 좋은 길잡이가 될 것이다. 이 책에서 부족한 부분과 수정해야 할 부분에 대해서는 독자 여러분의 아낌없는 비판과 조언을 기대한다. 앞으로도 이 책이 더욱 훌륭한 자원봉사의 학습과 연구의 길잡이가 될 수 있도록 끊임없이 개정할 것을 약속드린다. 끝으로 이 책이 출판되기까지 아낌없는 지원을 해주신 지식공동체 김동근 대표님과 편집을 위해 수고하신 직원 여러분께 감사드린다.

2020년 8월

이 근 홍

▌차례

■ 머리말 / 3

Part 01 자원봉사의 개관

| 제1장 | 자원봉사의 개념 / 13

1. 자원봉사의 개념 ········ 13
2. 자원봉사의 특성 ········ 14
3. 자원봉사의 필요성 ········ 17

| 제2장 | 자원봉사의 철학 / 21

1. 자원봉사의 철학 ········ 21
2. 자원봉사의 동기 ········ 24

| 제3장 | 자원봉사자의 자세 / 27

1. 자원봉사자의 자세 ········ 27
2. 자원봉사자의 기술 ········ 34

| 제4장 | 자원봉사의 역사 / 41

1. 영 국 ········ 41
2. 미 국 ········ 46
3. 한 국 ········ 53

| 제5장 | 자원봉사 관련법 / 59

1. 자원봉사활동기본법 59
2. 사회복지사업법 63

Part 02 자원봉사의 분야

| 제6장 | 자원봉사 분야의 분류 / 67

1. 자원봉사활동 분야별 분류 67
2. 자원봉사활동 대상별 분류 69

| 제7장 | 청소년자원봉사 / 73

1. 청소년의 특성 73
2. 청소년자원봉사의 필요성 83
3. 청소년자원봉사의 원칙 85
4. 청소년자원봉사의 분야 85

| 제8장 | 노인자원봉사 / 89

1. 노인의 특성 89
2. 노인자원봉사의 필요성 100
3. 노인자원봉사의 원칙 104
4. 노인자원봉사의 분야 104

| 제9장 | 장애인자원봉사 / 109

1. 장애인의 특성 ······ 109
2. 장애인자원봉사의 필요성 ······ 112
3. 장애인자원봉사의 원칙 ······ 113
4. 장애인자원봉사의 분야 ······ 114

| 제10장 | 다문화가족자원봉사 / 117

1. 다문화가족의 특성 ······ 117
2. 다문화가족자원봉사의 필요성 ······ 126
3. 다문화가족자원봉사의 원칙 ······ 127
4. 다문화가족자원봉사의 분야 ······ 128

| 제11장 | 국제자원봉사 / 131

1. 국제자원봉사의 필요성 ······ 131
2. 국제자원봉사의 기능 ······ 133
3. 국제자원봉사의 원칙 ······ 135
4. 국제자원봉사의 유형 ······ 136
5. 국제자원봉사의 분야 ······ 139

Part 03 자원봉사자의 관리

| 제12장 | 자원봉사자의 모집과 심사 / 145

1. 자원봉사자의 모집 ··· 145
2. 자원봉사자의 심사 ··· 148

| 제13장 | 자원봉사자의 교육과 훈련 / 151

1. 자원봉사자의 교육 ··· 151
2. 자원봉사자의 훈련 ··· 156
3. 자원봉사자 교육·훈련 시 고려사항 ··· 157

| 제14장 | 자원봉사자의 배치와 지도감독 / 159

1. 자원봉사자의 배치 ··· 159
2. 자원봉사자의 지도감독 ··· 163

| 제15장 | 자원봉사자의 기록과 평가 / 165

1. 자원봉사자의 기록 ··· 165
2. 자원봉사자의 평가 ··· 167

| 제16장 | 자원봉사자의 인정과 보상 / 171

1. 자원봉사자 인정과 보상의 필요성 ··· 171
2. 자원봉사자 인정과 보상의 법적 근거 ··· 171
3. 자원봉사자 인정과 보상의 유형 ··· 173
4. 자원봉사자의 인증관리 ··· 175

Part 04 자원봉사의 미래

| 제17장 | 자원봉사의 과제와 전망 / 181

1. 자원봉사의 과제 ········· 181
2. 자원봉사의 전망 ········· 184

부 록 / 187

자원봉사활동기본법 ········· 189
자원봉사활동기본법 시행령 ········· 195
자원봉사활동 시간인증 표준표 ········· 204

■ 참고문헌 / 208
■ 찾아보기 / 211

01

자원봉사의 개관

| 제1장 | 자원봉사의 개념
| 제2장 | 자원봉사의 철학
| 제3장 | 자원봉사자의 자세
| 제4장 | 자원봉사의 역사
| 제5장 | 자원봉사 관련법

VOLUNTEERISM

| 제1장 | 자원봉사의 개념

1. 자원봉사의 개념

자원봉사(自願奉仕)의 사전적인 의미를 살펴보면 한자어에서는 '스스로 하고 싶어 원하여 남의 뜻을 받들어 섬김'으로 자기가 원하여 스스로 나서서 국가나 사회 또는 타인에게 적극적으로 도움을 주는 일이라 하고 있다. 한자어의 사전적 의미만을 고려해 보더라도 자원봉사는 스스로 자신의 의지에 의하여 타인, 단체, 기관, 지역사회, 국가 등을 위해 도움을 주는 일이라 할 수 있다. 영어에서는 자원봉사(volunteerism)가 voluntary의 어원인 voluntas(의지)에서 왔으며, 이것은 자발적인 의지에 의하여 실천하는 활동을 의미한다고 할 수 있다. 자원봉사의 의미를 법적으로 보면 자원봉사활동기본법 제3조에서 "자원봉사활동이란 개인 또는 단체가 지역사회·국가 및 인류사회를 위하여 대가 없이 자발적으로 시간과 노력을 제공하는 행위를 말한다"라고 정의하고 있다.

자원봉사의 개념은 사전적이나 법적인 정의 외에도 학자들에 따라 다양하게 정의되고 있다. 자원봉사는 정부기관의 후원 없이 대인서비스를 제공하기 위해 무보수의 개인과 집단을 동원하고 활용하는 것이며(Barker, 1995 : 404), 자유로운 의지에 의한 자발성에 기반을 둔 실천행위로서 복지사회를 만들어 가기 위해 적극적으로 노력하는 의도적이고 계획적인 일상활동인 것이다(仲村優一, 1982 : 420).

자원봉사란 자원봉사자에 의해 행해지는 서비스나 활동으로 특정한 사회적 요구의 인식하에 사회적 책임감의 태도를 가지고 금전적 이득에 대한 관심 없이 또한 의무감이나 타인에 의한 강요로부터 벗어나서 자발적으로 행동할 것을 선택해서 이루어지는 활동인 것이다(조휘일, 1997 : 16). 이것은 개인의 자발적인 선택에 의해 경제적인 이익을 추구하지 않고 공공의 이익과 복지향상을 위해 조직적이고 체계적이며 지속적으로 행하는 활동인 것이다(오세영, 2012 : 12).

자원봉사는 이와 같이 개인, 집단, 지역사회에 발생하는 여러 가지 사회문제를 예방・해결하거나, 사회복지 증진을 위해 활동하거나, 공익의 증진을 위해 행하는 활동과 관련되어 있으며, 다른 사람의 강요나 억압에 의한 것이 자발적인 의지에 의해서 무보수로 행하는 활동인 것이다. 따라서 자원봉사란 자발적으로 활동에 상응하는 보수를 받지 않고, 개인, 단체, 조직, 지역사회 등을 대상으로 원조활동을 행하거나 사회문제의 예방・완화・해결을 위해 행하는 활동으로서 공익이나 사회복지 증진에 기여하고자 행하는 개인이나 단체의 모든 활동이라고 정의할 수 있다.

2. 자원봉사의 특성

1) 자발성

자발성이란 다른 사람의 강제나 명령에 의해 행하는 것이 아니라 개개인의 자유로운 의사와 주체성에 의해 활동을 하는 것을 말한다(김성이・박영희 편, 2003 : 17). 즉, 자발성이란 자신의 판단 아래 스스로 보고 듣고 생각하여 판단해서 실천에 옮기는 것을 말하며, 다른 개인, 집단, 조직 등에 의하여 강요받지 않고 스스로 선택하여 봉사활동에 참여하는 것을 말한다(김범수 외, 2018 : 36). 이와 같이 자원봉사는 타인의 강요나 억압에 의해 행해지는 것이 아니라 타인을 돕고자 하는 자신의 자발적인 의지에 의해서 비롯된 자유로운 활동인 것이다. 만일 자원봉사가 강요된 활동이었다면 보수를 받지 않고 지속적으로 활동하기가 어려웠을 것이다.

2) 무보수성

무보수성이란 무급성이라고도 하며 보수나 이익을 얻는 것을 목적으로 하지 않는다는 것을 말한다. 즉, 전혀 보수를 받지 않는다는 것이 아니라 보수를 받을 목적으로 활동을 하지 않는다는 것이다(김성이 · 박영희 편, 2003 : 17). 즉, 이것은 자원봉사자가 자원봉사활동을 하면서 여러 가지 소요경비를 스스로 부담하면서 활동을 하는 것을 말한다(김범수 외, 2018 : 37). 이와 같이 자원봉사는 자신의 활동에 상응하는 금전적인 보수나 대가를 받을 목적으로 행하는 활동이 아닌 무보수적인 활동이다. 만일 자원봉사활동을 경제적 보상을 통해 활성화시키려고 한다면 그것은 자원봉사의 근본적인 취지에 어긋나는 것이다. 그러나 자원봉사 원래의 목적이나 취지에 어긋나지 않을 정도의 교통비나 식비를 제공하는 것은 바람직하다고 본다.

3) 사회복지성

사회복지성은 자원봉사자가 어려운 이웃 및 취약계층을 돕거나 지역사회의 사회문제의 예방 · 해결을 통하여 사회복지를 증진시키는 것을 말한다. 이와 같이 자원봉사는 개인의 자아실현을 목적으로 하는 경우도 있지만, 대부분 전체 사회의 공익을 증진시키거나 지역사회 주민의 욕구충족이나 문제해결과 같이 사회복지를 증진시키기 위한 활동이라고 할 수 있다. 이것은 어려움에 처한 사람들을 대상으로 인간의 존엄성을 유지하고 인간다운 생활을 보장받을 수 있도록 하는 활동이며, 인간으로 하여금 사회적 행복을 누릴 수 있도록 원조하는 활동인 것이다.

4) 이타성

이타성은 대개 자기의 이익보다는 다른 이의 이익을 더 꾀하는 성질을 말한다. 즉, 자기 자신의 이익을 취하거나 자신을 돌보기보다는 어려운 환경에 처해 있는 사람들을 도와야겠다는 생각이며, 자신의 이익이나 명예를 먼저 생각하지 않고 도움 대상자를 먼저 생각하는 것이다(김범수 외, 2018 : 38). 이와 같이 자원봉사는 다른 사람을 돕겠다는 마음을 가지고 자신의 이익이나 목적을 달성하기 위한 활동이 아니라 타인을 존중하고 이웃 및 지역사회와 더불어 협력하며 살아간다는 이타주의적 정신을 바탕으로 하는 것이다.

5) 공공성

자원봉사는 특정한 개인, 단체, 시설, 기관, 조직, 종교단체, 정당, 지역사회 등을 초월하여 모든 사람, 단체, 조직 등을 대상으로 행해지는 공공성에 기초를 두고 있다. 즉, 자원봉사는 사회의 일원으로서 사람과 사람의 관계를 중요시하는 활동을 통해 공동체의 일원으로서 사회적 기능을 수행하는 활동이며(김성이 · 박영희 편, 2003 : 18), 특정한 사람이나 단체가 아닌 사회의 모든 것들을 대상으로 행하는 활동인 것이다. 따라서 자원봉사는 특정 개인이나 집단의 이익을 목적으로 하지 않고 공익을 목적으로 행해지는 활동인 것이다.

6) 교육성

자원봉사는 일정한 기간 동안 공식적인 교육에 참여하여 학습을 할 수도 있고, 비공식적인 방법을 통하여 경험, 지식, 기술, 태도, 신념, 가치관, 철학 등을 학습할 수도 있는 학습의 장인 것이다. 즉, 자원봉사는 몸소 참가하여 얻는 체험학습이며, 사회복지에 대한 관심과 이해를 돕는 사회복지 교육이며, 민주시민으로서의 바람직한 역할과 자세를 배우는 민주시민 교육임과 동시에 사회생활의 전반이나 특정한 분야에 대해 배울 수 있는 기회를 제공하는 활동인 것이다(김혜영 · 유진희 · 신원정, 2018 : 16). 그 외에도 자원봉사는 여러 사람들과 협동하고 조직에 헌신하며 대인관계의 폭을 넓힘은 물론 리더십을 배우고 어려운 문제를 스스로 해결하는 방법을 터득하는 장인 것이다.

7) 자아실현성

자아실현은 자기 자신의 능력과 개성을 충실하게 발전시켜 완벽하게 이루는 것으로 자신의 잠재력을 최대한 발휘하여 자기가 원하는 사람이 되도록 하는 것이다(이근홍, 2019 : 261). 이러한 자아실현은 자원봉사를 통하여 얻을 수 있는 큰 보람 중의 하나이며, 어려운 이웃을 도우려는 동기에서 자원봉사에 참여하면서 새로운 경험, 성취감, 만족감, 폭넓은 인간관계 등의 심리적 보상을 얻기도 하며(김범수 외, 2018 : 38), 자기가 원하는 활동을 하면서 여가의 선용, 기술과 기능의 습득, 외국어 능력의 향상 등과 같은 자신의 잠재력을 발휘하는 기회가 되기도 한다.

8) 계속성

자원봉사는 지속적으로 할 수 있어야 효과적이며, 봉사대상자나 기관에게도 좋은 결과를 초래할 수 있다. 자원봉사자가 지속적으로 활동하지 않고 일회성 또는 단기간에 걸쳐 활동을 한다면 봉사대상자에게 혼란을 초래할 수 있으며, 자원봉사자를 관리하는 기관의 입장에서도 어려움이 가중될 수 있다. 이와 같이 자원봉사는 일회성이나 충동적으로 하는 활동이 아니며, 자발적인 동기에 의해 개인이나 사회를 돕기 위해 지속적으로 행하는 활동이어야 한다. 따라서 자원봉사활동은 질병, 이사, 시설입소, 유학, 이민 등과 같은 특별한 경우를 제외하고는 일시적으로 하지 말고 지속적으로 해야 한다.

3. 자원봉사의 필요성

자원봉사는 노인, 장애인, 다문화가족 등의 증가 등과 같은 대인적 서비스를 필요로 하는 대상의 증가, 그에 상응하는 공적·제도적 서비스의 한계 및 다양한 사회문제의 예방과 해결을 위해 필요하다. 또한 자원봉사는 지역사회의 발전과 지역의식에 대한 관심이 고조되고 있으며, 새로운 복지이념이 대두되고 시설의 사회화가 나타나며, 사회복지의 수용에 비해 사회복지 전문인력이 부족하여 점점 필요하게 되었다(조휘일, 1997 : 17-19).

1) 대인서비스 욕구의 증대

노인인구가 급격히 증가하고 치매, 뇌졸중 등과 같은 노인성질환을 가진 도움을 필요로 하는 고령노인이 많아지고, 교통사고, 산업재해, 약물남용, 환경오염 등으로 장애인이 증가하며, 빈곤, 이혼, 가출, 학대 등으로 요보호아동이 증가하고, 결혼이주여성, 외국인근로자 및 북한이탈주민의 증가로 다문화가족이 많아지면서 사회복지를 필요로 하는 대상자가 급증하고 있다. 그와 동시에 시설보호에서 지역사회보호로 사회복지의 방향이 변화되면서 대인서비스 욕구가 점차 증대되고 그들의 욕구를 충족시키기 위한 자원봉사활동이 더욱 필요하게 되었다.

2) 공적 · 제도적 서비스의 한계

사회복지를 필요로 하는 대상자가 급증하고 있음에도 불구하고 그들의 욕구를 충족시키고 사회문제를 예방・해결하기 위한 국가와 지방자치단체의 서비스는 아직도 부족한 실정이다. 또한 소득보장(연금보험, 기초연금, 고용보험, 아동수당, 장애인수당, 국민기초생활보장제도, 노인일자리 및 사회활동 지원사업 등), 의료보장(건강보험, 산업재해보상보험, 의료급여), 각종 사회복지서비스, 사회복지시설(기관) 등의 다양한 서비스가 존재하고 있지만 이러한 공적・제도적 서비스에 의해서도 해결하지 못하는 어떤 한계(돌봄, 상담, 말벗, 사회적 지지 등의 어려움)가 존재하므로 공적・제도적 서비스의 보완적 측면에서 자원봉사가 필요하다.

3) 사회문제의 예방과 해결

자원봉사를 통하여 사회문제의 대상이 될 수 있는 사람들에게 다양한 서비스를 제공하여 사회문제를 예방할 수 있다. 즉, 노인, 장애인, 아동, 청소년, 여성, 다문화가족 등에게 그들이 필요로 하는 각종 서비스를 제공하여 사회문제를 사전에 예방할 수 있으며, 사회문제라 할 수 있는 노인문제, 장애인 돌봄과 아동 돌봄의 부족, 청소년비행, 다문화가족의 사회부적응 등을 자원봉사자의 활동을 통해 해결할 수 있다. 또한 사회문제를 일으키는 사람들이 자원봉사를 통한 건전한 여가의 선용과 자기실현의 욕구를 충족함으로써 바람직한 인격의 형성, 정신적인 안정 및 자기 충실감을 갖게 되어 그들로 하여금 사회문제를 예방하거나 해결할 수 있게 한다.

4) 지역발전과 지역의식의 관심 고조

자원봉사는 주민의 지역사회 참여 등을 통하여 지역사회 발전에 기여하기 위한 활동으로서 필요하다고 할 수 있다. 한편 핵가족화 현상으로 가족의 복지기능이 점차 국가나 지역사회 수준으로 이관됨에 따라 지역사회 내에서의 상호부조, 연대감 및 협력관계가 중요시되고 있으며, 지방자치 시대를 맞아 사회복지가 중앙집권화에서 점차 지방분권화가 이루어짐에 따라 지역사회 수준에서의 사회복지 서비스 활동이 많아지게 되면서 자원봉사에 대한 필요성이 더욱 증대되고 있다.

5) 복지이념의 변화와 시설의 사회화

사회복지에서 정상화, 통합화, 복지권, 지역사회보호 등과 같은 이념이 대두되고 있으며, 사회복지시설의 지역사회 내에서의 개방, 시설운영의 사회화 등에 따라 사회복지의 분야가 다양화되면서 전문인력과 동시에 자원봉사자가 필요하게 되었다. 여기에서 정상화는 노인, 장애인 등과 같이 사회적 기능상에 심각한 문제로 인하여 사회생활에 어려움이 있는 사람들이 보통의 생활환경 속에서 어려움 없이 살아갈 수 있도록 물리적, 사회적, 교육적, 직업적 환경을 조성하는 것(경사로, 음성신호등, 저상버스 등)을 말하며, 시설의 사회화는 생활시설(이용시설)을 그 시설을 활용하는 대상자만이 아니라 모든 사회인들에게 개방하고 공유할 수 있도록 하는 것이다.

6) 사회복지 전문인력의 부족

사회복지의 분야가 다양해지고 전문화되고 있으며, 그에 따른 사회복지 수요도 점차 증가하고 있다. 사회복지시설(기관)이 급속하게 증가하고 있으며, 사회복지사, 사회복지직공무원, 정신건강사회복지사, 학교사회복지사, 의료사회복지사, 건강가정사, 보육교사, 요양보호사 등의 사회복지 전문인력이 꾸준히 증가하고 있다. 그럼에도 불구하고 사회복지 수요와 대상자의 증가에 전문가의 서비스가 제대로 미치지 못하는 경우가 많다. 따라서 사회복지 전문인력의 업무를 돕고 더 많은 대상자에게 더 많은 서비스를 제공하기 위해서 자원봉사가 필요하게 되었다.

| 제2장 | 자원봉사의 철학

1. 자원봉사의 철학

1) 인권존중

자원봉사는 자발적으로 활동에 상응하는 보수를 받지 않고, 개인, 단체, 조직, 지역사회 등을 대상으로 원조활동을 행하거나 사회문제의 예방·해결을 위해 행하는 활동이므로 우선적으로 봉사활동의 대상에 대한 존중이 있어야 한다. 특히 개인에게 봉사활동을 전개할 경우 그들의 인권을 존중해야만 효과적인 자원봉사가 이루어질 수 있다.

자원봉사를 포함한 사회복지 분야에서 그동안 일관성 있게 수용되고 준수해야 할 가치와 원리 중의 하나는 사람은 누구나 태어나면서부터 인간으로서의 존엄성과 권리를 지니고 있다는 것이다. 그러나 최근 사회적 기능상의 심각한 문제를 지니고 있는 노인, 장애인, 아동, 다문화가족 등은 가족과 지역사회로부터 소외되고 무시당하는 경향이 있으며, 여러 가지 기능상의 문제나 심신의 손상으로 인하여 정상적인 인간다운 삶을 영위하지 못하거나 일상생활에서 불이익을 당하는 경우가 많다. 특히 이들은 대부분 상대적으로 사회경제적 지위가 낮고 신체적 능력이 부족하기 때문에 인간으로서의 기본적인 권리가 무시되거나 사회적 약자로서 취급되기도 한다.

따라서 자원봉사의 대상인 노인, 장애인, 아동, 다문화가족 등이 인간으로서의 존엄성과 권리를 가지고 사회의 한 구성원으로서 가족 및 지역사회와 밀접한 상호작용을 하면서 그들의 복합적인 욕구를 충족시키고 문제를 해결하면서 인간다운 삶을 영위할 수 있도록 해야 한다(이근홍, 2008 : 29). 이와 같이 인간의 존엄성과 권리에 대한 존중은 자원봉사활동의 활성화는 물론 봉사대상자들의 복지증진에도 기여하게 될 것이다.

2) 평등의식

자원봉사 대상자 중 많은 부분을 차지하는 노인, 장애인, 아동, 다문화가족 등은 다양하고 복합적인 욕구와 문제를 가지고 있으면서도 제대로 해결하지 못하는 어려움이 있음과 동시에 사회적인 편견과 차별대우를 경험할 수 있다. 특히 장애인과 노인의 경우에는 인식의 결여와 이해의 부족으로 편견, 선입관, 차별, 사회적 소외감 등과 같은 어려운 문제에 직면하는 경우가 많다. 장애를 가지고 있다는 이유만으로 또는 신체적·정신적으로 허약하다는 이유만으로 사회로부터 소외되거나 차별대우를 받는다는 것은 더 큰 사회적 문제가 아닐 수 없다.

자원봉사에서 대상자를 선정하거나 서비스를 제공할 때 어떠한 차별도 있어서는 안 되며, 평등의식에 입각하여 활동이 전개되어야 한다. 이와 같이 자원봉사는 봉사대상자들에 대한 사회적인 편견, 차별, 불평등 등에서 벗어나 완전한 사회참여를 촉진하고 다양한 분야에서의 기회와 서비스의 평등, 편견과 선입관의 배제, 차별대우의 금지, 생활조건의 개선 등을 통하여 가족과 지역사회 내에서 자원봉사자들로부터 평등한 대우를 받을 수 있도록 해야 한다(이근홍, 2020a : 106).

3) 권리보장

자원봉사의 대상자인 노인, 장애인, 아동, 다문화가족 등은 다른 사회구성원들에 비해 사회적 기능상의 심각한 문제로 인하여 정상적인 인간다운 삶을 영위하지 못하는 경우가 많다. 즉, 신체적·정신적 기능이 저하되고 심리적으로 위축되며 사회적 편견과 차별을 경험하고 경제적으로 어려우며, 사회적 지위와 역할이 상실되어 인간다운 삶을 영위하지 못하고 사회적 소외자로 살아가는 경우가 많다. 따라서 자원봉사 대상자들의 인권이 보장되고 그들이 필요로 하는 서비스에 쉽게 접근하며, 사회참여를 촉진하고 잠재능력을 발휘할 수 있는 기회를 증진하기 위해서는 그들의 권리가 최대한 보장되어야 한다(이근홍, 2020b : 35-36).

자원봉사 대상자들이 사회구성원으로서 욕구에 따라 필요한 서비스를 제공받으면서 최소한의 문화적인 생활을 영위할 수 있는 권리가 보장되어야 한다. 그들은 지역사회 내의 다양한 자원과 서비스에 접근할 수 있어야 하며, 그들이 필요로 하는 서비스를 제공하는 자원봉사자를 언제든지 접촉하고 활용할 수 있는 권리가 보장되어야 한다. 그와 동시에 자원봉사자들은 상해보험, 건강검진 등과 같이 그들을 보호하고 안전을 보장할 수 있는 제도가 마련되어 안심하고 봉사활동을 전개할 수 있는 체계와 권리가 보장되어야 한다.

4) 공동체의식

자원봉사는 공동체의식에 바탕을 두고 자기 자신의 이익이나 안위보다는 지역사회 주민들과의 함께 협력하고 도우면서 더불어 살아가는 정신으로 활동이 전개되어야 한다. 공동체 의식은 지역사회 주민들과 함께하고 있다는 생각과 감정으로서 지역의 공통적인 욕구와 문제를 함께 공유하고 해결해 나가기 위해 참여하고자 하는 마음이다. 이것은 기관이나 지역사회와 같은 공동체에 소속감을 가지고 공동의 욕구와 문제를 해결하는데 함께 참여하려는 의식이며, 개인의 자율성과 독립성을 인정하면서도 책임감을 가지고 상호부조의 정신을 바탕으로 하여 다른 사람들과 협력하면서 함께하고자 하는 마음이다.

자원봉사에서는 공동체의식을 바탕으로 봉사대상자의 인격을 존중하고 배려하며 그들의 입장에서 서비스를 제공해야 하며, 자원봉사자는 기관과 지역사회의 발전에 기여하는 마음으로 활동을 전개해야 한다. 개인은 사회적 존재이므로 개인의 권리보다는 사회의 공동선을 중요시해야 하며, 다른 사람들과 교류하고 긴밀히 협력하면서 살아가야만 한다. 이러한 측면에서 자원봉사자는 봉사대상자를 지역사회 발전과 사회복지 증진의 동반자로 생각해야 하며, 그들과 함께 지역사회의 일원으로서 공동의 정신을 바탕으로 협력하고 발전해 나가야 한다.

5) 희생정신

자원봉사는 자기 자신의 이익이나 명예를 먼저 생각하지 않고 다른 사람을 위하여 시간, 금전, 지식, 기술, 재능 등을 제공하는 희생정신에 바탕으로 두고 있다(김범수 외, 2018 : 38-39). 자원봉사는 타인의 강요나 억압에 의해 행하는 활동이 아니라 스스로 원하여 하는 것으로, 활동에 상응하는 보수를 받지 않는 무보수로서 개인, 집단, 조직, 지역사회 등을 위해 행하는 활동이며, 자기 자신이 아닌 다른 사람의 이익을 위해 그들을 돕겠다는 이타주의에 바탕을 두고 있다. 그러므로 자원봉사자가 활동을 전개하기 위해서는 자신을 돌보지 않는 희생정신이 필요하다.

자원봉사자는 다른 사람이나 지역사회의 중요한 일을 위해서 자신의 이해관계를 생각하지 않고 몸과 마음을 바쳐 힘을 다하는 헌신을 필요로 하며, 자신의 이익을 버리고 공동체를 위해서 일하려는 마음가짐이 필요하다. 자원봉사자가 봉사활동을 통하여 자신의 능력과 잠재력을 최대한 발휘하여 자신의 발전을 도모하고자 하는 자아실현을 위해 노력할 수 있지만, 그 외의 다른 활동들은 자기 자신보다는 다른 사람들이나 집단, 조직, 지역사회 등을 위해 행하는 활동이며 이러한 자원봉사자의 활동들은 희생정신에 입각하여 전개되어야 한다.

2. 자원봉사의 동기

1) 이타적 동기

자원봉사는 전통적인 상호부조에 기초한 것으로 자기 자신보다 어려운 처지에 있는 다른 사람을 도우려는 경향에서 비롯되었다고 볼 수 있으며, 인도주의적 사상에 입각하여 인간애를 바탕으로 인종, 민족, 국적, 종교, 문화 등을 초월하여 인류 전체의 복지증진에 기여하고자 하는 정신에서 비롯되었다고 할 수 있다. 또한 자원봉사는 모든 인류가 서로 존중하고 사랑하며 평등하게 대해야 한다는 이념을 바탕으로 다른 사람을 도우려는 이타주의의 성향에 의해 이루어진 활동이라 할 수 있다.

자원봉사는 이웃을 사랑하거나 자비를 실천하고자 하는 종교적 교리의 실천에 의해 이루어지기도 하며(박태영 · 채현탁 · 정진석 · 조미정, 2016 : 75), 인간이 지켜야 할 도리나 바람직한 행동규범과 관련된 도덕적 동기에 의해서 활동이 전개되기도 한다. 그 외에도 자원봉사는 봉사활동을 하고자 하는 자원봉사자의 차원에서 자기 자신이 그동안 사회에서 받았던 혜택으로 무엇인가 사회에 빚을 지고 있다는 생각에 의해 그러한 빚을 갚아보고자 하는 동기에 의해서 이루어질 수 있다.

2) 이기적 동기

자원봉사는 다른 사람을 도우려는 이타적 동기보다는 봉사활동을 통하여 자신의 경험을 축적하여 생활에 도움이 될 수 있도록 하거나 여가시간을 활용하여 취미생활로서 행하는 이기적인 동기에 의해서 활동을 전개하는 경우도 있다. 이기적 동기는 자신만의 이익을 위해서 행위를 하려는 원인이나 목적과 관련되어 있는 것으로 자원봉사가 근본적으로는 자신을 희생하고 다른 사람을 위해 헌신하는 활동이지만 일정 부분 자신을 위한 이기적 차원에서 이루어지는 경우도 있으며, 봉사활동을 통하여 생활의 만족감을 얻고자 하는 경우도 있을 수 있다.

자원봉사는 봉사활동을 통하여 자신이 부족했던 부분을 보충하고 개발하여 자기성장에 도움이 될 수 있도록 하기 위해서 활동을 전개하는 경우도 있다. 즉, 자원봉사자가 사회생활에 유익한 경험을 습득하거나, 새로운 기술을 연마하거나, 그동안 연마했던 지식과 기술을 더욱 발전시키거나, 대인관계의 폭을 넓히거나, 새로운 도전의 기회를 갖기 위해서 활동을 전개하는 경우도 있다(구재관 외, 2014 : 81). 이와 같이 자원봉사는 이타적 동기에 의해 이루어지기도 하지만 자기성장, 취미생활, 생활의 만족 등을 위해 활동이 전개되기도 한다.

3) 자아실현의 동기

자원봉사는 다른 사람을 돕기 위해서나 자기 자신의 성장을 위해서 봉사활동을 전개하기도 하며, 봉사활동 기간 동안 자신의 잠재능력을 최대한 발휘하여 자신이 원하는 존재가 되고자 하는 자아실현의 동기에 의해서도 활동을 전개하기도 한다. 자아실현은 자기 자신의 능력과 개성을 충실하게 발전시켜 완벽하게 이루는 것이며, 자신이 소유하고 있는 가능성을 최대한 발휘하는 것과 관련되어 있다. 자원봉사자는 봉사활동을 하는 동안 자신의 능력과 잠재력을 충분히 발휘할 수 있는 기회가 제공될 수 있으며, 그러한 자신의 능력과 가능성을 더욱 발전시켜 자신이 원하는 존재가 되기 위해 봉사활동을 전개하는 경우도 있다.

자원봉사는 봉사활동을 통해서 자신이 평소에 하고 싶었던 일들을 실천해 나감으로써 생활의 활력과 보람을 가지고 사회에 봉사할 수 있으며, 자신이 미래에 꿈꾸어 왔던 일을 실현할 수 있는 기회를 갖기 위해서 전개하는 경우도 있다. 이와 같이 자원봉사는 봉사활동을 통하여 자기 자신의 성장을 넘어 자신의 잠재된 능력을 충분히 발휘하고 이를 기반으로 자신이 원하는 존재가 되거나 자신의 꿈과 희망을 실현해 나가는 자아실현의 동기에 의해서 활동을 전개하는 경우가 있다.

| 제3장 | 자원봉사자의 자세

1. 자원봉사자의 자세

1) 욕구중심의 활동

자원봉사는 봉사대상자의 욕구를 중심으로 활동이 이루어져야 한다. 자원봉사자가 자신이 관심을 두고 있는 분야부터 봉사활동을 시작해야 하듯이, 봉사대상자에게 제공하는 활동은 그들이 원하는 것을 중심으로 이루어져야 한다. 자원봉사자가 봉사대상자의 뜻을 무시하고 자신의 생각과 방식대로 도와주다 보면 잘못된 결과를 가져올 수 있다. 자원봉사자가 자신의 생각과 방식대로 활동을 하는 것은 진정한 자원봉사가 아니며(박태영 · 채현탁 · 정진석 · 조미정, 2016 : 67), 자원봉사의 초점은 봉사대상자에게 있음을 잊지 말아야 할 것이다.

자원봉사자는 봉사대상자에 적합한 서비스를 제공해야 하며, 봉사대상자가 받아들일 수 있는 상호 합의된 활동을 전개하는 것이 바람직하다. 자원봉사자가 활동계획을 일방적으로 정하는 것은 바람직하지 않으며, 계획한 목표를 달성하기 위해서 무리한 활동을 해서도 안 된다. 자원봉사는 봉사대상자를 중심으로 그들이 원하는 활동을 제공하는 것이어야 하므로 그들의 욕구를 중심으로 이루어져야 하며, 그들과의 협력을 통하여 원하는 활동이 전개되어야 할 것이다.

2) 친절하고 예의 바른 태도

자원봉사자는 봉사활동을 수행하는 동안 봉사대상자를 친절하게 대해야 하며, 항상 명랑하고 밝은 표정으로 활동에 임해야 한다. 자원봉사자의 이러한 태도는 봉사대상자에게 관심을 가지고 봉사활동에 임하고 있음을 보여주는 것이며, 봉사대상자가 서비스를 즐겁고 기쁘게 받아들이고 자원봉사자와의 관계에서 더욱 신뢰감을 갖게 되는 계기가 될 수 있다. 그와 더불어 자원봉사자는 어떠한 경우에도 예의에 어긋나는 행동이나 언어를 해서는 안 되며, 항상 예의 바른 태도로 활동에 임해야 한다.

자원봉사자는 친절하고 예의 바른 태도 외에도 봉사대상자와의 의사소통에서 항상 공손한 언어를 사용해야 한다. 특히 봉사대상자가 사회적 약자일 수 있으므로 그들에 대한 존중과 배려의 차원에서 공손한 언어의 사용은 중요하다. 자원봉사자는 봉사대사자에게 억양이 세거나 거친 말투로 대해서는 안 되며 심한 사투리나 은어 등과 같이 봉사대상자가 이해하기 어려운 말을 사용해서도 안 된다. 자원봉사자는 공손한 언어의 사용과 더불어 봉사활동 기간 동안 항상 자기 자신, 가족, 직장, 기관, 지역사회 등에 감사하는 마음가짐으로 활동에 임해야 한다.

3) 편견과 선입관의 배제

자원봉사자는 노인, 장애인, 다문화가족 등과 같은 사회적 취약계층이라 할 수 있는 봉사대상자들과 함께 활동을 전개하는 경우가 많으므로 편견과 선입관을 가지고 그들을 대할 수 있다. 여기에서 편견은 한쪽으로 치우친 공정하지 못한 생각이나 견해를 말하며, 선입관은 어떤 사람이나 사물 또는 주의나 주장에 대하여 본인이 직접적으로 경험하기 이전에 이미 마음속에 형성된 고정적인 관념이나 견해를 말한다.

자원봉사자는 봉사활동 기간 동안 봉사대상자에 대한 어떠한 편견이나 선입관을 가지고 있어서는 안 되며, 특히 연령, 신념, 인종, 문화, 종교, 가치관,

경제적 지위 등의 차이로 발생되는 편견과 선입관으로부터 탈피하기 위한 노력이 필요하다(엄명용 · 김성천 · 오혜경 · 윤혜미, 2011, 166-167). 편견과 선입관은 봉사대상자를 이해하고 수용하며 신뢰관계를 형성하고 지속적으로 활동을 전개하는데 좋지 못한 영향을 미칠 수 있으며, 자원봉사자 자신은 물론 기관에 대한 인식에도 좋지 못한 영향을 미칠 수 있다.

4) 겸손한 태도

자원봉사자는 봉사대상자에게 서비스를 제공할 때 모든 자원봉사자들을 대표한다는 생각으로 자만심을 버리고 항상 겸손한 태도를 갖도록 노력해야 한다(박태영 · 채현탁 · 정진석 · 조미정, 2016 : 69). 대개 자원봉사의 대상자들은 노인, 장애인, 다문화가족 등과 같이 사회적 약자일 수 있으므로 자원봉사자가 겸손한 태도를 보이지 않게 되면 그들이 마음의 상처를 받거나, 거부감을 갖게 되거나, 낙인감과 좌절감을 갖거나, 서비스를 거절할 수도 있다. 그러므로 자원봉사자는 봉사대상자를 대할 때 언제나 겸손하면서도 공손한 태도를 갖도록 해야 한다.

자원봉사자가 봉사대상자에게 겸손한 태도를 보이는 것과 더불어 옷차림도 단정하게 하며 항상 웃는 얼굴로 그들을 대해야 한다. 웃는 얼굴로 대한다는 것은 상대방을 이해하고 존중하며 배려한다는 차원의 비언어적 의사소통일 수 있으며, 서비스를 받는 봉사대상자의 마음이 한결 가벼워질 수 있고, 봉사활동을 즐겁게 받아들이고 봉사대상자에게 최선을 다하겠다는 표현일 수 있다. 또한 이것은 서비스 제공을 통하여 봉사대상자가 독립적이면서 적극적으로 자기발전을 위해 노력하는데 기여할 수 있다.

5) 약속의 이행

자원봉사는 자원봉사자와 봉사대상자 간의 서비스를 제공하기로 한 상호교류관계의 약속인 것이다. 이러한 약속은 철저하게 이행되어야 하며, 약속을 제대로 이행하지 않으면 관계가 단절될 수 있다. 자원봉사자는 서비스 제공에 대한 약속은 물론 시간에 대한 약속을 잘 지켜야 한다. 자원봉사자가 기관이나 봉사대상자에게 시간 약속을 제대로 지키지 않는다면 기관 내에서 자원봉사자의 관리가 어려울 수 있으며, 봉사대상자의 입장에서는 기다리는 시간을 지루하게 느끼거나 자신이 무시당하고 있다는 느낌을 받을 수도 있다. 한편 자원봉사자는 어떠한 경우에도 봉사대상자에게 지킬 수 없는 약속을 하지 말아야 한다(김혜영 · 유진희 · 신원정, 2018 : 26).

자원봉사자가 부득이한 사정으로 봉사대상자와의 약속을 이행할 수 없을 경우에는 그 사유를 가급적 미리 이야기해야 하며, 기관의 관리자에게도 연락하여 다른 자원봉사자로 대체하거나 대체할 수 없을 때에는 봉사대상자가 기다리지 않도록 해야 한다. 자원봉사자가 특별한 사유로 봉사대상자와의 약속을 이행하지 못함을 사전에 알리지 못했을 경우 사후에 반드시 그 사유를 봉사대상자에게 정확하게 전달하여 상호 간에 신뢰관계가 손상되지 않도록 해야 한다.

6) 사전준비와 책임감

자원봉사자는 봉사활동을 나가기 전에 활동과 관련된 사전준비를 철저하게 해야 한다. 어느 분야이든 사전에 준비를 하는 것은 매우 중요하지만, 특히 자원봉사에서 사전준비는 봉사대상자들에 대한 존중, 배려, 양질의 서비스 등과도 관련되어 있다고 할 수 있다. 자원봉사를 수행하기 전에 교육과 훈련을 통하여 사전에 자신의 분야에 대한 지식과 기술을 충분히 습득할 수 있도록 해야 하며, 매일 매일의 봉사활동과 관련된 부분에 대해 사전에 많은 준비를 해야 한다.

자원봉사자는 봉사활동을 통하여 노인, 장애인, 아동, 다문화가족, 기관, 지역사회 등 자신이 서비스를 제공하는 사람과 분야에 대한 책임감을 가지고 있어야 한다. 자원봉사자의 서비스는 봉사대상자 및 기관에 많은 영향을 미칠 수 있으며, 그러한 영향이 긍정적 · 발전적인 방향으로 이루어져야 한다. 자원봉사자의 활동이 봉사대상자나 기관에 좋지 못한 영향을 미치는 일이 있어서는 안 되며, 자원봉사자는 자신이 맡고 있는 분야에 책임감을 가지고 성실하게 활동해 나가야 한다.

7) 자기결정권의 존중

자원봉사자는 노인, 장애인, 다문화가족 등과 같은 사회적 약자라 할 수 있는 봉사대상자들과 함께 활동을 전개하는 경우가 많으므로 그들이 원하는 것을 스스로 결정할 수 있는 기회를 제공하지 않고 자원봉사자의 의지에 따라 그들의 자기결정권을 침해할 수도 있다. 봉사대상자의 자기결정은 봉사대상자 자신이 그들의 욕구를 충족시키고 문제를 해결할 수 있는 서비스를 스스로 선택하고 결정할 수 있는 자유를 인정하고 존중하는 것이다. 자원봉사자는 봉사대상자로 하여금 그들의 자기결정권을 존중하여 자신에게 적절한 자원을 인식하고 활용할 수 있도록 하며, 자기가 나아갈 방향을 스스로 결정할 수 있도록 하고, 그의 잠재능력을 자극하고 최대한 발휘할 수 있도록 원조해야 한다(이근홍, 2020a : 109).

자원봉사의 대상자들은 대개 그들의 욕구를 스스로 해결할 수 없다고 생각하여 원조를 제공받기를 원하지만 자신의 욕구충족과 문제해결에 필요한 서비스에 관해서는 스스로 결정할 자유를 가지고 싶어 한다. 자원봉사자는 봉사대상자의 선택의 자유를 존중하고 가능한 한 자신이 원하는 서비스를 결정할 수 있도록 해야 한다. 이러한 봉사대상자의 자기결정에는 자원봉사자가 제시하는 대안이 필요하며, 봉사대상자와의 협력을 통하여 스스로 결정할 수 있도록 해야 한다.

8) 자기성장을 위한 노력

자원봉사자는 자신이 담당하고 있는 분야에 대한 지식과 기술을 소유하고 있어야 하며, 지속적인 관심과 노력을 통하여 그러한 분야에 대한 확신을 가지고 있어야 한다. 이를 위해서는 자신의 활동영역과 관련된 지식과 기술을 축적하기 위해 서적, 학위논문, 정기간행물, 지침서, 안내서 등을 보고 필요한 내용을 숙지해야 하며, 자신의 분야와 관련이 있는 교육, 훈련, 세미나, 워크숍, 학술대회 등에 참석할 필요가 있다.

자원봉사자는 자신의 성장과 발전을 위해 끊임없이 노력해야 하며, 이러한 일은 봉사대상자에게 양질의 서비스를 제공할 수 있는 기반이 되고 자기발전에도 큰 도움이 될 수 있다. 자원봉사를 통하여 그동안 부족했던 분야에 대한 관심과 노력으로 더 많은 지식과 기술을 습득할 수 있으며, 그동안 하고 싶었지만 여러 가지 이유로 하지 못했던 새로운 분야에 대한 도전도 할 수 있는 계기가 되어 새로운 분야에 대한 경험은 물론 자신의 성장과 발전에도 도움이 될 것이다.

9) 기관 직원과의 우호적 관계유지

자원봉사자는 대부분 사회복지기관(시설)이나 자원봉사기관에 소속되어 활동을 전개하는 경우가 많으므로 기관의 담당직원들과 우호적인 관계를 유지해야 한다. 자원봉사자가 기관의 직원들과 좋은 관계를 유지하지 못하고 관계가 악화되어 물의를 일으키는 경우도 있기 때문이다(박태영 · 채현탁 · 정진석 · 조미정, 2016 : 70). 자원봉사자는 기관의 사명, 정책, 규정 등을 존중하고 필요할 경우 이를 준수해야 하며, 직원의 지도와 관리에 따르고 좋은 관계를 형성하고 유지하면서 협력해야 한다.

자원봉사자는 기관에 소속되어 함께 활동하는 동료 자원봉사자들과 우호적인 관계를 유지해야 하며, 봉사활동 기간 동안 함께 협력해야 한다. 동료 자원봉사자들과의 우호적인 관계는 봉사활동을 지속적으로 수행하는 주요한 요소가 될 수 있으며, 동료들 상호 간의 우호적인 관계와 교류는 봉사활동 기간 동안 정서적 · 정보적 지지의 원천이 될 수 있고, 봉사활동의 질적 수준 향상과 자기발전에도 도움이 될 수 있다.

10) 가정 및 직장과의 조화

자원봉사자는 봉사활동을 전개할 때 가정생활이나 직장생활과 조화를 이루면서 활동을 해야 한다. 자원봉사자가 무리한 활동으로 인하여 가정생활을 제대로 돌보지 않는다면 자원봉사를 지속적으로 하기 어려울 수 있으며, 가정불화로 이어질 수도 있다. 자원봉사자는 가정을 우선적으로 잘 돌본 이후에 자원봉사를 해야만 불안감을 느끼지 않고 자신감 있게 활동을 전개할 수 있을 것이다.

자원봉사자가 직장인이라면 자원봉사보다도 직장생활이 우선시되어야 한다. 직장생활을 소홀히 하면서까지 봉사활동을 전개한다면 직장인으로서의 올바른 자세가 아니며, 직장생활에서 성공할 수 없을 것이다. 직장에서는 자신의 역량을 충분히 발휘하여 성공적인 직장생활을 하면서 여가시간을 활용하여 자원봉사도 열심히 한다면 직장으로서나 자원봉사자로서 두 가지 역할을 충실히 할 수 있을 것이다. 그와 더불어 가정생활이나 직장생활을 충실히 하면서 자원봉사를 할 수 있다면 큰 축복일 수 있으므로 항상 감사하는 마음으로 봉사활동에 임해야 할 것이다.

11) 기록과 평가

자원봉사자는 자신의 활동상황이나 업무내용을 기록하여 지도감독이나 평가에 필요한 자료로 활용해야 한다(김혜영 · 유진희 · 신원정, 2018 : 27). 자원봉사활동에 관한 기록은 자신의 활동을 되돌아보고 부족한 점들을 보충할 수 있고 자기 자신에 대한 냉철한 평가를 바탕으로 더욱 발전할 수 있는 계기가 되며, 자원봉사활동을 시작하는 사람들에게나 다른 자원봉사자들에게 소중한 자료가 될 수 있다.

자원봉사자는 전반적인 활동에 대한 내용을 요약기록을 통하여 명확하게 기술해야 하며, 활동 내용 중에서 중요한 내용들을 중심으로 체계적으로 서술하고, 자신은 물론 다른 사람들도 쉽게 알아볼 수 있도록 기록해야 한다. 자원봉사활동에 관한 기록을 바탕으로 활동내용에 대한 평가가 이루어져야 하며, 이러한 평가는 봉사대상자의 복지향상은 물론 봉사활동의 질적 수준을 높이며 자기 자신의 발전을 위한 기회로 활용해야 한다.

12) 비밀보장

자원봉사자는 봉사대상자의 삶의 주요한 부분까지 지속적으로 관여함으로써 그들에 대한 상당한 정보를 얻을 수 있다. 이러한 이유로 자원봉사자는 봉사대상자와 관련된 사생활의 존중에 대한 권리에 특별한 주의를 기울여야 하며 그들의 비밀을 반드시 보장해야 한다(박태영・채현탁・정진석・조미정, 2016 : 70). 비밀보장이란 개인의 기본적 권리로서 각 개인에 관한 비밀정보를 누설하지 않는 것을 말하며, 이것은 자원봉사자가 지켜야 할 기본적인 윤리적 의무이면서 자세이기도 하다.

자원봉사자가 기관의 직원 등과 같은 다른 사람들과 정보를 공유할 경우, 봉사대상자의 동의를 반드시 구해야 하며 그들의 동의 없이 어떠한 정보도 누설해서는 안 된다. 특히 이러한 정보는 자원봉사활동의 목적 달성에 필요한 최소한의 것만을 공유해야 하며, 목적 달성과 관계없는 어떠한 정보도 다른 기관이나 사람들과 공유해서는 안 된다. 봉사대상자와 관련된 비밀의 누설이 그들에게 손해를 입힐 수 있기 때문에 자원봉사자는 그들의 비밀을 철저하게 보장해 주어야 한다.

2. 자원봉사자의 기술

1) 의사소통기술

자원봉사자의 기술 중에서 의사소통기술은 다른 어떤 기술보다도 가장 많이 활용되고 더욱 중요하다. 이것은 자원봉사에서 봉사대상자와 관계를 형성하고, 그들의 욕구를 사정하며, 활동계획을 서로 논의하는 것 등을 통하여 봉사활동을 원활하게 진행하는 것과 직접적으로 관련되는 필수적인 기술이다. 의사소통기술은 자원봉사자가 자신의 생각이나 감정을 봉사대상자에게 정확하게 전달하고 그들의 생각과 감정을 정확하게 받아들이는데 목적을 두고 있다(이근홍, 2020a : 124).

의사소통기술은 경청, 신뢰관계의 형성, 질문, 안내, 정보제공 등과 밀접하게 관련되어 있다. 자원봉사자는 봉사대상자가 말하려는 것을 주의 깊게 경청하고, 봉사대상자와 친밀감과 신뢰관계를 형성해야 하며, 필요한 사항들을 봉사대상자에게 물어서 알아야 하며, 필요한 정보들을 봉사대상자에게 전달할 수 있어야 한다(이윤로, 2007 : 91). 또한 자원봉사자는 봉사대상자가 이해하기 쉽게 자신의 생각을 표현해야 하며, 봉사대상자가 대화내용에서 오해를 최소화할 수 있도록 하고, 자신이 전하려는 메시지가 분명하게 전달될 수 있도록 해야 한다.

2) 면접기술

면접기술은 자원봉사의 모든 활동과정에서 봉사대상자와의 관계를 통해 지속적으로 필요하기 때문에 이것은 대단히 중요한 기술 중의 하나이다. 면접은 참여자 사이에 수락된 계획적인 목적을 가진 대화이다(Kadushin, 1972 : 8). 즉, 이것은 의식적으로 선택한 목적을 성취하기 위해 면접대상자와의 언어적·비언어적 의사소통을 통해서 전문가에 의해 행해지는 대면적인 상호작용이다.

면접기술에서 가장 많이 활용하는 것은 봉사대상자에 대한 질문이다. 그 외에 중요한 면접기술로는 관찰, 경청, 통솔과 지시, 공감과 동정, 명료화, 해석, 정보제공, 침묵의 활용, 바꾸어 말하기, 초점유지, 환류 주기, 요약, 상대방에 대한 집중, 중립의 유지, 방어행동에 대한 대처 등이 있다. 효과적·효율적인 면접이 되기 위해서는 면접의 비밀성, 집중된 주의력, 이완된 분위기, 채광, 방의 크기 등과 같은 물리적 환경이 조성되어야 하며, 면접시간을 봉사대상자와의 자기결정에 입각하여 결정하고 효과적인 기록을 하며, 면접내용에 대한 비밀을 보장하고 자원봉사자가 봉사대상자에 대한 예비지식을 소유하고 있어야 한다(이근홍, 2020a : 125).

3) 정서적 지지

정서적 지지는 봉사대상자가 불안감, 공포감, 좌절감, 죄악감, 패배감, 낙인감 등과 같은 심리적인 고통이나 스트레스가 있을 경우 그들이 잘 대처하고 극복할 수 있도록 격려, 경청, 안도감 등을 제공하는 것을 말한다. 정서적 지지는 대개 가족, 친구, 친척, 이웃, 동료 등 가까운 사람들로부터 제공받지만, 정서적 지지가 필요하더라도 이러한 사람들로부터 정서적 지지를 제대로 제공받지 못하는 봉사대상자들이 있다면 정서적 지지를 제공할 수 있는 자원봉사자들에게서 받아야 한다.

자원봉사의 모든 활동과정에서 봉사대상자에게 정서적 지지의 제공이 필요하지만, 특히 이것은 봉사대상자와의 지속적이고 원활한 관계 및 필요한 서비스의 연결과 서비스의 이행에서 더욱 필요하다. 자원봉사자는 봉사대상자에게 물질적 지원과 더불어 정서적 지지를 제공해야 한다. 봉사대상자가 봉사활동 중에 제공되는 서비스에 대한 두려움이나 거부감을 느낄 수 있으며, 서비스의 제공과 활용에서 심리사회적 문제로 인하여 이를 제대로 받아들이지 못하는 경우가 있다. 따라서 자원봉사자는 봉사대상자가 심리적 안정감을 가지고 서비스를 적절히 제공받고 활용하며 지속적으로 활동이 전개될 수 있도록 정서적 지지를 제공해야 한다.

4) 자원동원기술

자원봉사자에게 필요한 중요한 기술 중의 하나는 봉사대상자에게 제공할 자원을 동원하는 일이다. 아무리 훌륭한 활동계획을 수립하더라도 계획의 실행에 필요한 자원이 없다면 아무런 소용이 없을 것이다. 자원봉사자는 봉사대상자의 욕구를 충족할 수 있는 필요한 자원을 확인하고 동원해야 한다. 자원봉사자가 자신이 소유하고 있는 자원으로 직접 서비스를 제공하는 것을 제외하고 봉사대상자가 필요로 하는 자원이 있다면 적극적으로 동원하여 제공해야 할 것이다.

자원봉사자는 봉사대상자에게 신속하면서도 융통성 있게 서비스를 제공할 수 있는 비공식 지원체계의 서비스에 관심을 가지고 그들의 서비스를 적극적으로 개발하고 확보해야 한다. 또한 자원봉사자는 지역사회 단위에서 봉사대상자에게 유용한 서비스를 제공할 수 있는 시・군・구, 읍・면・동 행정복지센터 등의 지방행정기관, 공공기관, 사회복지기관(시설), 사회단체, 각종 협의체, 회원조직 등과 같은 공식 지원체계의 서비스를 확인하고 적극적으로 동원하여 봉사대상자들이 필요로 하는 서비스를 제공해야 한다.

5) 옹호기술

옹호는 봉사대상자가 필요한 서비스를 획득하거나 공정성을 보장받을 수 있도록 자원봉사자가 봉사대상자를 대신하여 주장하고, 논쟁하고, 교섭하고, 협상하는 것이다. 이것은 봉사대상자의 무기력과 무능력을 제거하여 사회적 기능을 향상시키기 위한 기술이며, 그들에게 필요한 서비스가 제공될 수 있도록 하는 것이다. 옹호기술은 봉사활동 전반에 걸쳐 필요한 기술이며, 봉사대상자가 필요로 하는 서비스를 스스로 획득하기 어려워 자원봉사자의 도움을 필요로 할 때 유용한 기술이다.

자원봉사에서 옹호는 봉사대상자를 처음 만났을 때 그들이 봉사활동에 적극적으로 참여할 수 있게 하는데 필요하며, 자원봉사자가 제공하는 서비스를 거절하거나 다른 곳에서 서비스를 받고 싶지만 서비스를 획득할 수 없을 때 필요하다. 옹호는 봉사대상자가 연령, 성별, 종교, 사회경제적 지위 등에 의해서 차별대우를 받거나, 인권을 무시하는 방식으로 서비스가 제공되거나, 봉사대상자가 자신의 이익을 위해 효과적으로 행동하지 못하거나, 법적 권리를 포기할 때 필요하다.

6) 기록기술

기록은 자원봉사의 활동과정 전반에 걸쳐 활용되는 중요한 기술이다. 자원봉사자는 봉사대상자 및 봉사대상자에게 제공되는 서비스에 관한 사항들을 문서화하기 위해 기록을 한다. 기록은 자원봉사자에게 활동의 초점을 유지할 수 있게 하고, 봉사대상자와 관련된 정보와 서비스 제공내용을 보존하며, 서비스 제공을 촉진하고 서비스의 효과성과 효율성을 증진시키며, 자원봉사자들 간의 의사소통을 가능하게 한다. 또한 기록은 봉사대상자에게 제공되는 서비스의 근거가 되며, 자원봉사자가 제공하는 서비스의 효과성・효율성을 평가하는 도구가 된다.

자원봉사자는 활동과정 전반에 관한 기록을 보다 간결하면서도 정확하게 해야 한다. 기록할 때 유의사항으로는 자원봉사자가 기록하는 목적을 가지고 초점을 유지하며, 봉사대상자와 관련된 기본적 사항들을 정확히 기록하고, 가능한 한 간결하면서도 분야별로 중요한 정보를 중심으로 체계적으로 서술하며, 객관적인 시각에서 정확한 판단을 기반으로 기록해야 한다. 또한 자원봉사자는 명확한 사정이 이루어지지 않은 봉사대상자의 상태를 기록해서는 안 되며, 단순하면서도 정확한 용어를 사용해야 한다.

7) 종결기술

종결은 봉사대상자가 서비스의 종결에 대한 감정처리를 원활히 할 수 있도록 하며, 종결 이후에도 유익한 변화가 지속적으로 유지될 수 있게 하고, 필요할 경우 새로운 서비스를 이용할 수 있도록 해야 하기 때문에 어려운 기술 중의 하나이다. 종결에서 자원봉사자가 사용하는 기술은 종결의 궁극적인 사유에 따라 달리 적용될 수 있다. 즉, 이러한 사유가 목표를 성취하여 종결하는 것인지, 목표를 성취하지 못하고 서비스에 대해 불만을 가지고 종결하는 것인지, 이사, 시설의 입소 등과 같은 불가피한 사유로 종결하는 것인지, 서비스의 예정된 기간이 끝나게 되어 종결하는 것인지 등에 따라 기술이 달리 적용될 수 있다(이윤로, 2007 : 85).

종결에서 자원봉사자는 우선적으로 종결 날짜를 미리 정해 놓고 봉사대상자가 잘 적응할 수 있도록 단계적으로 준비시켜야 한다. 봉사대상자가 서비스의 종결과 동시에 두려움, 슬픔, 분노, 무능력감 등의 부정적인 감정을 가질 수 있기 때문에, 자원봉사자는 이러한 감정을 표현할 수 있도록 돕고 적절히 처리할 수 있도록 원조해야 한다. 그와 동시에 자원봉사자 없이도 스스로 문제에 대처할 수 있다는 자신감과 독립심을 갖도록 하며, 서비스의 제공을 통하여 획득한 바람직한 변화와 기능을 지속적으로 유지할 수 있도록 돕는다. 자원봉사자에게 봉사대상자와의 관계의 단절에 대한 상실감이나 최선을 다하지 못한 것에 대한 죄책감이 있을 경우 이러한 감정이 잘 처리될 수 있도록 해야 한다.

| 제4장 | 자원봉사의 역사

1. 영 국

1) 자원봉사의 발달과정

영국의 자원봉사는 산업혁명에 근거한 사회 분위기 속에서 빈민들의 도시 생활에 도움을 주던 중류계층의 박애주의자들과 전통적인 기독교의 자선활동에서 비롯되었다. 16세기부터 18세기까지는 엘리자베스 구빈법 등을 통하여 국가가 최소한의 사회적 보호를 행하였으며, 산업혁명으로 인한 도시화 현상으로 19세기에는 빈부격차가 심해지고 도시빈민이 증가하면서 이들에 대한 자원봉사활동이 필요하게 되었다. 20세기에 1차 세계대전과 제2차 세계대전을 치르면서 민간의 자원봉사활동이 더욱 확대되기 시작하였으며, 1970년대 석유파동 이후 경제침체기를 맞아 신자유주의가 대두되면서 복지국가의 위기로 사회복지의 민영화 현상이 나타나 자원봉사활동의 영역이 더욱 중요한 역할을 수행하게 되었다.

(1) 자원봉사자의 등장

영국에서 자원봉사자라는 용어는 1647년 스튜어트 왕조 시기로 알려지고 있으며, 명예혁명 등으로 전국이 혼란과 불안으로 가득 찬 시기에 스스로 자신들의 마을을 지키고자 일어선 사람들인 자경단을 자원봉사자라 불렀다. 이 시기에는 국가가 빈민에 대한 책임을 인정한 영국 사회복지법의 시작이라 할 수 있는 엘리자베스 구빈법(1601년)이 제정되어 빈민의 복지를 위해 노동을 강제하고 빈민을 구분하여 통제하게 되었으며 국가가 빈민들에게 최소한의 보호를 제공하였다. 그 이후 18세기에 세계 여러 곳에 식민지를 개척하면서 자국의 권익을 보호하기 위해 군대를 가질 필요가 있었으며, 군대에 자원하여 입대하는 지원병을 자원봉사자(volunteer)라고 하였다(김범수 외, 2018 : 64-65).

(2) 자원봉사활동의 조직화

18세기 중반 이후 산업혁명으로 인하여 산업이 발달하고 도시화가 되면서 도시빈민이 대량으로 발생하게 되었으며, 이로 인하여 빈곤, 질병, 범죄, 빈민지역 등의 심각한 사회문제가 나타나게 되었다. 이러한 빈민들을 돕기 위해 자선단체나 박애주의자들이 증가하게 되었으며, 그들이 빈민들에게 무질서하고 무계획하게 구제를 제공하였다. 이에 따라 구제의 중복과 낭비를 막고 빈민들에게 효과적·효율적으로 구제를 제공하기 위해 1869년 런던에 자선조직협회(Charity Organization Society)가 설립되었다. 자선조직협회는 구제의 조직화·합리화를 위해 시를 소지구로 구분하여 각 지구에 우애방문원(friendly visitor)을 두었으며, 이들은 대부분 중상류층 부인, 독지가 및 종교인으로서 지구 내의 요구호자를 방문하여 개별적으로 조사하고 협회에 등록하는 자원봉사자로 활동하였다.

자원봉사활동이 지역사회 내에서 조직화된 것은 우애방문원의 활동 외에 1884년 런던에 인보관(Settlement House)이 설립되면서 시작되었다고 할 수 있다. 인보관운동은 주로 지식층과 대학생으로 구성된 자원봉사자들이 직접 빈민지역에 들어가 빈민들과 함께 생활하면서 그들을 도와주고 이를 통해 사회개혁을 하려는 급진적 자유주의 운동이다. 인보관은 지역사회 자원봉사활동의 거점이 되었으며, 교육적 활동, 레크리에이션, 각종 클럽활동, 진료소, 상담소, 도서관 운영, 근린생활의 사회센터로의 활용, 주민의 사회조사 등을 통하여 개량적 입법에 공헌하였으며, 이러한 활동들을 통하여 자원봉사활동을 더욱 확산시키는 계기가 되었다.

(3) 자원봉사활동의 확대

20세기에 들어와 제1차 세계대전과 제2차 세계대전을 치르면서 민간의 자원봉사활동이 더욱 촉진되었으며, 규모가 점점 커지고 과학적이며 전문적인 서비스를 시행하였다(구재관 외, 2014 : 37). 제2차 세계대전이 끝나고 영국은 복지국가의 시대에 접어들어 다양한 복지서비스를 제공하였으며, 자원봉사활동은 국민보건서비스(National Health Service)를 중심으로 전개되는 지방자치단체의 사회복지서비스 영역에 포함되었다. 1960년대에 자선법(Charity Act)을 제정하여 민간단체 및 기관의 자원봉사활동을 보호하고 육성하기 위한 법적 근거를 마련하였으며, 이 법에 근거하여 자선위원회에 등록된 자원봉사기관들을 지방정부가 감독하는 동시에 이들에게 모금의 허가, 세금감면 등의 특전을 제공하였다. 자선법의 제정에 따라 자원봉사활동의 주체의 등록 및 감독체계 등이 마련되면서 기존의 자원봉사활동이 단계적으로 제도화되었으며, 1968년 아베스보고서(Aves Report)가 나오면서 자원봉사활동 발전의 분기점이 되었다(김범수 외, 2018 : 74-75).

1974년과 1978년의 두 차례에 걸친 석유파동으로 세계경제는 불황기를 맞이하게 되었다. 영국은 국가의 사회복지 지출을 줄이고 민간의 영역을 확대하는 신자유주의의 대두로 복지국가가 위기를 맞이하면서 사회복지의 민영화가 확산되었다. 복지국가의 위기론으로 정부의 사회복지 지출이 감소하면서 자원봉사활동이 중요한 역할을 수행해야 하게 되었으며, 정부의 사회복지서비스의 부족한 부분을 자원봉사 영역이 담당하게 되어 자원봉사활동이 더욱 확대되었다.

(4) 자원봉사활동의 재정립

영국의 자원봉사활동은 1979년 보수당이 정권을 잡은 이후 신자유주의적 경제정책과 복지국가의 위기로 자원봉사활동의 육성을 더욱 강화하였으며, 지역사회보호(community care)를 더욱 활성화하면서 국가적으로 중요한 역할을 수행하게 되었다. 1990년대에 들어와 정부 차원에서 행해지던 재정적 서비스

전달의 책임이 정부에서 개인, 민간협회 또는 민간봉사집단으로 전환되어 사회복지서비스 공급에서 자원봉사의 영역이 더 큰 역할을 하게 되었다(구재관 외, 2014 : 39). 1992년 자선법이 개정되어 세금공제 등 자원봉사활동 진흥을 위한 다양한 법안이 만들어졌으며, 정부의 재정보조를 통해 새로운 자원봉사기관들이 설립되었다. 그 이후 신노동당 정부가 들어와 제3의 길(The Third Way)[1]을 정치노선으로 채택하여 복지국가 위기론의 인식 위에 자원봉사활동을 활성화시키기 위한 일련의 주요 정책을 시행하였다(김범수 외, 2018 : 75-76). 1999년 청년층의 자원봉사활동 참여를 지원하는 새천년자원봉사단(Millenium Volunteers)을 설립하고 정부가 자원봉사활동 활성화를 위한 주요 정책을 시행하면서 영국에서 자원봉사활동이 재정립되는 계기가 되었다.

2) 자원봉사활동의 조직

(1) 영국자원봉사센터

영국자원봉사센터(Volunteer Centre UK)는 1973년 설립되었으며, 자원봉사조직을 총괄하는 영국의 대표적인 자원봉사단체로서 전국에 250개의 산하단체가 있다. 자원봉사활동을 전국적인 차원에서 지원하고 있으며, 재정의 80%를 정부로부터 지원받아 운영하고 있다. 주요 활동내용으로는 대정부 로비활동, 학술연구, 자원봉사활동 개발, 전문서적 발간, 자조집단 육성, 홍보간행물 발간, 서비스 통합 등이다. 영국자원봉사센터가 설립된 이후 영국에서 자원봉사활동이 더욱 촉진되고 많은 국민들이 자원봉사활동에 참여하고 있으며, 그들의 삶의 중요한 측면으로 작용하고 있다(조휘일, 1997 : 118).

---

1) 제3의 길은 기든스(A. Giddens)가 이론적으로 체계화하고 영국 수상이었던 블레어(T. Blair)가 정치노선으로 채택한 이념이며, 신자유주의로 인하여 사회복지의 지출이 감소되고 점차 사회복지가 민영화되어 가면서 이를 극복하기 위해 사회민주주의를 이론적 기반으로 경제적 자유주의를 조화한 중도좌파적인 이념이다. 복지국가를 지향하는 사회민주주의를 제1의 길, 시장경제를 지향하는 신자유주의를 제2의 길, 사회민주주의와 신자유주의를 절충하여 노동연계복지(welfare to work)를 강조한 새로운 차별적인 전략을 제3의 길이라 규정하였다.

(2) 전국자원봉사사무소협회

전국자원봉사사무소협회(National Association of Volunteer Bureaux)는 1986년에 설립되었으며, 전국 약 350개의 자원봉사사무소의 연합체로 지역사회에서 교육, 보건보호, 질병 분야에서 자원봉사활동을 전개하고 있다. 재정운영 현황을 보면 재정의 80% 정도는 정부에서 협회의 발전기금으로 제공하는 보조기금으로 충당하며, 나머지 20%는 기업의 협찬, 수익사업, 총회 등의 수수료 수입 등으로 충당한다. 자원봉사사무소에는 소수의 상근직원이 근무하고 있으며, 지역자원봉사 발전전략의 수립, 자원봉사활동의 참여 유도, 정보 제공, 교육・훈련, 연구, 캠페인 등의 활동을 담당하고 있다(최덕경 외, 2006 : 104-105).

(3) 전국자원봉사단체협의회

전국자원봉사단체협의회(National Council for Voluntary Organization)는 1924년 창설된 영국 최대의 자원봉사조직이다. 이것은 전국 단위나 지방 단위의 자원봉사단체들을 포괄하는 조직으로서 전국에 1천 개가 넘는 단체들이 회원으로 가입되어 있으며, 국가적 현안에 대한 정책연구와 건의 세미나 개최, 통합 유럽의 자원봉사활동의 활성화 등에 관여하고 있다(김혜영・유진희・신원정, 2018 : 38). 주요 사업으로는 정책연구를 포함한 각종 간행물의 발간, 자원봉사자의 교육훈련, 자원봉사활동의 개발, 자원봉사단체들에 대한 컨설팅 등이 있으며, 민간단체 활동의 효과성 증진을 위해 노력하고 있다(조휘일, 1997 : 118-119).

(4) 새천년자원봉사단

새천년자원봉사단(Millennium Volunteers)은 2000년에 창설되어 교육부의 지원을 받아 14~25세의 청년들에게 자원봉사의 기회를 제공하고 장려하기 위한 자원봉사 프로그램이다. 새천년자원봉사단 프로그램은 9개의 주요 원칙이 수립되어 있으며, 그것은 일관된 개인적 책임성, 지역사회의 이익, 자발적인 참여, 포괄성, 청년의 소유권, 다양성, 협력, 양질, 인정 등이다. 새천년자원봉사단은 효과적인 자원봉사자 관리를 통해 청년들이 긍정적이고 보람이 있는 자원봉사 활동 경험을 하게 하여 일생 동안 열의, 이해, 책임성 등을 유지할 수 있도록 하고 있다. 주요 활동으로는 지방 스카우트단의 활동원조, 병원 봉사활동, 지역 정원의 조성, 자연보호, 장애인 학급 원조, 스포츠 지도자, 저학년 학생 나들이 원조, 사관생도 프로그램 참가 등이다.

프로그램에 참여하는 청년들에게 기록대장(record book)을 주어 자원봉사의 전반적인 책임성을 인식할 수 있도록 자원봉사활동 전반을 기록할 수 있는 기회를 제공하고 있다. 자원봉사활동을 통하여 청년들에게 새로운 기술의 획득, 새로운 사람들과의 만남, 지역사회에 대한 애착, 활동 중의 보람 등을 갖도록 하고 있다. 새천년자원봉사단은 프로그램에 참여하는 청년들이 학업, 직업, 취미 및 그 밖의 다른 지속적인 활동들을 하면서 자원봉사활동을 할 수 있도록 고안되어 있으며, 200시간 이상 자원봉사를 한 청년에게 자원봉사조직과 교육부로부터 승인된 수료증을 제공하고 있다(http://youngcitizens.volunteernow.co.uk/millennium-volunteers).

2. 미 국

1) 자원봉사의 발달과정

미국의 자원봉사는 서구사회의 사상에서 나타난 박애주의, 인류애, 기독교의 자비와 선행 등에 바탕으로 두고 있으며, 자원봉사의 역사는 크게 공동체 활동, 자원봉사기관 활동의 증가, 자선사업관련기구의 발생과 성장, 전문성의 증대와 정책적 개혁, 정부와 자원봉사부문의 협력, 자원봉사기관과 활동의 증가 등으로 구분하여 여섯 가지의 시대로 나눌 수 있다(이문국 외 공역, 1999 : 2880-2883).

(1) 공동체 활동

미국 자원봉사의 역사에서 공동체 활동은 1601~1800년 사이로 볼 수 있으며, 이 시기의 자원봉사활동은 종교적 열정뿐 아니라 그 필요와 철학에 의해 생겨났다고 할 수 있다. 1630년 뉴잉글랜드를 향해 항해하는 중에 존 윈스롭(John Winthrop)은 필그림 이주민들에게 공동체를 위한 도움에 관하여 그 필요성을 역설하였으며, 초창기 개척지의 척박하고 험한 환경조건에서 종종 이웃의 도움이 필수적이었고, 자력협동단체들이 빠른 속도로 생겨나게 되었다. 여성연합 및 기관은 워싱턴의 군부대에서 병사를 돕기 위한 활동을 활발히 전개하였으며, 18세기에 좀 더 공식적인 기구가 발전하게 되었다. 이 시기에 최초의 아동양육시설이 뉴올리언스에 세워졌으며, 병원이 설립되고 사립대학들의 모체가 되는 기관이 세워졌다.

(2) 자원봉사기관 활동의 증가

자원봉사기관 활동의 증가는 1800~1865년의 시기로, 이 시기에는 자원봉사기관이 영리사업기관이나 정부기관들처럼 양적으로나 질적으로 성장했으며, 사립 자원봉사기구가 큰 도시를 중심으로 세워졌다. 1843년 빈민의 생활조건을 개선하기 위한 기구적 구제활동을 전개하기 위해 우애방문원을 활용했으며, 1840년 사회운동을 위한 기구들이 발달하여 윤리 개혁, 노예제 반대, 낙태 찬성 등을 위한 단체 등이 활동하게 되었다.

YMCA가 1851년 미국에 들어왔으며, 1853년 아동구호협회가 설립되었고, 남북전쟁은 자원봉사 부분의 증가를 초래하였다. 전국규모의 의료 자원봉사기구인 위생위원회가 남북전쟁 중에 생겨났으며, 이것은 다양한 여성단체의 활동과 노력을 조절하고 협력하는데 중점을 두었다. 해방된 노예들에 의해 주도된 자치기관의 노력으로 1865년 전국자유인사무소의 설립을 위한 노력에 큰 영향을 미쳤다.

(3) 자선사업관련기구의 발생과 성장

자선사업관련기구의 발생과 성장은 1865~1900년의 시기로, 이 시기에는 남북전쟁 이후와 1900년 초까지 자원봉사기관이 미국 전역의 도시에서 도시화, 산업화, 이주, 이민 등에 대응하여 급격하게 증가하였다. 앤드루 카네기(Andrew Carnegie)나 존 록펠러(John D. Rockefeller) 등과 같은 부유한 사업가들이 자선사업가가 되었으며, 1877년 버팔로에 가족서비스기관과 같은 유형의 기관이 자선기관협회 내에 생겨났다. 이러한 기관들은 가족들에게 사적인 구호와 도움을 제공하면서 과학적인 자선사업을 확립하려고 시도하였으며, 공공자선사업을 비난하면서 다른 도시들로 확산되었다.

1880년 후반 공동체 관련 활동과 사회개혁을 병행하려는 움직임이 뉴욕과 시카고에서 일어났으며, 자선단체의 연합체들이 피츠버그, 덴버 등의 대도시에서 결성되었다. 1887년 덴버에서는 자선사업단체 연합체의 후신이라 할 수 있는 기관이 지역사회 전역에 걸친 연합기금모금운동을 발전시켰으며, 이후 사회복지기금 공동모금회라는 기금의 모금방식이 되었다. 정부와 협력하여 활동하는 기관은 공공기관을 발달시켰으며, 1874년 전국자선단체 및 교정단체 회의가 개최되었다.

(4) 전문성의 증대와 정책적 개혁

전문성의 증대와 정책적 개혁은 1900~1932년의 시기로, 이 시기에는 여성, 아동 및 이주노동자의 생활조건을 개선하기 위한 활동이 전개되었으며, 정착노동자들이 지역적 규모나 전국적인 규모로 정부의 정책에 영향력을 행사하였다. 전국규모의 연맹에 연결된 보이스카우트, 걸스카우트, 소년클럽 등과 같은 지역청소년단체의 활동이 나타나기 되었으며, 이러한 연맹들은 미국정신 만들기의 분위기에 커다란 영향을 미쳤다. 제1차 세계대전 중에 YMCA, 미국적십자 등과 같은 국가적·국제적 기관을 돕기 위한 노력의 일환으로 연합형태의 재원조달 운동이 거세게 일어났으며, 지역 차원의 캠페인은 전후에도 계속해서 발전하였다.

(5) 정부와 자원봉사부문의 협력

정부와 자원봉사부문의 협력은 1932~1980년의 시기로, 이 시기에는 1930년대 중반에 대공황의 여파에 대응하기 위한 뉴딜정책으로 인하여 빈민구호의 책임이 자원봉사부문에서 연방정부에게로 넘어가게 되었다. 많은 가족서비스기관이 심리적 자문을 강조하는 방향으로 선회하였으며, 레크리에이션이나 청소년단체의 활동이 증가하였다. 제2차 세계대전 동안 전국규모의 자금모금운동과 전쟁자금 모금운동이 일어났으며, 지역공동체 내 이웃문제 관련기관 시민권운동과 연대하게 되었다.

1960년대 신흥 자원봉사단체 및 자발적 단체에 연합적 성격의 자금모금운동이 활발하게 증가하면서 미국사회의 자원봉사와 자발적 부문에 있어서 그 전환점이 되었으며, 이 시기가 사회운동과 정치적 논쟁의 시기이었다. 이러한 정치적 논쟁은 자선사업 활동에 영향을 미쳤으며, 자원봉사기관의 비리문제가 급속히 증가하여 비난으로 이어졌다. 1969년 세법개정안을 통하여 재단과 주요 기부자들 사이의 관계를 명확히 규제하였으며, 수혜자에 대한 지급기준을 높이게 되었다. 그로 인하여 1970년대에는 자원봉사 부문에 대한 존립문제가 제기되었으며, 자원봉사기관을 지지하고 격려하기 위한 위원회가 결성되었다. 이 시기에 평화봉사단, VISTA, ACTION 등의 정부가 주도하는 자원봉사 조직들이 설립되었다.

(6) 자원봉사기관과 활동의 증가

자원봉사기관의 증가는 1980년~현재까지의 시기로, 이 시기에는 사회활동단체나 지역사회단체가 자신들의 의사를 반영할 수 없었던 사회적 소수나 불이익을 받는 집단의 권익을 신장시키는데 영향력을 증대시켰다. 사회복지기금 공동모금회가 후천성면역결핍증, 구조적 실업, 도시의 다양성 증대 등과 같은 사안의 해결에 많은 노력을 하였지만, 기부하려는 기관의 대부분이 자신들의 회원 지부나 협회 등에 기부금을 제공하였다. 1980년대 미국사회가 보수화되는 경향으로 신연방주의를 주창하면서 연방정부의 사회복지비용을 절감하고 지방정부의 책임을 강조하는 차원에서 국가적 차원의 자원봉사활동을 활성화하기 위해 촛불재단, 미국봉사단, 노인봉사단 등의 자원봉사기관들이 설립되었다.

한편 1980년의 심각한 사회문제는 기아, 노숙인, 마약 등이었으며, 자원봉사자들은 급식소와 임시 숙박소를 설치・운영하고 푸드뱅크를 통해 식품의 기부를 받았으며, 노숙인들을 위해 많은 금액을 모금하였다. 지방정부가 지역사회문제 해결을 위해 자원봉사자를 활용하기 시작하였으며, 민간단체, 복지시설, 재단, 학교 등에 서비스를 제공하였다. 그 후 지방정부가 자원봉사센터를 설립하고 자원봉사자를 모집하여 지방정부기관, 도서관, 공원관리소 등에 배치하여 활용하였으며, 많은 국민들이 자원봉사활동에 참여하고 있다(최덕경 외, 2006 : 66).

2) 자원봉사활동의 조직

(1) 평화봉사단

평화봉사단(The Peace Corps)은 1961년 존 F. 케네디 대통령이 인생의 2년을 개발도상국에서 봉사해 세계 평화에 기여하자는 캠페인을 하면서 미국의 청년들에게 각종 기술을 배우도록 하여 그들을 2년 기한으로 동남아시아, 아프리카, 중남미 등으로 파견함으로써 개발도상국의 생활수준 향상에 기여하기 위해 설립되었다. 1961년 설립된 이래 2015년까지 약 220,000명의 미국인이 평화봉사단에 가입하여 141개국에서 봉사활동을 전개하였다.

평화봉사단은 개발도상국의 사람들과 직접적으로 접촉하면서 대인관계를 통해 서비스를 지원하였으며, 문맹퇴치운동, 빈곤 추방, 청소년활동 등의 사업을 수행하면서 민간 차원의 외교활동의 일익을 담당하였다. 평화봉사단에서 활동하는 자원봉사자는 전임제로 활동하였으며, 이들에 대한 모든 훈련은 대개 자원봉사자가 활동하는 나라인 해외에서 이루어졌으며, 훈련 프로그램은 고된 업무처리, 언어, 문화적 배경에 대한 것들이 포함되었다(김범수 외, 2018 : 64-65).

(2) VISTA

VISTA(Volunteers In Service To America)는 1964년 린든 존슨 대통령에 의해 창립된 빈곤지역의 생활 향상을 목적으로 자원봉사자를 파견한 정부의 프로그램이다. 이것은 평화봉사단의 국내활동의 형태로서 1964년 경제기회법(Economic Opportunity Act)에 의해 창설된 빈곤퇴치 프로그램이며, 처음에는 이 프로그램이 빈곤과의 전쟁(war on poverty)에 확실하게 기여할 수 있는 성실한 사람들에게 고용의 기회를 증진하였다.

자원봉사자들은 국가의 혜택을 받지 못하는 빈곤한 계층들에게 교육 프로그램과 직업훈련을 강화하는데 초점을 두고 미국 전역의 지역사회에서 활동하였다. VISTA의 입법상의 목적은 1973년 국내 자원봉사자 서비스법(domestic volunteer service act)에 규정되어 있으며, 고용을 통하여 저소득 지역사회에서 빈곤을 퇴치하려는 노력에 도움을 주는 것이다. VISTA 회원들은 지역수준에서 자원봉사자의 서비스를 원조하고, 비공식 자원을 동원하고 확보하며, 저소득 지역사회를 원조하는 지역의 기관과 조직을 강화하려는 프로그램의 목적을 지원하였다. 미국 전역에서 900개의 계획사업에 약 5,000명의 VISTA 회원들이 활동하였다(http://www.nationalservice.gov).

(3) ACTION

ACTION은 1971년 미국 정부가 국내와 해외의 자원봉사자 프로그램을 관리하기 위해 평화봉사단과 VISTA를 통합한 정부기관이다. ACTION은 50개 주정부에 각각의 지부를 두고 프로그램별로 나누어 각 부처에서 관리해 오던 자원봉사자 관리 사업을 통합하였으며, 시사문제 목록과 도서문헌 목록의 작성, 저개발국가에 대한 평사봉사단 파견, VISTA에 의한 빈곤지역의 소득, 교육, 환경 등의 개선사업을 전개하였다(오세영, 2012 : 80).

ACTION은 모금, 회비, 기타 프로그램 참여비용을 통하여 기금을 조성하였으며, 이사회가 활동을 중단한 1974년까지 정부에서 기본적인 활동비를 지원받았고 그 이후에는 특별한 프로젝트에 대해서만 정부기금을 받았다. ACTION

은 1993년 CNCS(Corporation for National and Community Service)와 통합되어 국내의 모든 지역사회 서비스와 자원봉사활동의 활성화에 기여하게 되었다(김범수 외, 2018 : 65).

(4) 촛불재단

촛불재단(Points of Light Foundation)은 1990년 조지 부시 대통령의 선거공약으로 창립되었으며, 국회에서 독립적인 예산편성을 받는 전국 규모의 민간기구로서 지역에 많은 자원봉사센터를 두고 이를 지원하고 추진하고 있으며(박태영·채현탁·정진석·조미정, 2016 : 98), 전국자원봉사센터(National Volunteer Center)를 흡수하면서 자원봉사활동을 위한 전국적인 지도력과 자원을 갖춘 기관으로 성장하였다. 촛불재단은 자원봉사활동에 대한 대중의 인식을 제고하고 자원봉사활동의 동기를 부여하며, 자원봉사활동을 지원하기 위해 필요한 지도자를 양성하고, 기업의 직원, 청소년, 가족을 자원봉사활동에 참여시키며, 사회문제해결을 위한 프로그램을 개발하는 활동을 전개하고 있다.

촛불재단의 재원은 국가지원 및 기업과 개인의 기부금으로 충당하고 있으며, 자원봉사기관의 재원은 연방정부와 지방정부의 보조금, 회원의 회비, 기부금, 각종 수익금, 재단과 공동모금회의 후원금, 기업의 기부금 등으로 충당하고 있다. 촛불재단의 사업내용으로는 자원봉사센터의 운영, 지역사회 동원, 정부기관의 자원봉사활동 촉진, 국제협력, 청소년 자원봉사 프로그램 개발과 보급, 자원봉사활동 홍보 등이 있다(김범수 외, 2018 : 67). 자원봉사센터는 지역수준의 자원봉사 프로그램 개발, 자원봉사자 모집, 훈련, 배치, 자원봉사활동 홍보, 자원봉사자 인증, 자원봉사자 옹호 등을 행하고 있다. 한편 기업은 자원봉사활동에 대한 재정지원은 물론 직원들의 자원봉사활동을 촉진시키는 다양한 프로그램을 운영하고 있다.

(5) CNCS

CNCS(Corporation for National and Community Service)는 1993년 국가 및 지역사회 서

비스 법(National and Community Service Trust Act)에 의해 설립되었으며, 미국봉사단(AmeriCorps), 노인봉사단(Senior Corps) 등을 비롯한 국가적 차원의 여러 봉사단을 통해 서비스를 제공하는 500만 명 이상이 종사하고 있는 연방정부 기관이다. CNCS는 국가적 차원과 지역사회 차원에서 다양한 연령층이 참여하여 시민에 대한 미국문화의 지원, 자원봉사활동 등을 전개하고 있다.

미국봉사단은 미국인들에게 다양한 서비스를 제공하기 위해 설립된 국가적 차원의 서비스 프로그램이며, 미국봉사단의 연방과 주의 프로그램, NCCC(National Civilian Community Corps), VISTA 등을 포함하고 있다. 미국봉사단은 21,000개 장소에서 75,000명의 자원봉사자들이 활동하고 있다. 미국봉사단 외에도 CNCS의 프로그램은 상당히 다양하며, 주요한 프로그램에는 노인봉사단, 미국시민지역사회봉사단, VISTA, 미국자유봉사단, 대통령자원봉사상, 대통령자유장학금프로그램, FEMA봉사단 등이 포함되어 있다(http://www.nationalservice.gov).

3. 한 국

1) 자원봉사의 발달과정

한국의 자원봉사는 1903년 YMCA 창립을 계기로 전개되기 시작하였다. 1921년 태화기독교사회관이 설립되어 여성계몽과 어린이 건강에 관한 자원봉사가 전개되었다. 그 시기에는 기독교의 전파에 따라 기독교 사상, 민주주의 철학 등이 유입되면서 교회를 비롯한 관련단체의 자선적·박애적 성격을 띠는 초보적 형태의 자원봉사활동이었다. 그 이후 1938년 서울에 관립 서부인보관이 설립되어 인보상조와 국민자각에 관한 활동이 전개되었다.

1960년 인도주의와 자원봉사에 바탕을 둔 적십자운동이 활성화되기 시작하였으며, 1971년부터 새마을운동으로 주민들의 지역사회에 대한 자원봉사정신이 확산되고 고취되는데 커다란 영향을 미쳤다. 1978년 한국사회복지협의회의 창립으로 사회복지단체를 중심으로 한 자원봉사가 이루어지기 시작했으며, 이 시기에 각종 사회단체를 중심으로 자원봉사자 개발과 활용이 가속화되는 계기가 마련되었다.

1980년대에 접어들면서 경제수준의 향상과 국민의식의 증대로 자원봉사에 대한 인식이 점점 높아지기 시작했으며, 1984년에는 한국여성개발원에 의해서 자원봉사인력은행이 설립되었고, 1986년 아시안 게임과 1988년 서울 올림픽을 계기로 자원봉사자단이 구성되어 조직적으로 자원봉사활동을 전개하게 되었으며, 자원봉사에 대한 인식이 전국적으로 확산되는 분기점이 되었다(김범수 외, 2018 : 78).

1990년대는 자원봉사에 대한 국민적 관심이 커지고 정부도 자원봉사활동의 중요성을 인식하고 제도화하기 시작한 시기이다. 1994년에 자원봉사 관련 전산정보체계의 구축, 지원봉사활동 지도자 교육, 자원봉사활동 조사연구와 교재 개발 등을 목적으로 한국사회복지협의회 부설 사회복지자원봉사 정보안내센터를 설립하였다. 또한 각계 자원봉사단체의 공조활동을 도모하기 위해 1994년 한국자원봉사단체협의회가 조직되었으며, 1995년에는 정부에서 자원봉사활동 관련업무를 총괄·관리하는 부서를 지정하였으며, 교육개혁의 일환으로 초·중·고 청소년 자원봉사활동이 등장하였다. 1996년에는 대학자원봉사활동을 활성화시키기 위해 한국대학사회봉사협의회가 발족되어 운영되고 있다. 한편 행정자치부에서 1996년 전국에 시·도자원봉사센터를 설립하여 운영하고 있으며, 문화관광부의 청소년자원봉사센터, 여성부의 여성자원활동센터 및 법무부의 범죄예방자원봉사단체협의회가 운영되고 있다. 2005년 자원봉사활동기본법이 공포되어 자원봉사활동을 제도적·행정적·재정적으로 지원할 수 있는 기반을 조성하였다.

2) 자원봉사활동의 조직

(1) 자원봉사센터협회

자원봉사센터협회는 전국의 246개 자원봉사센터의 연합체이며, 주요 사업으로는 자원봉사센터의 역량강화, 종사자의 사회적 위상과 역량강화, 자원봉사 기반구축, 자원봉사센터의 연대협력과 네트워크, 인적자원 연계, 기업연결,

자원봉사 홍보 등이 있다. 자원봉사센터는 행정안전부의 지침을 근거로 1996년에 설치되기 시작하였으며, 자원봉사활동기본법에 따라 광역시·도 및 시·군·구에 설치하여 운영되고 있다. 자원봉사센터는 자원봉사자의 모집 및 교육·홍보, 자원봉사 수요기관 및 단체에 자원봉사자 배치, 자원봉사 프로그램의 개발·보급 및 시범운영, 자원봉사 관련 정보의 수집 및 제공, 자원봉사 정책 지원 및 협조, 자원봉사 관리자 및 지도자의 교육훈련, 자원봉사 프로그램의 개발 및 보급, 자원봉사 조사 및 연구, 자원봉사 정보자료실 운영 등의 역할을 수행하고 있다.

(2) 한국자원봉사협의회

한국자원봉사협의회는 1994년 자원봉사활동기본법에 근거하여 전통적으로 전승되어 온 한국의 자원봉사정신을 정착시키고 공동체 문화를 형성시키며, 전국 단위의 자원봉사활동을 촉진하기 위해 설립된 민간협의체이다. 한국자원봉사협의회는 125개의 회원단체와 250여 개의 협력단체로 구성되어 있다. 회원단체로는 공공기관, 기업, 시민사회단체, 사회복지단체, 자원봉사전문기관, 종교단체, 지역협의회, 직능단체, 학교 등이 있다. 주요 사업으로는 회원단체 간의 협력 및 사업 지원, 자원봉사활동의 진흥을 위한 대국민 홍보 및 국제교류, 자원봉사활동과 관련된 정책의 개발 및 조사·연구, 자원봉사활동과 관련된 정책의 건의, 자원봉사활동과 관련된 정보의 연계 및 지원 등이 있다.

(3) 사회복지정보센터

사회복지정보센터는 1978년 한국사회복지협의회가 자원봉사에 관한 교육훈련과 상담활동을 전개하기 위해 설치한 사회봉사안내소를 2001년에 명칭을 변경한 것이며, 지역사회복지협의회에 설치하여 사회복지 및 자원봉사 등에 관한 통합된 정보를 제공하여 지역의 자원봉사활동 활성화에 기여하고 있다. 한국사회복지협의회에는 복지넷이 설치되어 있으며, 이것은 사회복지 및 자원봉사 관련 각종 복지정보를 종합적·체계적으로 정보화하고 이를 대국민에게 신속하게 무료로 서비스를 제공하는 사회복지포털 서비스이다. 한국사회복지협의회에는 자원봉사인증과 관련된 사회복지자원봉사인증관리시스템(VMS)이 2001년에 설치되어 사회복지자원봉사활동 실적의 인증관리 및 인정과 보상체계 마련, 사회복지자원봉사활동의 효율적인 운영관리 및 상호협력체계 구축, 사회복지자원봉사활동의 정책통계 제공 및 활성화 기반 조성, 사회복지 인적자원의 효과적 활용을 통한 생산적 복지증진 등에 기여하고 있다.

(4) 한국청소년활동진흥원

한국청소년활동진흥원은 2004년 제정된 청소년활동진흥법에 근거하여 설치・운영되고 있으며, 청소년 자원봉사활동의 활성화, 청소년활동 및 청소년 보호에 관한 종합적 안내 및 서비스 제공, 청소년육성에 필요한 정보 등의 종합적 관리 및 제공, 청소년수련활동 인증제도의 운영, 청소년활동 프로그램의 개발과 보급, 국가가 설치하는 수련시설의 유지・관리, 청소년수련거리의 시범운영, 청소년활동시설이 실시하는 국제교류 지원, 청소년지도자의 연수 등의 사업을 실시하고 있다. 청소년자원봉사 두볼(DOVOL)을 통해 자원봉사활동을 활성화시키고 있는데, 여기에서 DOVOL은 'Do Volunteer'(자원봉사하다)의 약자이다. 이것은 청소년들이 쉽고 편리하게 봉사활동 정보 검색, 신청, 실적 확인, 확인서 출력까지 원스톱으로 진행할 수 있는 청소년봉사활동서비스이다. 청소년자원봉사 DOVOL은 초・중・고・대학생 및 동아리 봉사활동을 하고자 하는 청소년을 대상으로 하며, 봉사활동확인서 발급, 청소년자원봉사자 상해보험 지원, 군모집병 사회봉사 가산점 인정, 우수활동 청소년 및 동아리 시상 등을 하고 있다.

(5) 한국대학사회봉사협의회

한국대학사회봉사협의회는 1996년 대학이 사회봉사 교육과 활동에 대한 상호 협조를 통하여 대학생들이 재학 중 사회적・윤리적 문제에 대한 경험과 사례를 향상시키는 방안을 협의・개발・보급함으로써 사회발전에 기여하고자 설립되었으며, 전국의 247개 대학이 회원으로 가입되어 있다. 한국대학사회봉사협의회는 대학생 사회봉사활동의 육성·발전, 대학 교육과정과 사회봉사 연계에 관한 연구개발, 대학의 사회봉사 활동에 대한 연수 지원, 국내외 사회봉사 관련기관과의 교류 및 제휴, 대학 사회봉사 프로그램의 개발·보급 등의 기능을 수행하고 있다. 사업으로는 농촌재능나눔 프로그램, 태안군지역 초·중·고등학생 대상의 대학생 멘토링 활동, 발전소 주변의 초·중·고등학생 대상 학습능력, 인성, 리더십 등을 갖춘 인재양성 멘토링 활동, 체코글로벌봉사단 등이 있다.

| 제5장 | 자원봉사 관련법

1. 자원봉사활동기본법

1) 자원봉사활동의 기본 방향

자원봉사활동기본법은 2005년에 제정되어 자원봉사활동을 진흥하고 행복한 공동체 건설에 이바지하는 것을 목적으로 하고 있으며(제1조), 자원봉사활동을 개인 또는 단체가 지역사회 · 국가 및 인류사회를 위하여 대가 없이 자발적으로 시간과 노력을 제공하는 행위라고 정의하고 있다(제3조). 자원봉사활동의 기본 방향은 자원봉사활동이 국민의 협동적인 참여능력을 높일 수 있는 방향으로 추진되어야 하고, 무보수성, 자발성, 공익성, 비영리성, 비정파성, 비종파성의 원칙 아래 수행될 수 있도록 하며, 모든 국민은 나이, 성별, 장애, 지역, 학력 등 사회적 배경에 관계없이 누구든지 자원봉사활동에 참여할 수 있도록 하고, 자원봉사활동의 진흥을 위한 정책은 민관협력의 기본 정신을 바탕으로 하여 추진되어야 한다고 명시되어 있다(제2조).

국가와 지방자치단체는 자원봉사활동의 진흥에 관한 시책을 마련하여 국민의 자원봉사활동을 권장하고 지원하여야 하며(제4조), 국가 및 지방자치단체로부터 지원을 받는 자원봉사단체 및 자원봉사센터는 그 명의 또는 그 대표의 명의로 특정 정당이나 특정인의 선거운동을 하지 못하도록 하고 있다(제5조). 한편 누구든지 개인 또는 단체에 대하여 자원봉사활동을 강요하여서는 아니 된다고 명시하고 있다(제5조의2).

2) 자원봉사활동의 범위

자원봉사활동의 범위는 ① 사회복지 및 보건 증진에 관한 활동, ② 지역사회 개발·발전에 관한 활동, ③ 환경보전 및 자연보호에 관한 활동, ④ 사회적 취약계층의 권익 증진 및 청소년의 육성·보호에 관한 활동, ⑤ 교육 및 상담에 관한 활동, ⑥ 인권 옹호 및 평화 구현에 관한 활동, ⑦ 범죄 예방 및 선도에 관한 활동, ⑧ 교통질서 및 기초질서 계도에 관한 활동, ⑨ 재난 관리 및 재해 구호에 관한 활동, ⑩ 문화·관광·예술 및 체육 진흥에 관한 활동, ⑪ 부패 방지 및 소비자 보호에 관한 활동, ⑫ 공명선거에 관한 활동, ⑬ 국제협력 및 국외봉사활동, ⑭ 공공행정 분야의 사무 지원에 관한 활동, ⑮ 그 밖에 공익사업의 수행 또는 주민복리의 증진에 필요한 활동 등으로 규정하고 있다(제7조).

3) 자원봉사진흥위원회

자원봉사활동에 관한 주요 정책을 심의하기 위하여 국무총리 소속으로 관계 중앙행정기관 및 민간 전문가로 구성된 자원봉사진흥위원회를 두도록 하고 있다. 자원봉사진흥위원회는 ① 자원봉사활동의 진흥을 위한 정책 방향의 설정 및 협력·조정, ② 자원봉사활동의 진흥을 위한 국가기본계획과 연도별 시행계획에 관한 사항, ③ 자원봉사활동의 진흥을 위한 제도 개선에 관한 사항, ④ 그 밖에 자원봉사활동의 진흥에 필요한 사항 등을 심의한다. 이러한 심의 사항을 미리 검토하고 관계 기관 간의 협의 사항을 정리하기 위하여 자원봉사진흥위원회에 실무위원회를 둘 수 있으며, 자원봉사진흥위원회 및 실무위원회의 구성·조직 및 운영에 필요한 사항은 대통령령으로 정하도록 하고 있다(제8조).

4) 자원봉사활동 진흥에 관한 국가기본계획

자원봉사활동의 진흥에 관한 국가기본계획은 행정안전부장관이 관계 중앙행정기관의 장과 협의하여 자원봉사활동의 진흥을 위해 5년마다 수립하도록 하고 있으며, 국가기본계획에는 ① 자원봉사활동의 진흥에 관한 기본 방향, ② 자원봉사활동의 진흥에 관한 추진 일정, ③ 관계 중앙행정기관의 자원봉사활동에 관한 추진 시책, ④ 자원봉사활동의 진흥을 위하여 필요한 재원의 조달 방법, ⑤ 그 밖에 자원봉사활동의 진흥을 위하여 특히 필요하다고 인정되는 사항 등을 포함하도록 하고 있다(제9조). 그와 동시에 관계 중앙행정기관의 장과 지방자치단체의 장은 기본계획에 따라 연도별 시행계획을 수립・시행하도록 하고 있다(제10조).

5) 자원봉사활동의 장려

자원봉사활동을 활성화하기 위해 학교는 학생의 자원봉사활동을 권장하고 지도・관리하기 위하여 노력하며, 직장은 직장인의 자원봉사활동을 촉진하기 위하여 노력하고, 학교・직장 등의 장은 학생 및 직장인 등의 자원봉사활동에 대하여 그 공헌을 인정하여 줄 수 있도록 하여 학교・직장 등에서 자원봉사활동을 장려하도록 하고 있다(제11조). 자원봉사활동의 장려를 위해 국가와 지방자치단체는 국가와 사회에 현저한 공로가 있는 자원봉사활동을 한 자원봉사자, 자원봉사단체, 자원봉사센터 등에 대하여 대통령령으로 정하는 바에 따라 포상할 수 있도록 하고 있다(제12조). 국가는 국민의 자원봉사활동에 대한 참여를 촉진하고 자원봉사자의 사기를 높이기 위하여 매년 12월 5일을 자원봉사자의 날로 하고 자원봉사자의 날부터 1주일간을 자원봉사주간으로 설정하고 있으며, 자원봉사자의 날 및 자원봉사주간의 행사에 필요한 사항은 대통령령으로 정하고 있다(제13조). 자원봉사자의 날 및 자원봉사주간을 기념하기 위하여 기념행사, 연구발표 및 국제교류행사, 유공자 및 유공단체에 대한 격려, 대중매체 등을 통한 홍보, 그 밖에 자원봉사 활성화에 대한 범국민적인 관심을 높이기 위한 행사를 국가와 지방자치단체 및 자원봉사단체 등이 실시하도록 하고 있다(시행령 제9조).

6) 자원봉사자의 보호

국가와 지방자치단체는 자원봉사활동이 안전한 환경에서 이루어질 수 있도록 노력하도록 하며, 자원봉사자에 대한 보험의 가입 등 보호의 종류와 내용에 관하여 필요한 사항은 대통령령으로 정하도록 하고 있다(제14조). 자원봉사자에 대한 보험의 가입을 통해 자원봉사활동 중인 자원봉사자의 신체적 보호, 자원봉사활동 중에 발생한 자원봉사자의 경제적 손실보호, 자원봉사활동 중에 발생한 타인의 신체 또는 재물손괴에 대한 보호 등을 행하도록 하고 있다. 이를 바탕으로 자원봉사활동 중에 발생한 자원봉사자의 사망, 후유장애 및 의료·입원·수술비 등에 대한 보상, 자원봉사활동 중에 발생한 타인의 신체 또는 재물손괴에 대한 보상 등을 갖춘 보험에 가입하도록 하고 있으며, 지방자치단체는 이러한 요건을 갖춘 보험의 가입절차 및 방법 등에 관하여는 조례로 정하도록 하고 있다(시행령 제10조). 한편 자원봉사단체 및 자원봉사센터가 자원봉사자에 대한 교육훈련 및 안전대책 등이 체계적으로 관리될 수 있게 노력하도록 하고 있다(제15조).

7) 한국자원봉사협의회

자원봉사단체는 전국 단위의 자원봉사활동을 진흥·촉진하기 위하여 한국자원봉사협의회를 법인으로 설립할 수 있도록 하고 있으며, 행정안전부장관의 인가를 받도록 하고 있다. 한국자원봉사협의회는 ① 회원단체 간의 협력 및 사업 지원, ② 자원봉사활동의 진흥을 위한 대국민 홍보 및 국제교류, ③ 자원봉사활동과 관련된 정책의 개발 및 조사·연구, ④ 자원봉사활동과 관련된 정책의 건의, ⑤ 자원봉사활동과 관련된 정보의 연계 및 지원, ⑥ 그 밖에 자원봉사활동의 진흥과 관련하여 국가 및 지방자치단체로부터 위탁받은 사업 등을 수행하도록 명시하고 있다(제17조). 한편 국가 및 지방자치단체는 자원봉사단체의 활동에 필요한 행정적 지원을 할 수 있으며 비영리민간단체지원법에 따라 사업비를 지원할 수 있도록 하고 있다(제18조).

8) 자원봉사센터의 설치 · 운영

국가기관 및 지방자치단체는 자원봉사센터를 설치할 수 있으며, 이 경우 자원봉사센터를 법인으로 하여 운영하거나 비영리 법인에 위탁하여 운영하도록 하고 있다. 자원봉사활동을 효율적으로 추진하기 위하여 필요하다고 인정할 경우에는 국가기관 및 지방자치단체가 운영할 수 있으며, 국가는 자원봉사센터의 설치 · 운영이 활성화될 수 있도록 적극 노력하도록 하며, 지방자치단체는 자원봉사센터의 운영에 필요한 경비를 지원할 수 있다고 명시하고 있다(제19조).

2. 사회복지사업법

사회복지사업법은 1970년에 제정되어 사회복지사업에 관한 기본적 사항을 규정하여 사회복지를 필요로 하는 사람에 대하여 인간의 존엄성과 인간다운 생활을 할 권리를 보장하고 사회복지의 전문성을 높이며, 사회복지사업의 공정 · 투명 · 적정을 도모하고, 지역사회복지의 체계를 구축하고 사회복지서비스의 질을 높여 사회복지의 증진에 이바지함을 목적으로 하고 있다(제1조). 국가와 지방자치단체는 사회복지 자원봉사활동을 지원 · 육성하기 위하여 ① 자원봉사활동의 홍보 및 교육, ② 자원봉사활동 프로그램의 개발 · 보급, ③ 자원봉사활동 중의 재해에 대비한 시책의 개발, ④ 그 밖에 자원봉사활동의 지원에 필요한 사항 등을 실시하도록 하고 있으며, 국가와 지방자치단체가 상기의 사항들을 효율적으로 수행하기 위하여 사회복지법인이나 그 밖의 비영리법인 · 단체에 이러한 사항들을 위탁할 수 있도록 하고 있다(제9조).

그 외에도 청소년활동진흥법이 2004년 제정되어 다양한 청소년활동을 적극적으로 진흥하기 위하여 필요한 사항을 정하고 있으며(제1조), 국가 및 지방자치단체가 청소년의 자원봉사활동을 활성화할 수 있는 기반을 조성하도록 하고 있다(제65조). 1981년에는 노인복지법이 제정되어 노인의 지역봉사를 포함한 노인사회참여를 지원하도록 하고 있다. 국가 또는 지방자치단체가 노인의 사회참여 확대를 위하여 노인의 지역봉사 활동기회를 넓히고 노인에게 적합한 직종의 개발과 그 보급을 위한 시책을 강구하며 근로능력이 있는 노인에게 일할 기회를 우선적으로 제공하도록 노력하도록 하고 있으며, 국가 또는 지방자치단체가 노인의 지역봉사 활동 및 취업의 활성화를 기하기 위하여 노인지역봉사기관, 노인취업알선기관 등 노인복지관계기관에 대하여 필요한 지원을 할 수 있도록 하고 있다(제23조).

02

자원봉사의 분야

| 제6장 | 자원봉사 분야의 분류
| 제7장 | 청소년자원봉사
| 제8장 | 노인자원봉사
| 제9장 | 장애인자원봉사
| 제10장 | 다문화가족자원봉사
| 제11장 | 국제자원봉사

| 제6장 | 자원봉사 분야의 분류

1. 자원봉사활동 분야별 분류

자원봉사활동을 분류하는 기준은 다양할 수 있다. 우선적으로 자원봉사의 분야를 봉사활동 분야별로 구분해 보면 <표 6 - 1>과 같이 대인봉사, 사무봉사, 지역사회봉사, 국제봉사 등으로 구분할 수 있다.

1) 대인봉사

대인봉사는 사회복지시설(기관), 단체, 가정 등을 방문하여 노인, 장애인, 아동, 여성, 다문화가족 등 봉사대상자에게 개별적 또는 집단적으로 필요로 하는 서비스를 제공하는 것이다. 이것은 도움을 필요로 하는 사람에게 직접 찾아가 대면하면서 관계를 맺고 서비스를 제공하는 것이다(조휘일, 1997 : 47). 대인봉사의 예로서는 말벗, 상담, 간병, 호스피스, 목욕, 식사 시중, 세탁, 청소, 병원 동행, 학습지도, 한글지도, 문화체험, 사회복지시설 이용안내, 안마, 잔심부름, 신문 및 책 읽어주기, 산책 동행, 이·미용서비스, 손발톱 깎아주기, 물리치료, 자매결연, 결연·후원, 아기 봐주기, 요리, 그림지도, 율동지도, 스포츠지도, 행사 동행 등이 있다.

2) 사무봉사

사무봉사는 기관이나 시설에 종사하는 직원의 사무를 돕는 활동으로 행정적인 사무를 돕는 것이다. 이것은 동행정복지센터, 시청, 도청 등의 정부기관, 국민연금공단, 건강보험공단, 근로복지공단, 금융기관 등의 공공기관, 사회복지시설(기관), 사회단체 등의 행정적 사무를 돕는 활동이다. 사무봉사의 예로서는 서류정리, 우편물 처리, 전화응답, 복사, 손님접대, 타이핑, 민원안내와 접수, 도서정리, 섭외활동, 잔심부름, 홍보물 제작, 홍보물 배포, 보도자료 편집, 자료 인쇄, 모금활동 등이 있다.

3) 지역사회봉사

지역봉사는 지역사회 내에서 사회문제의 예방과 해결, 주민편의의 제공, 공익증진 등을 행하는 활동이다. 이것은 지역사회에서 도움을 필요로 하는 개인에게 제공하는 대인서비스를 제외한 지역문제 등에 직접적으로 개입하여 서비스를 제공하는 것을 말한다. 지역봉사의 예로서는 야간방범활동, 교통정리, 환경미화, 자연보호활동, 농촌일손 돕기, 재활용품 수거, 이재민구호, 어린이놀이터 만들기, 공동모금, 파손도로 점검, 인명구조 활동, 환경정화운동, 불우이웃 돕기 바자회, 자문활동, 위원회 참여 등이 있다.

4) 국제봉사

국제봉사는 언어나 종교, 정치, 사회경제적 장애, 국경 등을 넘어 다른 국가에서 자신의 시간이나 능력, 에너지를 사용하여 사회변화, 경제발전, 환경보전 등을 실천하기 위한 자원봉사를 말한다(오세영, 2012 : 148). 국제봉사활동에는 난민 구호, 빈빈 구제활동, 지역사회개발, 식료품 지원, 의약품 지원, 교육봉사활동, 외국인 권익옹호활동, 빈곤아동 후원활동, 어린이 급식지원, 빈민지역 주거개선사업 등이 있다.

〈표 6-1〉 자원봉사활동 분야별 분류

분야별	활동내용
대인봉사	말벗, 상담, 간병, 호스피스, 목욕, 식사 시중, 세탁, 청소, 병원 동행, 학습지도, 한글지도, 문화체험, 사회복지시설 이용안내, 안마, 잔심부름, 신문 및 책 읽어주기, 산책 동행, 이·미용서비스, 손발톱 깎아주기, 물리치료, 자매결연, 결연·후원, 아기 봐주기, 요리, 그림지도, 율동지도, 스포츠지도, 행사 동행
사무봉사	서류 정리, 우편물 처리, 전화응답, 복사, 손님 접대, 타이핑, 민원안내와 접수, 도서 정리, 섭외활동, 잔심부름, 홍보물 제작, 홍보물 배포, 보도자료 편집, 자료 인쇄, 모금활동
지역사회봉사	야간방범활동, 교통정리, 환경미화, 자연보호활동, 농촌일손 돕기, 재활용품 수거, 이재민구호, 어린이놀이터 만들기, 공동모금, 파손도로 점검, 인명구조 활동, 환경정화운동, 불우이웃 돕기 바자회, 자문활동, 위원회 참여
국제봉사	난민 구호, 빈민 구제활동, 지역사회개발, 식료품 지원, 의약품 지원, 교육봉사활동, 외국인 권익옹호활동, 빈곤아동 후원활동, 어린이 급식지원, 빈민지역 주거개선사업

2. 자원봉사활동 대상별 분류

자원봉사활동을 분류하는 기준 중에서 행정안전부의 「자원봉사센터 운영지침」에 제시된 내용을 기준으로 자원봉사활동의 대상별로 구분해 보면 <표 6-2>와 같이 대민봉사와 사회봉사로 구분할 수 있다.

1) 대민봉사

대민봉사는 생활편의 지원, 주거환경, 교육, 상담, 보건의료, 농어촌봉사 등의 분야로 구분할 수 있다. 생활편의 지원 분야는 활동보조(장애인, 노인 등 이동이 힘든 분들의 외출, 나들이 활동, 심부름 보조), 이동지원(장애인, 노인, 재가 환자 등의 이동을 위한 차량 봉사), 청결지원(청소, 빨래, 목욕, 이·미용 활동 등의 자원봉사), 급식지원(급식소 지원을 위한 조리, 배식, 설거지 등의 봉사활동 등), 식사·반찬지원(도시락, 밑반찬, 음식 등의 조리 및 배송) 등이 있다.

주거환경 분야로는 주거개선(취약계층 대상 집짓기), 집수리 자원봉사 활동(전기, 보일러, 도배, 도색 등), 마을 공동체 활동(소규모 마을 공동체 중심의 주거환경 개선활동 - 꽃길 가꾸기, 마을 시설물 보수 활동, 아파트 공동체 실천 활동 등) 등이 있다. 교육 분야로는 방과 후 교육(학교수업 종료 후 특기, 예체능 교육 지도·보조 활동), 학습지도(저소득층, 소년소녀가정 아동 등 학습여건이 열악한 청소년 대상 학습지도 활동), 특수교육(장애인 등 특수교육 관련 지도활동), 평생교육(평생교육 관련 지도활동), 전문교육(안전운전, 재해 및 안전관련 교육 등 전문영역 관련 지도활동), 진로체험지도(현장견학, 체험 등 학생 진로체험 교육, 지도 등의 지원 활동) 등이 있다.

상담 분야로는 말벗·상담(장애인, 노인 대상 여가지원 말벗, 상담 봉사활동), 전문상담(법률, 세무, 가족문제, 성폭력 등 특수·전문 분야 면접, 전화, 인터넷 상담 활동), 멘토링(멘토링 사업 참가자 활동) 등이 있다. 보건의료 분야로는 간호·간병(의료수발, 식사보조 및 호스피스 활동 등), 의료지원(의료봉사 - 양방, 한방, 물리치료 및 민간치료 활동 지원), 헌혈(헌혈 활동) 등이 있다. 농어촌봉사 분야로는 일손지원(농어촌 방문 봉사활동, 일손지원)이 있다.

2) 사회봉사

사회봉사는 문화행사, 환경보호, 행정보조, 안전·방범, 인권·권익, 재해·재난·응급, 국제협력·해외봉사 등의 분야로 구분할 수 있다. 문화행사 분야로는 행사보조(문화, 예술, 체육 행사 및 지역 행사 지원 활동), 공연활동(문화, 예술 등의 공연 봉사 활동), 캠페인(시민 의식개선, 계몽, 소비자 보호, 환경 등 사회분야 캠페인 활동), 관광안내(문화·관광 가이드 및 해설 활동, 문화예술 시설 안내 등) 등이 있다.

환경보호 분야로는 환경정화(불법 홍보물 제거 등 환경정화 활동), 환경감시(수변, 산림 등 자연환경 위해 감시) 등이 있다. 행정보조 분야로는 사무지원(행정, 전산, 조사·연구 등 행정사무 지원 활동), 업무보조(작업보조, 정리 및 민원 안내 지원 등) 등이 있다. 안전·방범 분야로는 지역방범(야간방범, 유해환경 추방 등 범죄 예방 활동), 교통안전(교통정리, 주정차 안내 등 교통안전 활동), 어린이 안전(아동 안전지킴이 활동, 등하교 안전지도 등), 청소년 안전(청소년 유해업소 감시 및 정화활동 등), 취약계층 안전(독거노인, 소년소녀가장 등 안전생활 모니터링) 등이 있다.

인권·공익 분야로는 인권개선(북한이탈주민, 외국인노동자, 아동, 여성 등의 인권 개선·평등을 위한 지원 활동), 공익보호(소비자 보호, 부패방지 모니터링 활동 등) 등이 있다. 재해・재난・응급 분야로는 피해복구(재난・재해 지역 피해복구 지원 및 구호 활동), 응급구조(위급 상황 응급 구조 활동) 등이 있다. 국제협력・해외봉사 분야로는 해외봉사(국외에서의 자원봉사 활동), 국제행사・단체지원(국제기구・단체, 국제 행사 지원), 통・번역(국제행사 및 행사 개최를 위한 통・번역 활동) 등이 있다.

〈표 6-2〉 자원봉사활동 대상별 분류

대상별	분 야	활동내용
대민 봉사	생활편의 지원	활동보조(장애인, 노인 등 이동이 힘든 분들의 외출, 나들이 활동, 심부름 보조), 이동지원(장애인, 노인, 재가 환자 등의 이동을 위한 차량 봉사), 청결지원(청소, 빨래, 목욕, 이・미용 활동 등의 자원봉사), 급식지원(급식소 지원을 위한 조리, 배식, 설거지 등의 봉사활동 등), 식사・반찬지원(도시락, 밑반찬, 음식 등의 조리 및 배송)
	주거환경	주거개선(취약계층 대상 집짓기), 집수리 자원봉사 활동(전기, 보일러, 도배, 도색 등), 마을 공동체 활동(소규모 마을 공동체 중심의 주거환경 개선활동 - 꽃길 가꾸기, 마을 시설물 보수 활동, 아파트 공동체 실천 활동 등)
	교 육	방과 후 교육(학교수업 종료 후 특기, 예체능 교육 지도・보조 활동), 학습지도(저소득층, 소년소녀가정 아동 등 학습여건이 열악한 청소년 대상 학습지도 활동), 특수교육(장애인 등 특수교육 관련 지도활동), 평생교육(평생교육 관련 지도활동), 전문교육(안전운전, 재해 및 안전관련 교육 등 전문영역 관련 지도활동), 진로체험지도(현장견학, 체험 등 학생 진로체험 교육, 지도 등의 지원 활동)
	상 담	말벗・상담(장애인, 노인 대상 여가지원 말벗, 상담 봉사활동), 전문상담(법률, 세무, 가족문제, 성폭력 등 특수・전문 분야 면접, 전화, 인터넷 상담 활동), 멘토링(멘토링 사업 참가자 활동)
	보건의료	간호・간병(의료수발, 식사보조 및 호스피스 활동 등), 의료지원(의료봉사 - 양방, 한방, 물리치료 및 민간치료 활동 지원), 헌혈(헌혈 활동)
	농어촌봉사	일손지원(농어촌 방문 봉사활동, 일손지원)
사회 봉사	문화행사	행사보조(문화, 예술, 체육 행사 및 지역 행사 지원 활동), 공연활동(문화, 예술 등의 공연 봉사 활동), 캠페인(시민 의식개선, 계몽, 소비자 보호, 환경 등 사회분야 캠페인 활동), 관광안내(문화・관광 가이드 및 해설 활동, 문화예술 시설 안내 등)
	환경보호	환경정화(불법 홍보물 제거 등 환경정화 활동), 환경감시(수변, 산림 등 자연환경 위해 감시)
	행정보조	사무지원(행정, 전산, 조사・연구 등 행정사무 지원 활동), 업무보조(작업보조, 정리 및 민원 안내 지원 등)
	안전・방범	지역방범(야간방범, 유해환경 추방 등 범죄 예방 활동), 교통안전(교통정리, 주정차 안내 등 교통안전 활동), 어린이 안전(아동 안전지킴이 활동, 등하교 안전 지도 등), 청소년 안전(청소년 유해업소 감시 및 정화활동 등), 취약계층 안전(독거노인, 소년소녀가장 등 안전생활 모니터링)
	인권・공익	인권개선(북한이탈주민, 외국인노동자, 아동, 여성 등의 인권 개선・평등을 위한 지원

대상별	분 야	활동내용
		활동), 공익보호(소비자 보호, 부패방지 모니터링 활동 등)
	재해 · 재난 · 응급	피해복구(재난 · 재해 지역 피해복구 지원 및 구호 활동), 응급구조(위급 상황 응급 구조 활동)
	국제협력 · 해외봉사	해외봉사(국외에서의 자원봉사 활동), 국제행사 · 단체지원(국제기구 · 단체, 국제 행사 지원), 통 · 번역(국제행사 및 행사 개최를 위한 통 · 번역 활동)

자료 : 행정안전부(2020). 자원봉사센터 운영지침, pp. 121-123.

한편 자원봉사의 분야를 자원봉사자별로 구분해 보면 청소년자원봉사(중 · 고등학생, 대학생 포함), 노인자원봉사, 여성자원봉사, 직장자원봉사 등으로 구분할 수 있다. 자원봉사 분야를 자원봉사의 대상별로 구분해 보면 아동 대상 자원봉사, 청소년 대상 자원봉사, 장애인 대상 자원봉사, 노인 대상 자원봉사, 다문화가족 대상 자원봉사, 사회복지시설(기관) 대상 자원봉사, 공공기관 대상 자원봉사, 환경자원봉사, 국제자원봉사 등으로 구분할 수 있다. 여기에서는 자원봉사의 분야를 자원봉사자별 분야로 구분하여 청소년자원봉사, 노인자원봉사, 장애인자원봉사, 다문화가족자원봉사 및 국제자원봉사에 대해 살펴보고자 한다.

| 제7장 | 청소년자원봉사

1. 청소년의 특성

1) 인구사회학적 특성

청소년은 아동과 청년의 중간 시기로서 청소년기본법에서 9세부터 24세 사이의 사람이라고 규정하고 있다. 그러나 대개 청소년이라 하면 13세부터 18세까지의 사람을 칭하기도 한다. 우리나라의 9세부터 24세 사이의 청소년 인구는 2019년 12월 말 기준으로 8,752천 명으로 전체인구의 16.9%를 차지하고 있다. 그중에서 남자가 4,550천 명이며 여자가 4,202천 명으로 남자가 다소 많은 것으로 나타나고 있다(통계청, 2020). 청소년 인구는 점차적으로 감소하여 2030년에 654만 명, 2040년에 531만 명, 2050년에 524만 명, 2060년에는 446만 명이 될 전망이다(여성가족부, 2019 : 54).

청소년의 주관적 건강상태를 보면 2017년 기준으로 전체의 45.2%가 건강상태가 양호하다고 응답하였으며, 이탈리아 97.7%, 독일 91.8%, 프랑스 91.1%, 영국 88.6%, 스웨덴 86.9% 등과 비교하여 낮은 수준인 것으로 나타났다. 청소년이 부모와 대화하는 시간은 2018년 기준 1일 1시간 미만이 전체의 58.7%이며 1시간 이상이 37.4%로 부모와의 대화시간이 비교적 짧은 것으로 나타나고 있다. 청소년이 가지고 있는 고민을 상담하는 대상으로는 친구・동료가 49.1%로 가장 많으며, 부모 28.0%, 스스로 해결 13.8%, 형제자매 5.1%, 기타(스승, 선후배 등) 4.0%이었다. 청소년(15~24세) 청소년의 경제활동참가율은 29.3%로서 호주 67.9%, 캐나다 63.3%, 영국 60.7%, 미국 55.2%, 독일 50.3%, 일본 47.8%

등 선진외국에 비해서 낮은 수준인 것으로 나타나고 있다. 자원봉사활동에 참여한 청소년은 2018년 한 해 동안 271,727명으로 나타나고 있다. 청소년 중에서 보호가 필요한 아동은 2018년에 4,538명으로 나타났다. 한편 인터넷 이용 청소년은 하루 1회 이상이 98.1%, 주 평균 이용시간은 17.8시간이며, 스마트폰 이용은 매일이 91.4%, 하루 평균 이용시간은 2시간 이상 62.2%, 1~2시간 24.5%, 1시간미만 13.1%인 것으로 나타났다(여성가족부, 2019).

2) 신체적 특성

청소년기에는 신장과 체중이 급격히 증가하게 되며, 이 시기를 제2성장급등기라고 한다. 이 시기에 신장과 체중이 급격하게 증가하는 이유는 사춘기가 시작되면서 내분비선에서 분비하는 호르몬이 증가하기 때문이다. 성장급등현상은 여자가 10~12세경에, 남자가 12~14세경에 나타나 여자가 남자보다 2년 정도 앞서서 나타난다. 성장급등현상은 그 이후 2년 정도 지속되며, 신장이 급격히 커지고 나서 체중의 증가가 이루어진다. 청소년기의 급격한 성장은 현저한 개인차가 존재하며, 영양상태, 사회환경, 유전인자, 생활양식 등에 따라 차이가 나타난다.

청소년기의 신체적 성장은 여자가 16세경에, 남자는 19세경에 거의 정점에 이르게 되며, 남녀의 체형이 다르게 변모하고 신체적으로 성숙해진다. 남자는 골반에 비해 어깨가 넓어지며, 근육이 발달하여 남성다운 외모를 갖게 된다. 여자는 어깨가 좁고 골반이 넓어지며, 피하지방이 발달하여 여성다운 외모를 갖게 된다. 신체에서 머리가 차지하는 비율이 작아지고, 몸통에 비하여 다리가 길어지며, 팔과 다리에 비해 손과 발이 상대적으로 커진다. 얼굴 모양이 길쭉하게 바뀌고 코와 입이 크고 넓어져 얼굴 윤곽이 달라지면서 성인과 같은 모습으로 성숙해진다(이근홍, 2019 : 89-90).

사춘기가 시작되면서 성호르몬 분비가 증가함에 따라 성적 성숙이 이루어진다. 성적 성숙은 일차성징과 이차성징으로 나누어진다. 일차성징은 생식을 위해 필요한 기관들을 말하며, 여성의 난소, 나팔관, 자궁 및 질을 비롯하여 남성의 고환, 음경, 음낭, 정낭 및 전립선을 말한다. 사춘기 동안 이러한 기관들은 커지고 성숙해진다. 이차성징은 성적 성숙의 생리적 징후로서 여성의 가슴의 발달과 남성의 넓은 어깨를 비롯하여 변성, 근육발달, 음모, 체모 등에 변화를 가져오는 것이다(Papalia, Olds & Feldman, 1998 : 333).

성적 성숙의 징후로서 여성의 경우에는 초경이 나타나고, 남성의 경우에는 몽정이 나타나게 된다. 몽정은 성애와 관련된 꿈을 꾸다가 자극을 받아 자신도 모르는 사이에 사정을 하는 것이다. 초경은 대개 12~13세에 시작되며, 몽정은 평균적으로 13세경에 나타난다. 성적 성숙에는 개인차가 있지만 발달의 순서는 일정하다. 여성은 초경 전에 가슴발육이 먼저 시작되며, 초경이 나타날 즈음에 음모가 나오고 이어서 겨드랑이 체모가 나타난다. 남자는 고환이 커지고 나서 음모가 나타나며, 목소리가 굵어지고 겨드랑이 체모와 수염이 나타난다. 성적 성숙으로 사춘기의 여성과 남성은 새로운 변화에 대해 민감하게 반응하게 된다. 여성의 초경은 임신을 가능하게 하여 성인이 되고 있다는 자부심을 갖게 하지만, 성인이 되는 것에 대한 거부감, 불편함, 행동적 제약, 생리통 등 부정적 경험을 하기도 한다(이옥형, 2002 : 399). 남성의 몽정과 자연적인 음경 발기는 사정에 대한 불안과 자신의 성적 성숙에 대한 기대감을 동시에 갖게 한다. 몽정으로 인하여 남성은 쾌감과 함께 신체적으로 잘못되지는 않았나 하는 근심을 갖게 된다. 음경 발기는 남성의 정력의 표시로서 자랑이 되기도 하지만, 이것을 통제할 수 없는 무능력을 걱정하고 당황하기도 한다. 청소년기의 신체적 변화는 여러 가지 심리적 발달에 영향을 미칠 수 있다.

청소년기의 신체발달의 영향은 남성과 여성이 다르게 나타난다. 여성은 남성보다 빠르게 신체발달이 나타나기 때문에 남성보다 키가 더 큰 것에 대해 당황하는 경우도 있으며, 갑작스러운 체중증가에 대해 지나친 관심을 가지고 걱정하기도 한다. 가슴의 발달과 월경의 시작은 여성의 고유의 특성을 받아들이는 계기가 되지만, 불편함과 당황함을 동시에 경험하게 한다. 남성은 신체의 각 부분의 성장 속도가 일정하지 않기 때문에 일시적으로 혼란에 빠질 수 있으며, 자신의 신체발달에 적절할 것으로 기대되는 과업을 수행할 수 없을 때 실망한다. 고환과 음경의 성장은 사정경험에 대한 불안과 성적 쾌감을 동시에 경험하게 한다. 체모의 발달은 성인 남성으로서의 만족감을 주지만, 여드름은 성인 남성과 동일시하려는 그들에게 좌절감을 안겨주기도 한다. 이와 같이 청소년기의 남성은 이러한 새로운 경험에 대해 즐거움과 불안이라는 양면적인 감정으로 반응하게 된다.

청소년기에 성적 성숙이 이루어지면서 자신의 신체 및 성적 발육이 동년배와 다르거나 바람직하지 않다고 느낄 때 적응상의 문제가 발생할 수 있다. 즉, 성장 속도가 너무 지나치게 빠르거나 지나치게 늦은 청소년은 심리적·사회적 부적응을 경험할 수 있다. 남성의 조기성숙은 안정감과 자신감을 갖게 하는 반면에, 늦은 성숙은 불안감, 열등감, 부적격감, 학습에 대한 열의 부족, 사회적 대처능력의 결여 등을 갖게 한다(송명자, 1996 : 330). 여성의 조기성숙은 발달 긴장을 미리 처리하여 성인기에 더 유능하게 문제해결을 할 수 있게 하기도 하지만 조숙한 외모 때문에 오히려 불리한 평판을 받거나 부적응의 문제가 생길 수 있다. 또한 여성의 늦은 성숙은 집단에서의 인기와 좋은 평판의 요인이 되기도 하지만, 부적절감과 좌절감을 느끼기도 한다(이근홍, 2019 : 92-93).

3) 심리사회적 특성

청소년기에는 정서가 폭발적이면서 변화가 심하며, 극단적인 정서변화를 경험하게 된다. 이러한 정서적 특성 때문에 청소년기를 질풍노도의 시기라고 한다. 청소년은 낙관과 비관, 자랑과 수치심, 사랑과 증오 등 극단적인 정서변화를 가져오게 되며, 이것은 급속한 신체성장 및 성적 성숙으로 인하여 정서적으로 불안정하기 때문에 나타난다.

청소년기에는 인지발달이 이루어져 아동과 다른 방식으로 세계에 대한 개념을 형성하기 시작한다. 청소년은 자신의 지각과 경험보다는 논리적 원리에 의해 지배되기 때문에 보다 추상적 사고가 가능해지며, 가설 연역적 추리를 할 수 있다. 또한 청소년은 조합적 사고를 할 수 있으며, 관련변인의 연결능력을 갖게 되고, 다차원적인 사고를 할 수 있게 된다. 청소년기에 개인의 인지적 발달은 계속되지만, 청소년의 자아중심성에 의해 사회인지 발달이 방해를 받게 된다. 청소년의 자아중심성은 자신의 독특한 세계와 타인의 보편적인 세계를 구분하지 못하고 자신이 특별한 존재라는 착각에 빠져 자신에 대한 강한 자의식을 보이는 것이다. 청소년의 자아중심성이 강하게 나타나는 특징적 행동으로는 상상의 청중과 개인적 우화가 있다. 상상의 청중은 청소년 자신이 타인들에게 집중적으로 관심과 주의의 대상이 되고 있다고 믿는 것이다. 개인적 우화는 청소년이 자신은 특별하고 독특한 존재이므로 자신의 감정이나 경험의 세계는 다른 사람과 근본적으로 다르다고 믿는 것이다. 즉, 청소년은 자신의 우정, 사랑 등은 다른 사람이 결코 경험하지 못하는 것으로 생각하며, 다른 사람이 경험하는 죽음, 위험, 위기가 자신에게는 일어나지 않으며, 혹시 일어나더라도 피해를 입지 않을 것으로 확신하고 있다.

청소년기는 자아정체감이 발달하는 시기로 자아정체감이란 자기 자신을 타인과 구별되는 독립된 고유한 존재로 인식하고, 자신의 능력, 신념, 가치, 동기, 경력 등을 조화롭게 통합하며, 어떠한 변화에도 자신을 일관성 있게 지각하고자 하는 내면화된 역동적인 체제라 할 수 있다. 자아정체감의 형성은 아동기의 동일시에 뿌리를 두고 있으며, 청소년기를 거쳐 전 생애 동안 지속된다. 자아정체감의 기초가 인생의 초기에 이미 형성되어 일생 동안 계속적으로 진행되는 과업이라 할지라도 자아정체감의 형성에 있어서 결정적 시기는 청소년기이다.

청소년은 자기 자신과 친구에게 의존하기 시작하면서 부모와 가족으로부터 점차 멀어지기 시작한다. 부모는 청소년의 성장하는 모습을 보면서 자신의 역할을 다하고 있다는 기쁨과 함께 자녀들로부터 거부당하는 느낌을 동시에 갖게 된다. 특히 아버지보다는 어머니가 자신에게서 멀어져 가는 자녀의 행동을 수용하지 못한다. 청소년은 동년배와 만나 이야기를 나누거나 다양한 활동을 함께 하면서 그들과 지내는 시간이 많아지며, 그들로부터 많은 영향을 받게 된다.

청소년기의 동년배와의 관계는 아동기와는 달리 좀 더 구조화되고 통합된 형태를 보이며, 그들과의 관계를 매우 중요시한다. 청소년기는 동성의 친구들과 긴밀한 관계를 형성하고 우정을 나누면서 이성에게도 관심을 보이는 시기이다. 청소년 초기에는 동성에 대하여 강한 애착을 보이다가 점차 이성에 대한 호기심이 생기게 되어 동성애착에서 이성애착으로 변화된다. 이성애착의 시기에는 영웅숭배 현상이 나타나 연장의 이성을 사모하다가 비슷한 연령의 이성에게 강한 관심을 나타내며, 마지막으로 이성관계를 추구한다. 청소년의 이성과의 접촉은 대개 단체 활동을 통해 이루어지다가 점차 개별적으로 발전한다. 이성교제는 청소년의 성역할을 명백하게 해주며, 남성이나 여성으로서 자신을 가치 있는 존재로 인식할 수 있게 한다. 그러나 이것은 청소년으로 하여금 학업을 소홀히 하게 하거나, 비행과 접할 수 있는 기회를 증진시키는 부정적인 영향도 있다(이근홍, 2019 : 93-104).

4) 학교생활

청소년의 학교생활만족도는 그런 편이다 75.0%, 매우 그렇다 13.3%, 그렇지 않은 편이다 11.1%, 전혀 그렇지 않다 0.6% 순으로 나타나고 있어서 학교생활에 만족도가 낮은 학생이 11.7%가 되었다. 수업시간이 재미있는가에 대한 질문에는 그런 편이다 62.7%, 그렇지 않은 편이다 26.6%, 매우 그렇다 9.1%, 전혀 그렇지 않다 1.6%로서 수업시간을 재미없게 느끼는 학생이 28.2%나 되는 것으로 나타나고 있다. 학업성취도를 보면 보통이다 48.0%, 우수한 편이다 38.2%, 못하는 편이다 8.6%, 매우 우수하다 4.0%, 매우 못하였다 1.2%로 나타났다. 상담교사와의 상담경험에 대해서는 상담경험이 있는 학생이 전체의 67.4%이며, 상담경험이 있는 학생 중에서 상담이 도움이 되었다는 경우는 60.2%이었다. 청소년의 학업중단율을 보면 고등학생 1.6%, 중학생 0.7%, 초등학생 0.7%로서 비교적 낮은 편이지만 학업을 중단하는 청소년이 청소년비행과 관련될 수 있기 때문에 그들에 대한 대책이 필요하다(여성가족부, 2019).

5) 청소년문제

(1) 청소년비행

청소년비행은 12세 이상 20세 미만의 청소년이 저지른 범법행위를 말하며, 이것은 대개 청소년기에 일어나는 도덕적·사회적·법률적 측면에서 옳지 못한 행위를 광범위하게 일컫는 말이다. 즉, 청소년비행은 청소년이 형벌 법령에 위배되는 행위를 하거나, 보호자의 정당한 감독에 복종하지 않거나, 가출·음주·흡연·폭력·절도·흉기소지·원조교제·성폭력·횡령·사기·장물·교통사범·청소년 유해업소 출입·약물남용 등의 행위를 하는 것을 말한다. 청소년비행 중에서도 특히 청소년범죄는 그동안 큰 폭의 증가세를 보이다가 최근 다소 감소하는 추세이지만, 아직도 중요한 사회문제 중의 하나이다.

청소년비행의 원인은 다양하지만 대개 성격적 요인, 사회구조적 요인, 지역사회 요인 및 사회변동 요인으로 나누어 볼 수 있다. 성격적 요인으로는 청소년 개인의 성격결함이나 욕구불만이 있으며, 사회구조적 요인으로는 가족배경, 교우관계, 학교생활, 대중매체의 영향 등이 있다 지역사회 요인으로는 지역사회의 규범이 확립되어 있지 않고 각종 다양한 모순이 존재하는 것과 관련되어 있으며, 사회변동 요인으로는 급격한 산업화, 도시화 등이 있다(이근홍, 2019 : 107).

청소년비행을 유형별로 보면 중·고등학생의 흡연율은 2019년 기준으로 최근 30일 동안 1일 이상 흡연한 사람이 전체의 6.7%이었다. 전체 범죄자 중에서 청소년범죄자는 2010년에 전체의 4.6%이었던 것이 2018년에는 3.8%로 다소 감소하는 추세를 보이고 있다. 청소년범죄를 유형별로 보면 강력범(흉악범, 성폭력) 5.3%, 폭력범(공갈, 폭행·상해 등) 28.9%, 재산범(절도, 횡령, 사기, 장물 등) 40.1%, 교통사범 11.0%, 저작권 위반 0.1%, 기타 13.7%로 나타났다. 이와 같이 청소년범죄는 교통사범, 폭행·상해, 절도, 사기 등이 많다. 성별로는 남자가 81.5%, 여자가 18.5%로서 남자가 여자에 비해 높은 비율을 차지하고 있으며, 최근 여자 청소년의 범죄가 점점 증가하고 있다. 연령별로 보면 16세가 전체의 20.0%, 15세 19.5%, 17세 16.1%, 18세 15.4%, 19세 13.8%, 14세 12.3%로 15세와 16세가 가장 많고 연령도 점차 낮아지고 있는 추세이다(여성가족부, 2019).

(2) 우울증

우울증은 청소년기에 비교적 흔히 나타나는 장애로서 견딜 수 없는 울적한 기분이 주요 증상이다. 이것은 대인관계의 위축, 권태감, 무력감, 흥미나 즐거움의 상실, 식욕의 현격한 증감, 불면이나 과다 수면, 피로감, 활기 부족 등이 수반된다(최윤미 외, 1998 : 361). 우울증은 일반적인 우울한 느낌이나 불행한 감정을 느끼는 것만으로는 진단될 수 없으며, 경험한 스트레스에 비하여 우울한 감정이 지나칠 정도로 심하게 나타나거나, 우울증을 일으키는 선행사건이 불분명할 때 진단될 수 있다. 또한 우울증은 우울 증상이 너무 심해 일상생활에 지장이 있거나, 우울 증상이 심한 상태에서 만성화되어 장기간 지속될 경우에 적용될 수 있다는 것이다. 우울증은 아동기에도 나타나지만 청소년기에 증가하며, 그 이후에는 줄어드는 경향이 있고, 여성이 남성보다 빈도가 높다. 이것을 우울한 기분이 주요한 증상이지만 청소년들은 극심한 피로감, 주의집중장애, 두통, 복통 등의 증상으로 표출되기도 하며, 반사회적 행동이나 문제행동으로 나타나기도 한다(이근홍, 2019 : 108).

(3) 자살

자살은 우울과 밀접한 관계가 있다고 한다. 자살을 기도한 사람들은 대체로 외롭고, 소외되어 있으며, 따돌림을 받고 있다고 느끼고, 부모나 친구로부터 사랑을 받지 못한다고 생각한다. 청소년기에는 불안, 열등감, 수치심, 죄책감 등과 같은 부정적 정서로 인하여 우울한 증상을 보이는 경우가 많기 때문에 자살의 위험에 노출될 수 있다. 청소년이 자살하는 원인으로는 학업부진, 진학실패, 실연, 원하지 않는 임신, 부모의 사망이나 이혼 등이 있다. 그러나 이러한 것들이 청소년의 자살에 직접적인 원인이라 할 수는 없으며, 그들이 과중한 스트레스에 대처할 수 있는 능력을 지니지 못하여 자살만이 유일한 해결책이라고 생각하기 때문에 자살을 하는 것이다. 또한 그들은 부모를 비롯한 중요한 타자들과의 대화의 단절로 정신적으로 의지할 곳이 없다고 생각할 경우에 극단적인 행동을 취할 수 있다(이옥형, 2002 : 453).

자살을 시도하는 사람들은 자살에 대한 경고와 자살의 의사를 밝히거나, 특유의 행동유형을 나타낸다는 것이다. 자살을 시도하려는 사람들은 일반적으로 편지나 일기에 직접 고민을 남기거나 친구나 다른 사람들에게 간접적인 표현을 하는 경우가 많다. 특히 청소년들은 자살하기 이전에 우울한 경향이 증가하고, 대인관계가 멀어지고 고립되며, 자살기도에 대한 암시를 하고, 학업성적이 떨어지며, 지나치게 외모에 무관심하다. 청소년의 자살현황을 보면 10~24세의 경우 2018년에 남자 476명, 여자 351명인 것으로 나타났다(여성가족부, 2019).

(4) 섭식장애

섭식장애는 식생활 습관의 장애로서 청소년의 신체발달과 심리적·사회적 적응에 중요한 영향을 미친다. 즉, 이것은 성장기 청소년의 신체발달을 저해할 수 있으며, 죄책감, 수치심, 우울증, 스트레스 등의 원인이 되기도 한다. 섭식장애는 주로 여성 청소년에게 많으며, 거식증과 폭식증이 여기에 속한다. 거식증(anorexia nervosa)은 식욕을 상실하지 않았음에도 불구하고 자신의 체중을 최소화하기 위하여 불필요하게 음식의 섭취를 거부하는 신경성 식욕부진이다. 즉, 이것은 굶주림을 통하여 날씬함을 혹독하게 추구하는 섭식장애이다. 거식증은 비만에 대한 공포가 원인이 되며, 자신의 체중에 대해 실제 체중보다 높게 지각하는 왜곡된 신체상을 가지고 있는 것이 특징이다. 이것은 또한 부모로부터 받지 못한 애정에 대한 분노의 표출이거나, 날씬한 신체상을 이상으로 하는 현대문화의 영향으로 보는 견해도 있다. 거식증은 적절한 영양을 섭취하지 못해 신체기능이 약화되어 빈혈, 저혈압, 월경불순, 심장기능 약화, 근육 약화, 골다공증 등을 일으킬 수 있으며, 심하면 생명을 잃기도 한다(Santrock, 1997 : 376).

폭식증(bulimia)은 많은 양의 음식을 한꺼번에 섭취하고 체중의 증가를 막기 위해서 인위적으로 토하거나 설사약을 복용하는 등의 왜곡된 행동을 반복하는 심리적 장애이다. 거식증은 대개 마른 상태를 보이지만, 폭식증은 전형적으로 정상적인 체중을 유지하고 건강하며 사교적인 모습을 보인다(Zanden, 1997 : 335). 폭식증을 가진 사람은 거식증처럼 자신의 체형이나 체중에 대해 지나친 우려를 갖게 되며, 엄청난 양의 음식 섭취로 인하여 죄책감, 수치심, 우울증 등에 빠지게 된다. 폭식증은 대개 정서적 스트레스나 고통스러운 사건이 선행되는 경우가 많으며, 지나친 다이어트와 번갈아 나타나는 경향이 있고, 주로 혼자 있을 때 이루어진다. 이것은 폭식, 구토, 설사약의 복용 등으로 인하여 복통, 소화장애, 충치, 월경불순, 약물중독 등을 초래할 수 있다(이근홍, 2019 : 110).

(5) 집단따돌림

집단따돌림은 힘의 우위에 있는 집단성원들이 집단 내의 약자인 한 성원을 심리적・신체적으로 반복해서 괴롭히는 행위이다. 즉, 이것은 두 명 이상이 집단을 이루어 지속적이면서도 집요하게 특정인을 그가 소속한 집단 속에서 소외시켜 구성원으로의 역할수행을 제약하거나 인격적으로 무시하고 괴롭히는 일체의 심리적・신체적 행위를 말한다. 집단따돌림은 청소년기의 학교생활에서 발생하는 경우가 많으며, 대화 거부하기, 약점 들추기, 바보 만들기, 비난하기, 괴롭히기 등 다양한 형태가 있다. 집단따돌림의 원인은 집단 내에서 유사성이 결여된 한 개인에 대한 집단의 거부반응, 자신과 타인의 차이를 인정하려 하지 않는 집단이기주의, 불안심리를 완화하려는 무의식적인 자기방어, 갈등 해소를 위한 표출 등이라 할 수 있다(허혜경・김혜수, 2002 : 281). 집단따돌림의 피해는 학업부진, 등교 거부, 심리적 장애, 소외감, 무기력, 자신감의 결여, 우울증, 자살 등으로 나타날 수 있다.

2. 청소년자원봉사의 필요성

1) 청소년의 자기성장

청소년들은 신체적으로는 성숙하였지만 심리적·사회적·경제적으로는 부모에게 의존하는 주변인(marginal man)으로 자신의 미래에 대한 많은 고민과 탐색을 가지는 시기이다. 학문적으로나 기술적으로 아직도 미성숙한 단계이며, 자신의 존재에 대한 숙고와 자각을 통하여 자아정체감을 형성해 나가는 시기로서 직업의 선택, 신뢰성과 생활에 기초한 가치의 적용, 성정체감의 발달, 종교의 선택 등을 해나가는 시기이기도 하다. 따라서 자신이 원하는 분야에서 자원봉사를 하게 되면 학문적으로나 기술적으로 자기발전에 도움이 되며, 성격이 성숙하고 자아정체감의 형성에도 도움이 될 수 있을 것이다. 자원봉사는 리더십, 자립심, 협동심, 사회성 발달, 신뢰감 증진, 공동체 의식, 민주시민의식의 고양, 자발적인 사회참여, 상호원조 등을 학습할 수 있는 장이 되기도 한다. 청소년기 동안 자원봉사를 통하여 자신의 능력, 재능, 잠재력, 성장과 발전의 가능성 등을 발휘할 수 있는 기회를 갖게 되면 자신의 성장과 발전은 물론 적성의 발견, 진로의 결정, 직업선택 등에도 큰 도움이 될 것이다.

2) 청소년문제의 예방·해결

청소년기는 학업, 진학, 친구관계, 이성문제, 직업선택 등 다양한 과제들을 해결해야 하는 어려운 시기이며, 청소년비행과 범죄, 우울증, 자살, 섭식장애, 집단따돌림 등 다양한 문제들이 공존하는 시기이기도 하다. 청소년기는 정서적으로 변화가 심한 질풍노도의 시기로서 신체발달과 더불어 성격발달과 사회성발달이 이루어져야 하는 중요한 시기이기도 한다. 자원봉사는 다양한 분야에서의 봉사활동을 통하여 청소년으로 하여금 심리적인 안정, 인격의 성숙, 사회화, 관습과 예절학습, 부모에 대한 효도, 사회적 책임감, 준법정신, 편견과 선입관의 배제, 타인에 대한 존중, 기초질서의 확립 등을 습득하는 계기가 될 수 있다. 따라서 청소년의 자원봉사는 청소년비행, 우울증, 자살 등 청소년문제에 대한 접근을 사전에 차단하는 계기가 될 것이며, 청소년으로 하여금 건전한 성격을 소유하고 사회에 잘 적응할 수 있도록 하여 청소년문제를 예방·해결하는데 기여할 수 있을 것이다.

3) 청소년의 자아실현

자아실현은 자기가 하고 싶은 일을 하면서 자신의 능력, 재능, 잠재력 등을 최대한 발휘하도록 하는 것이라 할 수 있다. 청소년기는 성장과 발전의 무한한 가능성을 지닌 시기이며, 다양한 분야에서의 탐색을 통하여 앞으로의 진로를 탐색하고 자신이 나아가야 할 길을 모색하는 시기이기도 하다. 그러나 청소년들은 자기 자신에게 부과된 막중한 과제로부터 자유롭지 못하며, 올바른 선택을 하는데 도움이 되는 경험이 부족하고, 자기 자신의 이미지와 다른 사람들과의 관계에 대한 확신이 없으며, 자신의 강점, 장점, 약점 등에 관한 지식을 제대로 소유하지 못하고 있기 때문에 자아실현이 어렵다는 문제가 있다(Schultz & Schultz, 1994 : 284). 자원봉사는 청소년들에게 자기 자신을 이해할 수 있는 기회를 제공하며, 자신이 하고 싶은 일을 하면서 자신의 능력과 잠재력을 발휘할 수 있는 기회를 제공하기 때문에 그들의 자아실현에 도움이 될 수 있다.

4) 지역사회 발전의 기여

청소년의 자원봉사는 대인봉사, 사무봉사, 지역사회봉사 등을 통하여 국가와 사회의 발전은 물론 지역사회의 발전에 기여할 수 있다. 청소년 인력을 지역사회 소외계층의 복지증진에 활용하며, 지역사회 개발, 지역사회 홍보, 지역사회 참여, 캠페인활동, 지역사회 환경개선, 환경보호활동, 문화재 보호활동, 지역문제 해결 등에 투입하게 되면 지역사회 발전에 기여할 수 있을 것이다. 청소년의 자원봉사는 건전한 사회풍토의 조성에 기여하고 건전한 사회환경을 조성하며, 청소년비행과 범죄를 감소시켜 사회적 비용을 절감하게 할 것이다.

이와 같이 청소년의 자원봉사는 자기성장과 발전, 자아실현 및 청소년비행 예방・해결은 물론 지역사회의 발전에 크게 기여할 수 있을 것이다.

3. 청소년자원봉사의 원칙

청소년의 자원봉사는 다음과 같은 몇 가지 원칙에 의해 이루어져야 한다.

첫째, 청소년자원봉사자는 모든 사람이 국적, 인종, 피부색, 문화, 성별, 연령, 학력, 직업, 종교, 거주지역, 사회적 지위, 소득수준 등과 관계없이 자원봉사를 받을 권리가 있음을 인정한다.

둘째, 청소년자원봉사자는 도움을 필요로 하는 사람들의 욕구를 존중하고 그들이 원하는 서비스를 제공하며, 인권을 존중하고 그들의 종교와 문화를 이해하면서 활동을 전개한다.

셋째, 청소년자원봉사자는 자원봉사활동에 참여하는 동안 무엇이든 배운다는 자세를 가지고 임해야 하며, 자발성, 독립심, 협동심, 공동체 의식, 건전한 성격 등을 발달시키며 자기성장과 발전을 위해 노력해야 한다.

넷째, 청소년자원봉사자는 자원봉사활동 기간 동안 봉사활동 시간을 엄수하고 자신의 능력을 최대한 발휘하며, 다른 동료들과 화합하고 협력하는 자세를 가지며, 기관의 지도감독자의 지시에 따른다.

다섯째, 청소년자원봉사자는 자원봉사활동을 통하여 새로운 기술과 지식을 익혀 지역사회 문제해결에 적극적인 역할을 수행할 수 있도록 하며, 사회적 책임감을 가지고 활동에 임한다.

4. 청소년자원봉사의 분야

청소년의 자원봉사는 <표 7 - 1>과 같이 다양한 분야에서 활동을 전개할 수 있으며, 활동분야는 대인봉사, 사무봉사 및 지역사회봉사로 구분하여 각 영역별로 봉사활동내용을 제시할 수 있을 것이다.

청소년에 의한 대인봉사는 노인을 대상으로 재가노인에게는 말벗, 청소, 세탁, 안마, 전화확인서비스, 시장보기, 공중목욕탕 동행, 병간호, 보건소안내, 병원동행, 외출동반, 취미활동 돕기, 잔심부름, 편지 써드리기, 책 읽어드리기, 신문 읽어주기, 의손자녀 맺기, 행정업무대행, 후원자 결연, 정보제공, 학교행사 초청, 집안소독 등을 제공할 수 있다. 시설생활노인에게는 말벗, 각종 행사참여, 취미교육, 오락지도, 식사배달, 후원자 결연, 시설장비 지원, 의손자녀 맺기, 도서정리, 연극공연, 위문활동, 카드 보내기, 세배하기, 세탁, 방청소, 음식 만들어 드리기, 식당정리, 산책동행, 레크리에이션 등을 제공할 수 있다.

장애인을 대상으로 재가장애인에게는 외출보조, 잔심부름, 물리치료 보조, 후원자 결연, 재활훈련 돕기, 세탁, 청소, 만화 보여드리기, 책낭독, 집단활동 지원, 동반여행, 말벗, 학습지도, 취업알선, 체육대회 보조 등을 제공할 수 있다. 시설생활장애인에게는 외출보조, 식사보조, 물리치료 보조, 각종 행사참여 지원, 공연활동, 세탁, 방청소, 체육활동 지도, 환경미화활동, 도서정리, 서류정리, 시설 방문자 안내 등의 활동을 제공할 수 있다. 다문화가족을 대상으로 교육활동에서는 한국어교육, 한국역사교육, 한국문화 탐방, 자녀학습 멘토링 등을 제공할 수 있으며, 사회활동지원으로는 행정기관 이용보조, 사회복지시설 이용안내, 각종 서류작성 보조 등을 할 수 있다.

사무봉사에서 안내활동으로는 행정부서 안내, 전화응답, 민원안내, 행정서식 제공 등이 있으며, 정리활동으로는 서류정리, 우편물 정리, 자료복사, 도서정리, 시설환경정리, 행정업무 보조 등이 있으며, 홍보활동으로는 홍보물 배포, 보도자료 편집, 섭외활동, 행사참여 등이 있다. 지역사회봉사에서 대인봉사로는 노숙인 식사제공과 생필품지원, 지역사회 저소득층 원조, 이재민 구호, 초등학생 방과 후 안전귀가지도, 가출청소년 쉼터안내 등이 있으며, 지역봉사로는 청소년유해환경 조사, 금연캠페인, 약물남용금지캠페인, 교통정리, 자연보호활동, 환경미화, 농촌일손 돕기, 어린이놀이터 정비, 학교주변 정화활동, 야간방범활동, 도로파손 점검, 재활용품 수거, 자선바자회 보조, 공원 조성과 정리, 환경오염지역 복구활동, 수해복구활동 등을 제공할 수 있다.

〈표 7-1〉 청소년자원봉사의 분야

구 분	대 상		자원봉사내용
대인봉사	노인	재가노인	말벗, 청소, 세탁, 안마, 전화확인서비스, 시장보기, 공중목욕탕 동행, 병간호, 보건소안내, 병원동행, 외출동반, 취미활동 돕기, 잔심부름, 편지 써드리기, 책 읽어드리기, 신문 읽어주기, 의손자녀 맺기, 행정업무대행, 후원자 결연, 정보제공, 학교행사 초청, 집안소독
		시설생활노인	말벗, 각종 행사참여, 취미교육, 오락지도, 식사배달, 후원자 결연, 시설장비 지원, 의손자녀 맺기, 도서정리, 연극공연, 위문활동, 카드 보내기, 세배하기, 세탁, 방청소, 음식 만들어 드리기, 식당정리, 산책동행, 레크리에이션
	장애인	재가장애인	외출보조, 잔심부름, 물리치료 보조, 후원자 결연, 재활훈련 돕기, 세탁, 청소, 만화 보여드리기, 책낭독, 집단활동 지원, 동반여행, 말벗, 학습지도, 취업알선, 체육대회 보조
		시설생활 장애인	외출보조, 식사보조, 물리치료 보조, 각종 행사참여 지원, 공연활동, 세탁, 방청소, 체육활동 지도, 환경미화활동, 도서정리, 서류정리, 시설 방문자 안내
	다문화가족	교육	한국어교육, 한국역사교육, 한국문화 탐방, 자녀학습 멘토링
		사회활동지원	행정기관 이용보조, 사회복지시설 이용안내, 각종 서류작성 보조
사무봉사	안내		행정부서 안내, 전화응답, 민원안내, 행정서식 제공
	정리활동		서류정리, 우편물 정리, 자료복사, 도서정리, 시설환경정리, 행정업무 보조
	홍보활동		홍보물 배포, 보도자료 편집, 섭외활동, 행사참여
지역사회 봉사	대인봉사		노숙인 식사제공과 생필품지원, 지역사회 저소득층 원조, 이재민 구호, 초등학생 방과 후 안전귀가지도, 가출청소년 쉼터안내
	지역봉사		청소년유해환경 조사, 금연캠페인, 약물남용금지캠페인, 교통정리, 자연보호활동, 환경미화, 농촌일손 돕기, 어린이놀이터 정비, 학교주변 정화활동, 야간방범활동, 도로파손 점검, 재활용품 수거, 자선바자회 보조, 공원 조성과 정리, 환경오염지역 복구활동, 수해복구활동

| 제8장 | 노인자원봉사

1. 노인의 특성

1) 인구사회학적 특성

노인은 한 마디로 정의하기 어려운 용어이다. 노인은 대개 신체적으로 퇴화기에 있으며, 심리적으로 성격이 변화되고 정신적 기능이 약화되어 있으며, 사회적으로 지위와 역할이 상실되고 있는 사람을 일컫는다. 그러나 노인들 간에 개인차가 심하여 신체적·심리적·사회적 특성만 가지고는 노인을 정의하기가 매우 어렵다. 따라서 노인은 연령적 기준을 바탕으로 노인복지법에서 65세 이상인 자로 규정하고 있다.

우리나라의 65세 이상 노인인구는 2019년 12월 말 기준으로 8,027천 명으로 전체인구의 15.5%를 차지하고 있다(통계청, 2020). 2000년에 전체인구의 7%를 넘어서면서 고령화사회(aging society)로 접어든 우리나라는 2017년에 14%를 넘어 고령사회(aged society)가 되었으며, 2025년에 20% 이상이 되어 초고령사회(super-aged society)가 될 전망이다(통계청, 2019a). 그러나 출산율의 저하와 평균수명의 연장으로 초고령사회로의 기간이 더 앞당겨질 것으로 보인다. 선진외국 중 노인인구 비율이 가장 높은 일본의 경우에는 2020년 1월 기준 전체인구에서 노인인구가 차지하는 비율이 28.5%에 이르고 있다(日本 總務省, 2020).

노인의 성별 구성비를 보면, 전체 노인 중 남자가 43.1%, 여자가 56.9%로서 여자 100명에 대한 남자의 성비는 75.7%가 되어 남자에 비해 여자가 상대적으로 많은 것으로 나타났다. 연령별 분포를 보면, 65~69세가 31.7%, 70~74세가

24.6%, 75~79세가 20.2%, 80세 이상이 23.5%이다. 전체 노인 중 80세 이상인 후기 고령노인이 23.5%로서 상당 부분을 차지하고 있으며, 100세 이상도 0.3%나 되는 것으로 나타났다.

혼인상태를 보면 유배우자 63.4%, 배우자가 없는 경우(미혼, 이혼, 사별, 별거 등) 36.6%로 나타났으며, 교육수준은 무학 24.2%, 초등학교 34.1%, 중학교 16.9%, 고등학교 17.3%, 전문대 이상 7.5% 순으로 나타났다. 가구형태를 보면 노인독신가구 23.6%, 노인부부가구 48.4%, 자녀동거가구 23.7%, 기타가구 4.4%로서 노인독신가구와 노인부부가구가 늘어나고 있는 반면 자녀와의 동거비율이 낮아지고 있으며, 취업상태를 보면 취업 30.0%, 미취업 69.7%인 것으로 나타났다(정경희 외, 2017 : 166-167).

2) 신체적 특성

노인은 생물학적 노화로 인하여 신체적 노화현상이 나타나게 된다. 신체적 노화란 연령이 증가하면서 나타나는 신체적 쇠퇴현상을 의미한다. 신체적 노화는 개인에 따라 그 속도나 시기가 조금씩 다르고 점진적으로 일어나며, 신체구조의 변화와 신체기능의 약화를 가져온다. 신체외부의 변화로서 피부는 더욱 건조해지고 피하지방의 손실로 주름이 많이 생기며, 탄력성이 감소되고 노인성 반점이 생긴다. 모발은 색이 엷어지고 가늘어지며, 머리카락이 많이 빠지고 흰머리가 많아지게 된다. 치아는 색이 탁해지고 잇몸이 수축되며, 치아가 손상되거나 빠지게 된다. 척추의 추간판 수축으로 인하여 신장이 줄어들고, 척추 사이에 있는 콜라겐이 감소되어 허리가 구부러진다. 뼈에 구멍이 생기는 골다공증으로 뼈가 약해져서 부서지기 쉬우며, 근육의 힘과 무게도 감소한다.

신체내부의 변화로서 뇌와 신경계의 변화는 일상생활에서 반응시간을 길어지게 하며, 기억에도 영향을 미친다. 심장 근육의 힘이 감소하고 조직이 위축되며, 대동맥이 탄력성을 잃게 되고 동맥이 딱딱해져 위축되어 혈액이 체내로 자유롭게 흐르지 못하게 된다. 호흡량과 산소소모량이 감소하여 호흡기 계통의 효율성이 떨어지며, 신진대사가 줄어든다. 위장계통에도 변화가 생겨 소화

액의 생성이 감소하고 연동운동이 약화되어 소화기능이 감퇴한다. 비뇨기계통의 효율성이 떨어지기 때문에 배뇨시간이 길어지며, 전립선이 확대되고 방광의 탄력성이 줄어든다. 또한 면역력이 약화되어 면역체계의 기능이 효율적이지 못하게 되며, 시력과 청력이 쇠퇴되어 일상생활에서 의존성을 증대시키는 요인이 되며, 수면시간이 감소되고 숙면을 취하지 못하게 된다. 이러한 신체적 노화현상으로 인한 기능의 저하와 형태적 변화는 고혈압, 동맥경화, 악성종양, 백내장, 노인성난청, 뇌졸중, 천식, 간경화, 당뇨병, 신경통, 관절염, 갑상선질환, 노인성치매 등 각종 노인성질환을 일으키는 원인이 되고 있다(이근홍, 2019 : 137-139).

3) 심리적 특성

신체적 기능의 감퇴와 더불어 정신기능 면에서는 환경에 적응할 수 있는 인지능력, 정보나 기술을 습득하는 학습능력, 기억력, 사고능력, 문제해결능력, 창의력 등이 점차로 감소된다. 정서적인 면에서는 불안, 격노, 슬픔, 기쁨, 놀라움 등의 감정표출능력이 저하된다. 노인은 신체적·인지적 노화현상으로 인하여 성격적 특성에도 변화를 보이게 된다. 성격 특성은 원래부터 일정한 것이기 때문에 노인이 되어도 젊은 시기의 성격을 그대로 유지한다는 주장과 변화한다는 주장이 동시에 제기되고 있다. 그러나 대개 노인이 되면 다소 변화되어 어떠한 독특한 성격 특성이 존재한다고 보고 있다.

노인의 성격 특성으로는 ① 우울증 경향의 증가, ② 내향성과 수동성의 증가, ③ 경직성의 증가, ④ 조심성의 증가, ⑤ 의존성의 증가, ⑥ 생에 대한 회상의 증가, ⑦ 친근한 사물에 대한 애착심, ⑧ 생애의 나날이 짧아지고 있음을 느끼는 시간전망의 변화, ⑨ 유산을 남기려는 경향, ⑩ 성역할 지각의 변화 등이 있다는 것이다(윤 진, 1994 : 181-189).

노인이 되면 신체적 건강 수준의 쇠퇴, 만성질환, 평생토록 함께 살아 온 배우자의 죽음, 정년퇴직으로 인한 경제사정의 악화, 가족이나 사회로부터의 소외 등으로 인하여 외로움, 고독감, 불안감, 좌절감, 죄의식 등을 갖게 되어 우울증 경향이 증가한다. 사회활동이 줄어들면서 노인들은 사회로부터 위축되어 내면의 자아로 몰두하게 되면서 내향성이 증가하게 된다. 또한 노인들은 어떤 일을 처리하는데 있어서 스스로 노력이나 시도를 해보기도 전에 포기하거나 문제해결을 우연에 맡기는 경향이 있으며, 능동적이라기보다는 수동적이다(유안진 · 김혜선, 1996 : 392).

노인이 되면 융통성이 부족하고 경직성이 증가하여 환경의 변화에 적응하지 못하고 과거의 사고방식이나 태도를 고집하는 경향이 있다. 또한 시각, 청각 등의 감각기관의 퇴화와 과거의 경험을 바탕으로 한 정확성과 완벽성의 추구로 인하여 어떤 일을 할 때 조심성이 증가한다. 노인들은 가족구성원 간의 감정적 유대관계를 중요시하고, 믿고 의지할 사람을 찾게 되며, 물질적 도움보다는 심리적으로 의존할 수 있는 대상을 필요로 한다.

노인이 되면 그동안 살아온 자신의 인생을 되돌아보고 과거의 다양한 경험을 회상하는 일이 많아지며, 자신이 오랫동안 소중하게 여겼던 물건들이나 주위의 친근한 사물에 대해 애착을 갖게 된다. 또한 노인이 되면 시간의 흐름에 대한 인식이 달라져 생애의 나날이 젊은 시절보다 더욱 빠르게 느껴지며, 자녀, 재산, 작품 등과 같은 유산을 남기고자 하는 경향이 나타난다. 노인이 되면 남성과 여성이 각각의 성호르몬이 감소하면서 성역할 지각의 변화가 나타나 남성은 집안에 있기를 좋아하는 반면 여성은 사회활동을 좋아하게 된다(이근홍, 2019 : 141). 노인은 이러한 정신적 · 정서적 · 성격적 특성으로 인하여 우울증, 강박증, 공포증, 건강염려증, 이인증, 과대망상, 노인성치매 등을 보이는 경우도 있으며, 외로움, 무감각증, 공격적 불안감, 기분과 감정의 변화, 고독감, 좌절감, 죄의식, 자살생각 등이 나타나기도 한다.

4) 사회적 특성

산업화 · 도시화로 인하여 가족유형이 핵가족화 되면서 자녀와 동거하지 않는 노인이 증가하게 되고, 확대가족 내에서도 조부모로서의 지위와 역할이 점점 의존자로서의 지위와 역할로 변화되면서 가족 내에서 노인들의 지위와 역할에 큰 변화가 나타나게 되었다. 노인은 신체적·정신적 기능이 저하되고 정년퇴직으로 인하여 생산적 활동에 참여하지 못하게 되어 직업역할이 상실되며, 경제적 의존성과 신체적 의존성이 점점 증가하고, 직업역할의 상실로 인하여 직장이 아닌 가정, 이웃 및 지역사회와 같은 다른 환경에 적응해야 하는 어려움이 존재하게 된다(이근홍, 2020b : 18). 이로 인하여 사회적 활동이 줄면서 소외감, 상실감(권위상실, 역할상실, 경제능력상실), 무력감 등을 느낀다. 즉, 이러한 사회적 특성은 노인들로 하여금 심리적으로는 고독을, 사회적으로는 박탈감 및 지위와 역할의 상실을, 경제적으로는 빈곤을 겪게 한다.

5) 경제적 특성

현대사회에서 노인에게 나타나는 가장 큰 변화 중의 하나는 경제적 사정의 악화이다. 산업사회에서 노동력이 상품화되어 신체적 기능과 기술이 부족한 노인들은 상품으로서의 가치가 떨어져 산업현장에서 물러나게 되면서 경제적인 어려움을 겪게 된다. 노인들의 경제적 어려움을 해결할 수 있는 수입원으로는 자신의 직업, 연금보험, 기초연금, 국민기초생활보장제도, 노인일자리사업, 재산수입, 개인저축, 자녀와 친척의 도움, 후원금 등이 있다. 경제활동에 참여하는 노인은 전체의 30.9%로 참여하지 않는 노인이 훨씬 많으며, 연령별로는 65~69세 42.2%, 70~74세 32.3%, 75~79세 29.0%, 80~84세 17.5%, 85세 이상 6.6%로서 연령이 높을수록 경제활동에 참여하는 비율이 급격히 낮아지고 있는 것으로 나타나고 있다(정경희 외, 2017 : 457).

연금보험은 공무원연금, 사립학교교직원연금 및 군인연금을 수급하는 노인의 비율이 낮고, 국민연금이 1988년에 시작되었으나 1998년 전 국민 연금화가 이루어져 수급자의 비율이 낮을 뿐만 아니라 국민연금의 수급액이 적은 수준이다. 기초연금은 2014년에 시작되어 소득인정액이 일정 수준 이하인 노인을 대상으로 지급하되 2020년에는 소득하위 70% 이하인 노인에게 매월 최대 30만 원을 지급하고 있다. 국민기초생활보장제도는 극히 일부분의 노인에게만 지급되고 있으며, 재산수입이나 개인저축이 있는 노인이 적고, 자녀와 친척의 도움도 제대로 받지 못하는 경우가 많다. 이로 인하여 노인들의 경제적인 사정은 날로 악화되고 있다.

6) 노인의 욕구와 문제

(1) 노인의 욕구

욕구란 인간의 생존, 복지 및 성취를 위해 필요한 신체적 · 심리적 · 경제적 · 사회적 · 문화적인 필수요소이다(Barker, 1995 : 251). 즉, 이것은 인간이 일반적인 수준의 사회적 독립이나 생활의 질을 달성하거나, 유지하거나, 또는 회복시킬 수 있는 필요조건이다(Department of Health, 1991 : 14). 또한 욕구는 적절한 생활양식을 획득하는데 필요한 자원의 결핍상태이며, 사회에서 성공적으로 살아가는 사람들에게 생활의 유지와 향상을 위해 요구되는 필수적인 조건이라 할 수 있다.

욕구는 기본적 욕구와 사회적 욕구가 있다. 기본적 욕구는 인간으로서 생활을 영위하는데 필요한 최소한의 기본적인 요소로서 음식, 주택, 건강보호, 교육, 안전 등이 여기에 속한다(Sheppard, 1995 : 130). 사회적 욕구란 각 개인이 가지고 있는 욕구가 사회의 다수인에게 공통적으로 확산되어 필요하게 된 것을 말하며, 인간이 만족스러운 사회생활을 영위하는데 필요한 요소이다. 사회적 욕구에는 소득, 보건의료, 교육, 주택, 취업, 교통, 정신건강, 문화, 여가, 안전, 신체적 수발, 공공시설의 이용, 사회생활의 참여 등이 있다(이근홍, 2008 : 33).

노인의 욕구란 노인이 생존과 복지 및 자아실현을 위해 필요로 하는 신체적, 심리적, 사회적, 경제적 및 문화적 조건이라고 말할 수 있다. 이러한 욕구를 세부적으로 살펴보면, 대개 ① 신체적 복지(건강, 의료, 보건, 영양, 일상적 활동, 신체적 수발), ② 심리적 복지(주관적 행복감, 소속감, 자존감, 자아통합, 사회적 지지, 종교), ③ 사회적 복지(사회참여, 주거환경, 교육, 문화, 가족관계), ④ 경제적 복지(경제적 안정, 일자리) 등과 관련되어 있다고 볼 수 있다. 한편 노인복지 분야와 관련하여 논의되고 있는 노인의 욕구를 보면, 경제적 욕구, 신체적 욕구, 여가문화욕구, 주거욕구, 사회심리적 욕구, 교육욕구, 교통욕구 등이다. 이러한 내용을 바탕으로 노인의 욕구를 종합적으로 검토해 보면, 노인의 욕구는 소득, 건강(의료), 여가, 주거, 일자리, 신체적 수발, 사회적 지지, 교육, 문화, 교통, 종교, 사회참여 등이라 할 수 있을 것이다.

(2) 노인문제

노인이 되면 여러 가지 어려운 문제에 직면하게 되며, 이러한 문제는 대개 노인인구의 증가, 가족유형의 변화, 고도의 산업화, 노인욕구의 다양화・복합화, 노인부양의식의 약화 등에 의해 발생된다고 볼 수 있다. 의학의 발달과 생활수준의 향상으로 평균수명이 연장되고 저출산 현상으로 전체 인구에서 노인인구가 차지하는 비율이 점차 증가하고 있다. 노인인구의 절대적・상대적인 증가로 인하여 대부분의 국가들은 앞으로 고령사회나 초고령사회로 급속히 진입하게 될 것이며, 이러한 노인인구의 증가는 노후생활의 경제문제, 건강문제, 심리문제, 여가선용문제 등을 부각시켜 노인문제를 발생시키는 원인이 될 것이다.

산업화・도시화로 인한 급격한 사회변화로 가족유형이 핵가족으로 변화되고 있으며, 핵가족은 전통적인 확대가족보다 노인부양에 대한 가족의 기능이 약화되어 노인을 가족 내에서 보호하기 어렵게 하고 있다. 고도의 산업화로 인하여 노인들이 사회에 적응하기 어려우며, 경제활동에서 소외되거나 역할이 상실되어 노후생활의 어려움을 가중시키고 있다. 노인은 육체적으로나 정신적으로 원활한 기능을 수행할 수 없기 때문에, 다양하고 복합적인 욕구를 지니게 된다. 이러한 욕구가 충족되기 위해서는 다각적인 대책이 필요하지만, 그러한 욕구를 충족시키기 어렵기 때문에 노인문제 발생의 원인이 되고 있다. 단순히 노인인구의 증가만으로 노인문제가 발생하는 원인이라고 보기는 어렵지만, 노인의 지위와 역할이 상실되고 노인을 부양할 수 있는 가족원 수가 점점 줄어들며, 여성의 사회참여가 점점 증가하면서 노인부양의식이 약화되는 것이 노인문제를 발생시키는 원인으로 작용한다고 볼 수 있다.

노인은 신체적 노화와 더불어 사회적 역할의 상실 등으로 여러 가지 어려운 문제에 직면하게 된다. 노인문제는 노인이 경험하게 되는 대표적인 네 가지 고통인 빈곤, 질병, 고독 및 역할상실이라 할 수 있으며, 치매, 학대, 자살 등과 같은 문제와도 관련되어 있다.

① 빈곤

산업화·정보화 사회에서 노동력이 상품화되어 기술과 능력이 부족한 노인들은 점차 산업현장에서 물러나게 되고, 정년제도와 실업 등으로 인하여 생계수단이며 소득의 주요한 원천인 일자리를 잃게 된다. 그와 더불어 연금보험 등과 같은 사회보장제도의 미비, 재산과 개인저축의 부족 등으로 인하여 노인들이 빈곤에 시달리는 경우가 많다. 우리나라 자녀동거가구를 포함한 2016년 노인가구의 연평균 소득은 25,897천 원으로 전국가구 연평균소득의 51.7% 수준이며, 전체 노인의 28.8%가 경제상태에 대해 만족하고 있었으며, 71.2%는 만족하지 못하고 있어서 많은 노인들이 경제적 어려움을 겪고 있는 것으로 나타나고 있다(정경희 외, 2017 : 418). 특히 우리나라는 OECD 회원국 37개 국가 중에서 노인빈곤율이 가장 높으며, 2017년 노인의 빈곤율은 43.8%인 것으로 나타나고 있다(OECD, 2020).

② 질병

노인들은 생물학적 노화로 인하여 건강이 약화되면서 각종 질병에 시달리고 있으며, 주로 만성적 질병과 합병증적 현상으로 나타나고 있다. 이러한 질병은 진행 정도가 느리고 회복이 어려운 관계로 과다한 의료비 지출로 노인들의 생활을 더욱 어렵게 하고 있다. 우리나라 노인의 만성질병실태를 보면, 전체노인의 89.5%가 한 가지 이상의 만성질환을 가지고 있으며, 두 가지 이상도 73.0%나 되는 것으로 나타나고 있다. 유병률이 높은 질병은 고혈압, 관절염, 고지혈증, 요통·좌골신경통, 당뇨병, 골다공증, 위·십이지장궤양, 전립선비대증, 백내장, 뇌졸중, 협심증·심근경색증 등의 순서로 나타났다(정경희 외, 2017 : 310-313). 이와 같이 대부분의 노인이 만성질환에 시달리고 있는 것으로 나타나고 있다.

③ 고독

노인이 되면서 점차 직업적 역할과 지위의 상실, 사회참여 기회의 상실, 자녀세대와의 가치관과 지식수준의 차이, 가족 내에서의 역할의 상실 등이 나타난다. 이러한 것들은 노인으로 하여금 고독과 소외감을 느끼게 하며, 세대 간의 갈등을 초래하고, 외부와의 단절로 고립된 생활을 하게 하며, 노인에게 심리적 갈등을 유발하여 우울증과 자살에 이르게까지 한다. 우리나라의 노인가구는 1998년 41.7%이었던 것이 2017년에 71.0%로 증가하였으며, 자녀동거가구는 1998년 53.2%이었던 것이 2017년에 23.7%로 감소하였다. 이와 같이 자녀와 동거하는 노인의 감소로 사회적으로 소외되고 고독하게 살아가는 노인이 점차 증가하고 있다. 고독과 소외의 문제는 현대사회의 특징으로 많은 사람들이 경험하게 되는 일이기는 하지만, 많은 것을 상실한 노인들에게는 더욱 심각한 문제가 아닐 수 없다. 특히 가족, 이웃, 친구, 직장동료 등과 거의 교류를 하지 않고 단절되어 살아가는 노인에게 고독과 소외는 더욱 심각한 문제이다.

④ 역할상실

산업화・도시화 및 가족유형의 변화로 인하여 노인들의 가정에서의 역할이 점점 감소되고, 신체적, 정신적, 기술적 기능의 약화로 산업현장에서 물러나게 되면서부터 직업적 역할은 물론 생계유지자로서의 역할과 가계를 이끌어 가는 가장으로서의 역할까지도 상실하는 결과를 초래하고 있다. 노인의 지위와 역할이 약화되거나 상실되는 주요 원인은 개인의 부 또는 경제적 힘의 약화일 것이다. 농경사회에서는 토지가 가장 큰 재산이었고 소유권은 일반적으로 노인에게 있었으므로 노인이 재산권을 가지고 자녀들을 통제하는 영향력을 발휘할 수 있었다. 그러나 산업사회가 진전됨에 따라 노동에 의한 임금 수입이 주요한 부의 원천이 되면서 노화로 인하여 노동현장에서 물러남에 따라 경제적 자원의 결핍으로 노인의 지위와 역할이 약화되고 상실되는 결과를 초래하고 있다(이근홍, 2020b : 23).

직업적 역할의 경우를 보면, 수입이 되는 일에 종사하고 있는 노인은 전체의 30.9%, 종사하지 않는 노인이 69.1%로서 많은 노인들이 노동현장에 참여하지 못하고 있다. 또한 과거 농경사회에서는 노인들이 재산권을 가지고 가장으로서 자녀들을 통제하는 영향력을 발휘한 반면, 현재에는 가정에서 주로 손자녀 돌보기, 가사일 보조, 주택단장 · 수리, 공공기관 출입, 친척의 경조사 참가 등의 역할을 수행하고 있는 것으로 나타나고 있다. 이러한 직업적, 가정적 지위와 역할의 상실은 노인들로 하여금 무력감, 고독, 부정적인 자아상 등의 원인이 될 수 있어서 심각한 노인문제가 아닐 수 없다.

⑤ 노인치매

노인치매(senile dementia)는 노인에게 나타나는 만성적 혼돈, 망각, 성격변화 등과 같은 인지적 · 행동적 기능장애를 의미한다(Craig, 1999 : 567). 즉, 이것은 노인에게 나타나는 대표적인 정신장애로서 기억 · 언어 · 시각과 공간의 지각 · 사물인지 등과 같은 인지능력의 장애 및 우울증 · 자기중심적 행동 · 충동적 행동 · 피해망상증 · 수면장애 등과 같은 행동장애를 일으키는 증상을 말한다. 치매노인의 수를 정확히 파악하기는 어려우나 치매유병률을 통하여 추산할 수 있을 것이다. 우리나라의 치매유병률은 2012년 9.2%로 치매노인이 541천 명으로 추산되었던 것이 2015년 9.8%로 648천 명, 2020년 10.4%로 840천 명, 2030년 10.0%로 1,272천 명, 2050년 15.1%로 2,710천 명이 될 것으로 예측되고 있다(분당서울대학교병원, 2013). 치매노인의 급속한 증가로 국가의 의료비 부담은 물론 가족의 부양부담을 가중시키고 노인부양에 따른 사회적 비용이 증가하게 되어 치매는 심각한 노인문제가 되고 있다.

⑥ 노인학대

노인학대(elder abuse)는 노인의 배우자, 자녀, 또는 다른 부양자에 의해서 노인에게 행해지는 신체적 · 정서적 · 경제적 학대 및 방임을 말한다(Papalia, Olds & Feldman, 1998 : 598). 이것은 노인이 가족과 함께 생활하거나 시설에 거주하는 경우에 발생하며, 점차 심각한 사회문제로 대두되고 있다. 노인학대의 유형에는 신체적 학대, 정서적 학대, 성적 학대, 경제적 학대, 방임, 자기방임 및 유기가 있다. 전국 노인보호전문기관을 통하여 2018년 접수된 노인학대의 전체 신고 건수는 15,482건이며, 그중에서 학대사례는 5,188건으로 나타났다(중앙노인보호전문기관, 2019 : 10). 연도별로 보면 지난 5년 동안 학대사례 건수가 증가하였지만, 노인학대의 특성상 노출되지 않는 숨겨진 부분을 감안한다면 이보다 훨씬 많은 노인이 학대를 받고 있을 것으로 판단된다. 학대사례 중에서 여성 노인이 전체의 73.9%로서 남성 노인의 2.8배이며, 학대 가해자는 아들이 37.2%로 가장 많고 그 다음으로 배우자가 27.5%이며, 학대유형 중에서는 정서적 학대가 전체의 42.9%를 차지하여 가장 많고 그 다음으로 신체적 학대가 37.3%인 것으로 나타나고 있다.

⑦ 노인자살

노인자살은 노인이 스스로 혹은 의도적으로 자신의 생명을 끊는 행위이며, 광의로 보면 자살행위, 자살시도, 자살생각 등을 포함하는 개념이다. 노인자살은 꾸준히 증가하여 최근 세계에서 가장 높은 비율을 나타내고 있으며, 점차 심각한 사회문제로 대두되고 있다. 노인이 자살하는 주요한 원인으로는 신체적 질병, 경제적 어려움, 외로움과 고독, 가정불화 등이 있으며, 그 외에도 우울증, 직업역할의 상실, 신체적 · 정신적 장애, 사회관계 범위의 축소, 건강약화, 배우자의 상실 등이 있는 것으로 나타나고 있다(한국노인복지학회 편, 2006 : 148). 노인자살의 현황을 보면, 2018년 인구 10만 명당 자살인원은 우리나라 전체가 26.6명인 것에 비하여 65세 이상은 48.6명으로 1.8배 정도로 많은 것으로 나타났다(통계청, 2019b). 2010년 인구 10만 명당 65세 이상의 자살인원이 81.9명이며 2015년 58.6명인 것에 비하면 다소 낮아지고 있으나, OECD 국가 중에서 가장 높은 것으로 나타나고 있다.

2. 노인자원봉사의 필요성

노인의 자원봉사는 은퇴 이후의 여가시간에 건강을 유지하고 삶의 보람과 의미를 느끼며, 자신의 욕구를 충족시키고 자아실현을 하며, 그동안 쌓아 온 지식, 기술, 경험 등을 사회적 자원으로 활용하며, 사회 속에 자신을 통합시켜 나가는데 기여한다(최성재 · 장인협, 2011 : 294). 또한 노인자원봉사는 사회참여를 통하여 고독과 소외를 해결하며, 사회적 역할을 다시 수행할 수 있게 하며, 지역사회의 발전에도 기여할 수 있는 중요한 활동이기 때문에 반드시 필요하다.

1) 노인의 건강증진과 생활만족

최근 생활수준의 향상과 의학의 발달로 평균수명이 연장되어 노년기의 생활이 점점 길어지고 있지만, 노년기 동안 노인들은 대부분 각종 만성질환에 시달리고 있으며, 소외감, 고독감, 무력감, 좌절감, 부정적인 자아상, 우울증, 상실감, 절망감 등을 경험하고 있다. 이러한 노년기 동안 신체적 · 정신적 건강문제를 해결하기 위해서는 우선적으로 국가와 민간의 체계적이고 지속적인 보건의료서비스가 제공되어야 하겠지만, 노인자원봉사도 신체적으로나 정신적으로 건강한 노년을 보내기 위해서 필요한 요소가 될 수 있을 것이다.

노인자원봉사는 직업활동에서 은퇴하게 되어 시간적인 여유가 더욱 많아진 노년기 동안 노인들이 무엇인가 사회에 공헌할 수 있는 보람된 일을 수행함으로써 사회로부터의 고독감과 역할상실감에서 벗어나 자신감을 가지고 지역사회에서 생활을 할 수 있게 할 것이다. 이것은 또한 긍정적인 생활태도를 가지고 새로운 용기와 활력을 찾게 되어 노화를 지연시키고 지속적으로 건강을 유지할 수 있게 할 수 있을 것이다.

노인자원봉사는 노인이 자신들의 새로운 역할을 찾아 사회활동을 수행하게 되어 소외감이나 열등감을 극복할 수 있도록 하며, 보람을 가지고 지역주민들과 통합적인 생활을 영위할 수 있도록 한다. 이것은 궁극적으로 노인들에게 삶의 의미와 보람을 갖게 함으로써 노후생활의 만족을 느낄 수 있도록 할 것이다. 그러므로 노인들의 건강을 증진시키고 노후생활의 만족을 느낄 수 있도록 한다(이근홍, 2020b : 161-162).

2) 노인의 욕구충족과 노인문제의 해결

노인의 사회적 욕구는 대개 경제적 욕구(소득, 취업), 의료욕구(보건, 의료, 건강), 신체적 욕구(수발, 식사, 영양, 안전), 사회심리적 욕구(의존, 사랑, 가족, 집단참여), 주택욕구(노인주택, 3세대 주택, 수용시설), 문화욕구(문화, 여가, 오락), 교육욕구(사회교육, 정보, 지식), 교통욕구, 사회활동욕구 등이다. 이와 같이 다양한 욕구를 가지고 있는 노인들은 그들의 특성상 여러 가지 욕구를 복합적으로 지니고 있다. 노인의 이러한 다양한 욕구들 중에서도 특히 건강욕구, 소득욕구, 여가욕구, 사회활동욕구 등이 더욱 절실한 것으로 나타나고 있다. 그중에서도 여가욕구와 사회활동욕구를 충족시킬 수 있는 가장 훌륭한 방법 중의 하나는 노인자원봉사일 것이다.

노인들은 신체적으로는 생물학적 노화로 인하여 각종 노인성질환인 고혈압, 뇌졸중, 당뇨병, 백내장, 신경통, 천식, 노인성치매 등과 같은 만성질환에 시달리고 있으며, 우울증, 강박증, 공포증, 건강염려증, 이인증, 과대망상 등이 나타나기도 하며, 무감각증, 공격적 불안감, 기분과 감정의 변화, 고독감 등이 발생하기도 한다. 사회적 측면에서 보면, 노인들의 지위와 역할이 상실되고 있으며, 그 결과 사회적 활동이 줄면서 소외감, 상실감, 무력감 등을 느낀다. 노인자원봉사는 노인들이 고독과 소외감에서 벗어나 사회의 일원으로서의 역할을 수행하게 하여 고독, 역할상실, 우울증 등과 같은 정신건강문제를 해결할 수 있도록 할 것이다. 그러므로 노인 스스로의 힘으로 그들의 다양하고 복합적인 욕구를 충족시키고 노인문제를 해결할 수 있다(이근홍, 2020b : 162-163).

3) 노인의 자기성장과 자아실현

노인들은 대개 조심성, 내향성, 수동성, 경직성, 의존성 등의 성격 특성을 나타내기 때문에, 새로운 일에 대한 모험이나 경험을 꺼리고 과거부터 지속되어 온 환경의 유지나 익숙한 생활양식을 지속시키려는 경향이 있다. 그러나 노인들이 적극적이고 능동적인 자원봉사를 통하여 자신감을 회복하고 자기 자신을 적극적으로 표현하며, 자신이 사회에서 유용하고 중요한 존재라는 가치를 유지하고 일에 대한 성취감을 경험하면서 새로운 또는 과거부터 지속되어 온 사회활동을 실행해 나간다면 자기성장에 도움이 될 수 있을 것이다. 즉, 노인들이 자원봉사를 통하여 인생을 보다 긍정적으로 변화시키고 새로운 일들을 경험하고 지속적으로 학습해 나가게 되면 자기성장에 도움이 될 수 있을 것이다.

노인자원봉사는 노인들이 그동안 자신의 잠재능력과 열정을 발휘하여 성취하고자 하는 일이 있었지만 바쁜 직업생활과 같은 여러 가지 이유로 인하여 할 수 없었던 일들을 시간적으로 여유가 있는 노년기 동안 실행함으로써 자아실현이 가능하도록 하게 할 수 있다. 여기에서 자아실현이란 현실에 대한 확고한 인식과 수용을 바탕으로 독립적이면서도 자율적으로 자신만이 가지고 있는 유일하고 풍부한 잠재능력을 실현시키는 것을 말한다. 즉, 이것은 창의성과 학습을 통하여 개인이 자신의 잠재능력을 최대한 발휘하고 개인적으로 적합하며 능력에 알맞은 일을 수행하는 것을 말한다. 앞으로 인생의 황혼기가 아닌 황금기라고 할 수도 있는 더욱 길어진 노년기 동안 노인들이 적극적이고 능동적인 자원봉사를 통하여 자기성장을 도모하고 자아실현을 해나갈 수 있도록 해야 한다(이근홍, 2020b : 163-164).

4) 가족부양부담의 경감

노인들은 주로 배우자와 자녀의 부양을 받고 있으며, 경제적으로는 물론 신체적 · 정서적으로 가족의 부양을 필요로 하고 있다. 그러나 장기간에 걸쳐 노인을 부양을 한다는 것은 가족성원에게 신체적 수발에 따른 신체적, 정서적 및 사회적 스트레스를 경험하게 할 수 있다. 한편 조기퇴직과 평균수명의 연장으로 육체적으로나 정신적으로 건강한 노인들 및 고학력과 경제적 여유를 가진 노인들이 증가하고 있다. 그러나 이러한 노인들을 자원봉사자 등으로 활용하지 못하여 대부분 노인들이 노후생활을 자녀에게 의존하여 살아가고 있다. 따라서 노인들이 자녀들과의 가정생활에서 벗어나 독립적으로 사회활동에 참여한다면 가족의 부양부담을 감소시킬 수 있을 것이다.

노인들이 건강을 유지하면서 손쉽게 사회활동에 참여할 수 있는 것이 자원봉사이다. 노인자원봉사는 노인이 가정생활에서 벗어나 지역사회의 사회활동에 참여하여 독립적으로 만족스럽게 살아갈 수 있도록 함으로써 가족의 노인에 대한 부양부담을 경감시키고 가족생활의 만족을 느끼며 살아갈 수 있게 할 것이다(이근홍, 2020b : 164).

5) 지역사회 발전의 기여

노인자원봉사는 국가의 사회복지비용을 절감시키고 지역사회 발전에 기여할 수 있다. 특히 21세기는 출생률이 급격히 저하되어 생산연령인구가 점점 감소하게 됨으로써 노인인력을 활용하여 지역사회의 발전과 국가발전에 기여할 수 있도록 하는 것이 바람직할 것이다. 최근 평균수명의 연장과 교육수준의 향상으로 육체적으로나 정신적으로 건강하며 전문적 지식과 기술을 가지고 있는 노인들이 증가하고 있으므로, 이러한 노인들의 자원봉사활동을 촉진하여 지역사회 발전에 기여하도록 할 필요가 있다.

노인들은 풍부한 지식과 경험을 가지고 있으면서도 직업생활에서 은퇴한 이후 자신의 능력을 발휘할 기회를 거의 갖지 못하여 지역사회에 봉사하거나 지역사회 발전을 위해 그것들을 활용하지 못하고 있다. 이로 인하여 노인들이 지역사회 발전에 기여하지 못하고 오히려 가족의 부양부담을 가중시키고 있으며, 국가의 노인복지비용을 증가시키는 결과를 가져오고 있다. 만일 급속히 증가하고 있는 노인인구를 지역사회의 유용한 인적자원으로 활용하여 자원봉사에 투입한다면 노인의 건강증진은 물론 지역사회의 사회복지 발전에 크게 기여할 수 있을 것이다. 따라서 노인자원봉사를 적극적으로 장려하여 노인의 건강을 증진함은 물론 지역사회 발전에 기여하도록 해야 한다(이근홍, 2020b : 164-165).

3. 노인자원봉사의 원칙

노인의 자원봉사는 다음과 같은 몇 가지 원칙에 의해 이루어져야 한다(이근홍, 2020b : 165-166).

첫째, 노인자원봉사자는 모든 사람이 성별, 연령, 학력, 직업, 종교, 지역, 인종, 피부색, 문화, 국적, 사회경제적 지위 등과 관계없이 자원봉사를 받을 권리가 있음을 인정한다.

둘째, 노인자원봉사자는 모든 봉사대상자의 인권을 존중하고, 그들의 종교와 문화를 이해하며, 봉사활동 시간을 엄수하고 약속을 이행하며, 건전한 사회풍토 조성을 위해 노력한다.

셋째, 노인자원봉사자는 동료들과 긴밀한 협력관계를 유지하고, 공동의 정신으로 기관에 소속되어 기관의 발전에 기여하면서 활동에 상응하는 보수를 받지 않고 공헌한다.

넷째, 노인자원봉사자는 봉사대상자가 원하는 서비스를 제공하며, 지역사회의 욕구를 발견하고 주민들이 자신의 문제를 해결하는 과정에 스스로 참여할 수 있도록 유도한다.

다섯째, 노인자원봉사자는 자원봉사활동을 통하여 삶의 보람과 의미를 찾고, 새로운 기술과 지식을 익히며, 잠재력, 자립심 및 창조적 능력을 향상시켜 문제해결에 적극적인 역할을 수행할 수 있도록 한다.

여섯째, 노인자원봉사자는 사회적 취약계층의 복지증진을 위해 헌신해야 한다는 사회적 책임을 통감함과 동시에 가정, 지역사회, 국가 및 세계 공동체의 발전을 도모하고자 노력한다.

4. 노인자원봉사의 분야

노인자원봉사는 <표 8 - 1>과 같이 다양한 분야에서 활동을 전개할 수 있으며, 활동분야는 대인봉사, 사무봉사 및 지역사회봉사로 구분하여 각 영역별로 봉사활동내용을 제시할 수 있을 것이다.

노인에 의한 대인봉사는 아동을 대상으로 상담(가족상담, 학교부적응아동 상담지도, 문제아동 상담지도), 사회적 지지(한부모가족・조손가족 아동지원, 요보호아동 결연, 장애아동에 대한 사회심리적 지지, 학대받는 아동보호), 교육(지역아동센터 아동 학습지도, 학습지진아 지도, 교육 프로그램 지도 - 영어, 수학, 한자, 역사, 전통예절) 등을 제공할 수 있다. 또한 여가선용[취미교육(음악, 미술, 종이접기, 동화구연, 고전무용, 서예, 사물놀이 등), 캠프활동 보조, 독서지도], 사회활동지원(나들이 동행, 여행 동행, 관광 참여, 농촌봉사활동 지도), 보호활동(방과 후 아동보호, 시설아동 보호, 일일위탁부모, 베이비시터), 아동양육시설 지원(행사참여 돕기, 결연후원, 세탁・청소, 놀이터 꾸미기) 등을 제공할 수 있다.

청소년을 대상으로 상담(청소년상담, 비행청소년 상담지도, 학교 밖 청소년상담), 사회적 지지(소년소녀가족 청소년 정서적 지지, 한부모가족・조손가족 청소년 결연・후원, 청소년쉼터 청소년 결연, 아동양육시설 청소년 결연, 학대받는 청소년 보호, 소년원 방문), 교육(학습부진 청소년 학습지도, 성교육, 기능교실 지도 - 한문, 서예) 등을 제공할 수 있다. 또한 여가선용(청소년캠프 지도, 전통놀이 지도, 연극 지도, 레크리에이션), 사회활동지원(산업시찰 및 역사탐방 제공, 농촌봉사활동 지도), 생활안정지원(취업알선, 저소득가족 청소년 도시락 및 생필품 지원), 사회환경조성(청소년 유해환경 조사・단속, 청소년 음악회 개최, 장학금 지급, 청소년을 위한 금연・단약 캠페인) 등을 제공할 수 있다.

노인을 대상으로 재가노인에게는 말벗, 상담, 노인생명보듬이, 전화확인서비스, 식사준비, 시장보기, 청소, 세탁, 목욕, 공중목욕탕 동행, 병간호, 안마, 물리치료, 보건소안내, 병원동행, 약처방지원, 약복용, 건강교육, 외출동반, 취미활동 돕기, 잔심부름, 편지 써주기, 책 읽어주기, 신문 읽어주기, 의손자녀 맺기, 행정업무대행, 후원자 결연, 정보제공, 학교행사 초청, 임종간호, 집안소독 등을 제공할 수 있다. 시설생활노인에게는 말벗, 상담, 각종 행사참여, 취미교육, 오락지도, 식사배달, 후원자 결연, 재정후원, 시설장비 지원, 도서정리, 연극공연, 위문활동, 카드 보내기, 세탁, 방청소, 음식 만들어 드리기, 식당정리, 산책동행, 레크리에이션 등을 제공할 수 있다.

장애인을 대상으로 재가장애인에게는 외출보조, 차량지원, 물리치료 보조, 후원자 결연, 재활훈련 돕기, 세탁, 청소, 잔심부름, 만화 보여주기, 책낭독, 집단활동 지원, 동반여행, 말벗, 상담, 통학보조, 학습지도, 취업알선, 체육대회 보조 등을 제공할 수 있다. 시설생활장애인에게는 외출보조, 물리치료 보조, 각종 행사참여 지원, 공연활동, 음식・반찬 제공, 식사보조, 세탁, 청소, 체육활동 지도, 시설・장비 보수, 환경정리, 후원자 결연, 도서정리, 서류정리, 시설 방문자 안내 등을 제공할 수 있다.

노인에 의한 사무봉사는 안내(민원안내, 행정부서 안내, 전화응답, 행정서식 제공), 정리활동(도서정리, 서류정리, 우편물 정리, 자료복사), 홍보활동(홍보물 제작・배포, 보도자료 편집, 섭외활동) 등의 분야에서 활동할 수 있다. 지역사회봉사는 대인봉사(노숙인 식사제공, 지역사회 취약계층 원조, 인명구조 활동, 이재민 구호, 방과 후 안전귀가활동), 지역봉사(교통 정리, 자연보호활동, 야간방범활동, 환경미화, 농촌일손 돕기, 어린이놀이터 만들기, 도로파손 점검, 재활용품 수거, 공원 조성과 정리, 가옥 수리) 등의 활동을 할 수 있다.

〈표 8-1〉 노인자원봉사의 분야

구 분	대 상	자원봉사내용	
대인봉사	아동	상담	가족상담, 학교부적응아동 상담지도, 문제아동 상담지도
대인봉사	아동	사회적 지지	한부모가족 · 조손가족 아동지원, 요보호아동 결연, 장애아동에 대한 사회심리적 지지, 학대받는 아동 보호
대인봉사	아동	교육	지역아동센터 아동 학습지도, 학습지진아 지도, 교육 프로그램(영어, 수학, 한자, 역사, 전통예절) 지도
대인봉사	아동	여가선용	취미교육(음악, 미술, 종이접기, 동화구연, 고전무용, 서예, 사물놀이 등), 캠프활동 보조, 독서지도
대인봉사	아동	사회활동지원	나들이 동행, 여행 동행, 관광 참여, 농촌봉사활동 지도
대인봉사	아동	보호활동	방과 후 아동보호, 시설아동 보호, 일일위탁부모, 베이비시터
대인봉사	아동	아동양육시설	행사참여 돕기, 결연후원, 세탁 · 청소, 놀이터 꾸미기
대인봉사	청소년	상담	청소년상담, 비행청소년 상담지도, 학교 밖 청소년 상담지도
대인봉사	청소년	사회적 지지	소년소녀가족 청소년 정서적 지지, 한부모가족 · 조손가족 청소년 결연 · 후원, 청소년쉼터 청소년 결연, 아동양육시설 청소년 결연, 학대받는 청소년 보호, 소년원 방문
대인봉사	청소년	교육	학습부진 청소년 학습지도, 성교육, 기능교실(한문, 서예) 지도
대인봉사	청소년	여가선용	청소년캠프 지도, 전통놀이 지도, 연극 지도, 레크리에이션
대인봉사	청소년	사회활동지원	산업시찰 및 역사탐방 제공, 농촌봉사활동 지도

구 분	대 상	자원봉사내용	
		생활안정지원	취업 알선, 저소득가족 청소년 도시락 및 생필품 지원
		사회환경조성	청소년 유해환경 조사·단속, 청소년 음악회 개최, 장학금 지급, 청소년을 위한 금연·단약 캠페인
	노인	재가노인	말벗, 상담, 노인생명보듬이, 전화확인서비스, 식사준비, 시장보기, 청소, 세탁, 목욕, 공중목욕탕 동행, 병간호, 안마, 물리치료, 보건소안내, 병원동행, 약처방지원, 약복용, 건강교육, 외출동반, 취미활동 돕기, 잔심부름, 편지 써주기, 책 읽어주기, 신문 읽어주기, 행정업무대행, 후원자 결연, 정보제공, 학교행사 초청, 임종간호, 집안소독
		시설생활노인	말벗, 상담, 각종 행사참여, 취미교육, 오락지도, 식사배달, 후원자 결연, 재정후원, 시설장비 지원, 의손자녀 맺기, 도서정리, 연극공연, 위문활동, 카드 보내기, 세탁, 방청소, 음식 만들어 드리기, 식당정리, 산책동행, 레크리에이션
	장애인	재가장애인	외출보조, 차량지원, 물리치료 보조, 후원자 결연, 재활훈련 돕기, 세탁, 청소, 잔심부름, 만화 보여주기, 책낭독, 집단활동 지원, 동반여행, 말벗, 상담, 통학보조, 학습지도, 취업알선, 체육대회 보조
		시설생활 장애인	외출보조, 물리치료 보조, 각종 행사참여 지원, 공연활동, 음식·반찬 제공, 식사보조, 세탁, 청소, 체육활동 지도, 시설·장비 보수, 환경정리, 후원자 결연, 도서정리, 서류정리, 시설 방문자 안내
	다문화 가족	상담·지지	가족상담, 직업상담, 사회적응상담
		교육	한국어교육, 전통예절교육, 한국역사교육, 한국문화 탐방
		사회활동지원	자조모임 지원, 취미생활 안내, 행정기관 이용보조, 사회복지시설 이용안내, 각종 서류작성 보조
		취업지원	취업알선, 직업교육안내
사무 봉사	안내	민원안내, 행정부서 안내, 전화응답, 행정서식 제공	
	정리활동	도서정리, 서류정리, 우편물 정리, 자료복사	
	홍보활동	홍보물 제작·배포, 보도자료 편집, 섭외활동	
지역 사회 봉사	대인봉사	노숙인 식사제공, 지역사회 취약계층 원조, 인명구조 활동, 이재민 구호, 방과 후 안전귀가 활동	
	지역봉사	교통정리, 자연보호활동, 야간방범활동, 환경미화, 농촌일손 돕기, 어린이놀이터 만들기, 도로파손 점검, 재활용품 수거, 공원 조성과 정리, 가옥 수리	

| 제9장 | 장애인자원봉사

1. 장애인의 특성

1) 장애의 유형

장애인은 신체적 · 정신적 장애로 오랫동안 일상생활이나 사회생활에서 상당한 제약을 받는 자로 정의하고 있으며, 이러한 신체적 · 정신적 장애에 대한 분류는 다양하게 제시될 수 있지만 장애인복지법에 명시된 장애인을 기준으로 해야 할 것이다. 장애인복지법에서 장애인은 지체장애인, 뇌병변장애인, 시각장애인, 청각장애인, 언어장애인, 지적장애인, 자폐성장애인, 정신장애인, 신장장애인, 심장장애인, 호흡기장애인, 간장애인, 안면장애인, 장루 · 요루장애인 및 뇌전증장애인으로 분류하고 있다(장애인복지법 시행령 제2조).

지체장애인은 한 팔, 한 다리 또는 몸통의 기능에 영속적인 장애가 있거나, 손가락이나 발가락의 상당 부분을 잃거나, 왜소증이나 척추가 현저하게 변형된 사람 등을 말한다. 뇌병변장애인은 뇌성마비, 외상성 뇌손상, 뇌졸중 등 뇌의 기질적 병변으로 인하여 발생한 신체적 장애로 보행이나 일상생활의 동작 등에 상당한 제약을 받는 사람이다. 시각장애인은 교정시력이 0.02 이하이거나 두 눈의 시야 2분의 1 이상을 잃은 사람이다. 청각장애인은 두 귀의 청력 손실이 각각 60 데시벨(dB) 이상인 사람이거나, 두 귀에 들리는 보통 말소리의 명료도가 50퍼센트 이하인 사람이거나, 평형 기능에 상당한 장애가 있는 사람을 말한다. 언어장애인은 음성 기능이나 언어 기능에 영속적으로 상당한 장애가 있는 사람이다.

지적장애인은 정신발육이 항구적으로 지체되어 지적 능력의 발달이 불충분하거나 불완전하고 자신의 일을 처리하는 것과 사회생활에 적응하는 것이 상당히 곤란한 지능지수가 대개 70 이하인 사람을 말한다. 자폐성장애인은 소아기 자폐증, 비전형적 자폐증에 따른 언어, 신체표현, 자기조절, 사회적응 기능 및 능력의 장애로 인하여 일상생활이나 사회생활에 상당한 제약을 받아 다른 사람의 도움이 필요한 사람이다. 정신장애인은 지속적인 양극성 정동장애, 여러 현실상황에서 부적절한 정서반응을 보이는, 조현병, 조현정동장애 및 재발성 우울장애에 따른 감정조절, 행동, 사고 기능 및 능력의 장애로 인하여 일상생활이나 사회생활에 상당한 제약을 받아 다른 사람의 도움이 필요한 사람을 말한다. 신장장애인은 신장의 기능장애로 인하여 혈액투석이나 복막투석을 지속적으로 받아야 하거나 신장 기능의 영속적인 장애로 인하여 일상생활에 상당한 제약을 받는 사람이다. 심장장애인은 심장의 기능부전으로 인한 호흡곤란 등의 장애로 일상생활에 상당한 제약을 받는 사람을 말한다.

호흡기장애인은 폐나 기관지 등 호흡기관의 만성적 기능부전으로 인한 호흡기능의 장애로 일상생활에 상당한 제약을 받는 사람이다. 간장애인은 간의 만성적 기능부전과 그에 따른 합병증 등으로 인한 간 기능의 장애로 일상생활에 상당한 제약을 받는 사람을 말한다. 안면장애인은 안면 부위의 변형이나 기형으로 사회생활에 상당한 제약을 받는 사람이다. 장루・요루장애인은 배변기능이나 배뇨기능의 장애로 인하여 장루 또는 요루를 시술하여 일상생활에 상당한 제약을 받는 사람을 말한다. 뇌전증장애인은 뇌전증에 의한 뇌신경세포의 장애로 인하여 일상생활이나 사회생활에 상당한 제약을 받아 다른 사람의 도움이 필요한 사람이다.

2) 인구사회학적 특성

우리나라의 등록장애인 수는 2019년 12월 말 기준 2,618,918명으로 우리나라 전체 인구의 5.1%를 차지하고 있다. 등록장애인 중에서 지체장애인이 1,238,532명으로 전체의 46.7%를 차지하고 있으며, 그 다음으로 청각장애인이 377,094

명으로 14.4%, 시각장애인이 253,055명으로 9.7%, 뇌병변장애인이 252,188명으로 9.6%, 지적장애인이 212,936명으로 8.1%, 정신장애인이 102,980명으로 3.9%, 신장장애인이 92,408명으로 3.5%, 자폐성장애인이 28,678명으로 1.1%, 언어장애인이 21,485명으로 0.8%, 장루・요루장애인이 15,290명으로 0.6%, 간장애인이 13,154명으로 0.5%, 호흡기장애인이 11,522명으로 0.4%, 뇌전증장애인이 7,054명으로 0.3%, 심장장애인이 5,266명으로 0.2%, 안면장애인이 2,673명으로 0.1% 순으로 나타났다(보건복지부, 2020). 등록장애인 수에 비하여 장애인이 실제적으로 더 많을 수 있으며, 특히 정신장애인의 수에는 다소간 차이가 있을 수 있다. 정신장애인의 수를 정확히 파악하기는 어렵지만 정신장애인의 유병률 2.16%를 감안하면(양옥경, 1996 : 43), 2019년 말 기준 우리나라의 인구가 51,850천 명이므로 정신장애인은 약 1,120천 명 정도가 될 것으로 추정된다.

등록장애인을 성별로 구분해 보면 남자가 1,513,206명이며 여자가 1,105,712명으로 남자가 더 많은 것으로 나타나고 있다. 연령별로 보면 60대가 584,611명으로 전체의 22.3%로 가장 많으며, 70대가 581,700명, 50대가 476,126명, 80대가 360,375명, 40대가 253,670명의 순으로 나타나고 있다. 장애의 정도별로 보면 심한 장애를 가진 등록장애인은 985,472명으로 전체의 37.6%를 차지하고 있으며, 심하지 않은 장애를 가진 등록장애인은 1,633,515명으로 전체의 62.4%를 차지하고 있다. 장애인의 혼인상태를 보면 배우자가 있는 경우가 전체의 55.3%로 가장 많으며, 사별 18.7%, 미혼 15.3%, 이혼 9.0%, 별거 1.6% 순으로 나타나고 있다. 그 외에도 주거환경이 다소 열악한 편이며, 외출 등 집 밖에서 활동 시 어려움이 있고, 문화 및 여가 활동이 부족하며, 학교생활, 직장생활, 지역사회생활 등에서 사회적 차별대우를 받고 있다(김성희 외, 2018 : 14-19).

3) 경제적 특성

장애인(15세 이상)의 경제활동참가율은 ILO의 기준을 적용하였을 경우 38.9%로 낮은 수준이며, 인구대비 취업자비율도 36.9%로 낮은 수준이다. 장애인 취업자 중 남자의 취업률은 47.0%이며, 여자의 취업률은 23.4%로 여자의 취업률이 남자의 절반 수준인 것으로 나타나고 있다. 장애인 가구의 2017년 월평균 소득은 2,421천 원으로 전국 가구의 월평균소득 3,617천 원의 66.9%에 해당한다. 전체 장애인의 39.5%가 월평균소득 150만 원 미만이었다. 장애로 인한 추가 소요비용은 월평균 165천 원이며, 장애인가구 중 차량을 소유한 비율은 전체의 52.1%이었다. 한편 장애인가구의 소득수준이 상대적으로 낮아 장애인의 17.7%가 현재 자신의 장애를 치료받지 않고 있으며, 신체적·정신적 결함으로 일상생활에서 타인의 도움을 필요로 하는 장애인은 전체의 34.2%이지만 그중에서 16.7%가 타인의 도움을 받지 못하고 있다(김성희 외, 2018 : 11-22).

4) 장애인의 욕구

장애인은 그들의 특성상 복합적이며 장기적인 욕구를 가지고 있다. 그들의 욕구는 대개 ① 소득보장, ② 의료보장, ③ 주택보장, ④ 장애인차별 금지, ⑤ 장애의 조기발견·조기치료, ⑥ 편의시설 확대, ⑦ 취업지원, ⑧ 장애인에 대한 인식개선, ⑨ 교통수단, 가사지원서비스, ⑩ 장애인복지시설 확충 등이라 할 수 있다(김용득·김진우·유동철, 2007 : 321). 특히 정신장애인의 경우에는 ① 생리적 욕구(식사, 영양, 성), ② 소득욕구, ③ 보건의료욕구(신체적·정신적 건강, 의료, 치과보호), ④ 사회심리적 욕구(사회심리적 재활, 가족보호, 심리적 안정), ⑤ 사회관계 욕구(가족관계, 동료집단과의 관계, 친구관계, 이웃관계, 조직과의 상호작용), ⑥ 주택욕구, ⑦ 교육욕구, ⑧ 교통욕구(교통편의시설), ⑨ 사회참여욕구(취업, 지역사회 참여), ⑩ 여가욕구(레크리에이션, 여가활동), ⑪ 문화욕구(문화정보, 행사참여, 체육), ⑫ 법적 욕구(법적 지위보호), ⑬ 종교욕구(종교생활) 등의 욕구를 가지고 있다(김종천, 1996 : 12-13).

2. 장애인자원봉사의 필요성

각종 사고와 재해, 환경오염, 약물남용 등으로 장애인의 수가 점점 증가하고 있으며, 이들은 일상생활이나 사회생활에서 장기간 상당한 제약을 받고 있다.

장애인은 경제활동 참가율이 낮아 경제적 어려움을 겪고 있으며, 신체적 · 정신적 결함으로 일상생활에서 다른 사람의 도움을 받아야 하며, 주거환경이 열악하여 개선이 필요한 경우가 많다. 장애인은 혼자 외출하기에 어려움이 있는 것으로 나타나고 있으며, 의료적 서비스가 필요하지만 경제적 이유로 받지 못하는 경우가 많으며, 문화적 활동이나 여가생활을 제대로 즐기지 못하고 있다.

장애인들은 다양하고 복합적이며 장기적인 욕구와 문제를 가지고 있으면서도 신체적 · 정신적 결함으로 인하여 경제적 능력과 자립능력의 부족, 서비스에 대한 접근성의 결여, 일상생활 기능수준의 저하, 보호할 가족 성원을 비롯한 수발자의 부재, 자기보호 능력의 약화, 고립화 현상 등으로 그들의 욕구를 제대로 충족시키지 못하거나 문제를 해결하지 못하고 있다. 또한 장애인들은 학교생활, 직장생활, 지역사회생활 등에서 사회적 차별대우를 받고 있다(이근홍, 2020a : 43). 이와 같이 장애인들은 일상생활이나 사회생활에서 상당한 제약을 받고 있으며, 복합적이고 장기적인 욕구를 가지고 있으면서도 제대로 충족하지 못하기 때문에 그들이 보통의 생활환경 속에서 잘 적응하며 필요한 서비스를 제공받기 위해서는 그들에 대한 자원봉사가 필요하다.

3. 장애인자원봉사의 원칙

장애인에 대한 자원봉사는 다음과 같은 몇 가지 원칙을 기준으로 하여 활동이 이루어져야 한다.

첫째, 모든 장애인은 장애의 유형, 장애의 정도, 장애의 등급, 성별, 연령, 학력, 종교, 지역, 국적, 인종, 피부색, 문화, 사회적 지위, 경제적 수준 등과 관계없이 누구나 자원봉사를 받을 권리가 있다.

둘째, 장애인은 누구나 천부적 인권을 가지고 있음을 인식하고 그들의 인권을 최대한 보장하며, 그들의 권익을 보장하고 종교와 문화를 이해하며, 인간으로서의 존엄성과 가치를 존중한다.

셋째, 장애인의 신체적 · 심리적 · 사회적 · 경제적 · 직업적 능력을 향상시키기 위해 의료적 재활, 교육적 재활, 심리적 재활, 사회적 재활, 직업적 재활 등과 관련된 서비스를 제공하도록 한다.

넷째, 장애인들이 자원봉사활동에 의한 서비스를 받으면서 삶의 보람과 행복감을 가지고 살아갈 수 있도록 하며, 그들의 성장 가능성과 잠재능력을 극대화시키고 자립심을 키울 수 있도록 한다.

다섯째, 장애인들이 보통의 생활환경 속에서 비장애인들과 함께 생활을 할 수 있도록 물리적 · 사회적 · 교육적 환경을 조성하는 정상화에 기반을 두고 원조할 수 있도록 노력해야 한다.

여섯째, 장애인들이 가족, 집단 및 지역사회의 다양한 사람들과 자유롭게 접촉하고 상호작용할 수 있도록 원조하며, 어떠한 경우에도 그들이 사회적으로 소외되지 않도록 한다.

일곱째, 장애인들에게 교육적 · 직업적 · 사회적 · 정치적 · 문화적 기회의 평등, 차별대우의 금지, 편견과 선입관의 배제, 생활조건의 개선, 완전한 사회참여 등이 이루어지도록 한다.

4. 장애인자원봉사의 분야

장애인을 대상으로 하는 자원봉사활동은 다양한 분야가 있지만 <표 9 - 1>과 같이 대인봉사활동과 시설(기관)봉사활동으로 구분해 볼 수 있을 것이다. 대인봉사활동은 상담보조, 사회적 지지, 여가활동, 가사지원, 보건의료, 사회활동, 교육활동 등으로 구분할 수 있으며, 시설(기관)봉사활동은 행사지원, 행정업무, 후원결연 등으로 구분할 수 있을 것이다.

대인봉사활동에서 상담보조활동으로는 구직상담, 재활상담, 입학상담(특수학교, 특수학급), 성문제상담, 가족문제상담, 학교생활상담, 장애상담, 장애예방상담, 시설이용상담(장애인복지관, 장애아동발달지원센터, 장애인주간보호시설, 장애인거주시설, 장애인직업재활시설) 등이 있다. 사회적 지지로는 말벗, 장애인 친구 되어주기, 책 읽어주기, 신문(잡지) 읽어주기, 장애인부모 자조모임 활동보조, 이 · 미용서비스, 잔심부름 해주기, 머리 감겨주기, 장애아동 손발톱 깎아주기, 외출동행 등이 있다. 여가활동으로는 나들이 보조, 여가활동 지원, 여가정보 제공,

학예발표회 지도, 취미생활 지도, 게임활동 지도, 오락활동 지도, 동아리활동 지도, 숲체험활동 지원, 작품활동 지도, 경연대회 지도 등이 있다. 가사지원으로는 청소, 세탁, 목욕보조, 밑반찬 지원, 생필품 지원, 도시락 배달, 집안 정리정돈, 집수리(도배, 장판 교체, 주방 수선, 화장실・목욕탕 수리), 장애아동돌보미활동, 식사보조 등이 있다.

보건의료활동으로는 재활훈련 돕기, 물리치료 보조, 의료활동 보조, 순회진료활동, 의약품 구입대행, 간병활동, 건강관리 지도, 신체적 수발, 집안소독, 의약품 복용안내, 치료활동(작업치료, 언어치료, 인지치료, 음악치료, 미술치료 등) 보조, 병원이용 안내 등이 있다. 사회활동으로는 대중교통 이용지도 및 이용보조, 지역사회시설(기관) 이용지도 및 이용보조, 학교통학버스 이용안내 및 보조, 야외활동 차량지원, 지역사회생활 안내와 지도, 교통안전 교육 및 지도 등이 있다. 또한 교육활동으로는 컴퓨터교육, 현장학습 보조, 장애아동 학습지도, 직업교육・훈련 보조, 야외학습 보조, 체육활동 보조, 휴대전화 이용지도, 이동훈련(시각장애인) 보조, 지적장애인 사회활동교육 보조, 보호작업장 생산활동 보조, 직업재활 정보제공, 특별활동 보조 등이 있다.

시설(기관)봉사활동에서 행사지원활동으로는 행사 수화통역, 체육대회 보조, 작은음악회・작품전시회 지원과 보조, 각종 행사참여, 공연활동 지원과 보조, 견학활동 보조, 수학여행 동행・보조, 장애인 관련 세미나・토론회 지원 등이 있다. 행정업무로는 방역활동 행정업무 대행, 장애예방캠페인 활동지원, 장애인 인식개선활동 지원, 장애인 재활기구 보수 및 정리, 장애인 취업처 개발과 소개, 시설(기관) 방문자 안내, 시설(기관) 이용안내, 시설 환경미화, 도서정리, 우편물 정리, 행정서류 정리, 식당청소, 학교안전지킴이 참여, 각종 위원회 참여 등이 있다. 후원결연으로는 시설(기관) 후원, 후원자 개발과 결연, 학습기자재 지원, 행사비용 지원, 장애인 재활기구 지원, 시설(기관) 운영비 지원, 시설(기관) 운영 관련 재능기부활동, 각종 행사 시 차량지원 등이 있다.

〈표 9-1〉 장애인자원봉사의 분야

구 분	봉사유형	자원봉사내용
대인 봉사	상담보조	구직상담, 재활상담, 입학상담(특수학교, 특수학급), 성문제상담, 가족문제상담, 학교생활상담, 장애상담, 장애예방상담, 시설이용상담(장애인복지관, 장애아동발달지원센터, 장애인주간보호시설, 장애인거주시설, 장애인직업재활시설)
	사회적 지지	말벗, 장애인 친구 되어주기, 책 읽어주기, 신문(잡지) 읽어주기, 장애인부모 자조모임 활동보조, 이 · 미용서비스, 잔심부름 해주기, 머리 감겨주기, 장애아동 손발톱 깎아주기, 외출동행
	여가활동	나들이 보조, 여가활동 지원, 여가정보 제공, 학예발표회 지도, 취미생활 지도, 게임활동 지도, 오락활동 지도, 동아리활동 지도, 숲체험활동 지원, 작품활동 지도, 경연대회 지도
	가사지원	청소, 세탁, 목욕보조, 밑반찬 지원, 생필품 지원, 도시락 배달, 집안 정리정돈, 집수리(도배, 장판 교체, 주방 수선, 화장실 · 목욕탕 수리), 장애아동돌보미활동, 식사보조
	보건의료	재활훈련 돕기, 물리치료 보조, 의료활동 보조, 순회진료활동, 의약품 구입대행, 간병활동, 건강관리 지도, 신체적 수발, 집안소독, 의약품 복용안내, 치료활동(작업치료, 언어치료, 인지치료, 음악치료, 미술치료 등) 보조, 병원이용 안내
	사회활동	대중교통 이용지도 및 이용보조, 지역사회시설(기관) 이용지도 및 이용보조, 학교통학버스 이용안내 및 보조, 야외활동 차량지원, 지역사회생활 안내와 지도, 교통안전 교육 및 지도
	교육활동	컴퓨터교육, 현장학습 보조, 장애아동 학습지도, 직업교육 · 훈련 보조, 야외학습 보조, 체육활동 보조, 휴대전화 이용지도, 이동훈련(시각장애인) 보조, 지적장애인 사회활동 교육 보조, 보호작업장 생산활동 보조, 직업재활 정보제공, 특별활동 보조
시설 (기관) 봉사	행사지원	행사 수화통역, 체육대회 보조, 작은음악회 · 작품전시회 지원과 보조, 각종 행사참여, 공연활동 지원과 보조, 견학활동 보조, 수학여행 동행 · 보조, 장애인 관련 세미나 · 토론회 지원
	행정업무	방역활동 행정업무 대행, 장애예방캠페인 활동지원, 장애인 인식개선활동 지원, 장애인 재활기구 보수 및 정리, 장애인 취업처 개발과 소개, 시설(기관) 방문자 안내, 시설(기관) 이용안내, 시설 환경미화, 도서정리, 우편물 정리, 행정서류 정리, 식당청소, 학교안전지킴이 참여, 각종 위원회 참여
	후원결연	시설(기관) 후원, 후원자 개발과 결연, 학습기자재 지원, 행사비용 지원, 장애인 재활기구 지원, 시설(기관) 운영비 지원, 시설(기관) 운영 관련 재능기부활동, 각종 행사 시 차량지원

| 제10장 | 다문화가족자원봉사

1. 다문화가족의 특성

다문화가족이란 한국인과 외국인이 혼인하여 구성한 가족을 지칭하는 것으로 우리와 다른 민족 혹은 우리와 다른 문화적 배경을 지닌 사람들로 구성된 가족 공동체를 의미한다(이근홍, 2019 : 316). 국제결혼이라는 용어가 내 · 외국인 사이의 혼인 관계라는 국적에 따른 차별적 구분을 내포하는 반면에, 다문화가족이라는 용어는 한 가족 내에 다양한 문화가 공존할 수 있음을 인정하는 개념이라 할 수 있다.

다문화가족의 증가에 영향을 미치는 요인들은 대개 세계화, 노동력의 수요공급요인, 결혼이주여성 및 남북관계로 볼 수 있다(최현미 외, 2012 : 47). 세계화의 측면에서 보면, 세계화로 인하여 국가 간의 장벽이 무너지고 자본, 노동, 인구 등의 이동이 자유롭게 이루어지면서 다문화가족이 증가하고 있다. 노동력의 수요공급요인으로는 우리나라의 경제적 위상이 높아지면서 우리나라보다 경제적 수준이 낮은 나라의 노동자들이 일자리를 찾아오고 있으며, 우리나라의 많은 기업들, 특히 중소기업들이 노동력이 부족하여 저임금의 외국인근로자들의 유입을 필요로 하면서 국내에 체류하는 외국인근로자가 급증하면서 다문화가족이 증가하고 있다.

우리나라의 남성들이 내국인과의 혼인이 어려운 경우 중국, 베트남, 필리핀, 캄보디아 등의 외국인 여성과 혼인을 하는 경우가 점차 늘어나면서 결혼이주여성이 증가하면서 다문화가족이 증가하고 있다. 북한이 경제적으로 어려워지면서 북한에서 이탈하는 주민이 점차 증가하게 되고, 이러한 주민들을 우리나라에서 적절한 처우를 해줌에 따라 남북이 분단된 이후 75년 동안 서로가 왕래를 하지 않으면서 다른 문화권을 형성해 온 북한이탈주민이 증가하게 되어 다문화가족이 더욱 증가하고 있다.

1) 다문화가구의 특성

다문화가족이 지속적으로 증가하면서 그동안 여성가족부가 다문화가족의 실태를 조사하여 왔으며, 2018년 전국다문화가족실태조사에 따른 다문화가구의 특성을 살펴보면 다음과 같다(최윤정 외, 2019 : 33-58).

(1) 인구사회학적 특성

2018년 실태조사에 따르면 전국의 다문화가구는 306,995가구로 추정되는데, 결혼이민자 가구가 전체의 85.7%를 차지하고 있으며, 기타귀화자 등 가구가 14.3%인 것으로 나타났다. 이것을 읍·면·동별로 구분해 보면, 동이 76.7%, 읍·면이 23.3%로서 동에 거주하는 경우가 3배 이상 많은 것으로 나타났다. 이것을 지역별로 살펴보면, 경기도가 28.7%로 가장 많으며, 서울 20.4%, 인천 6.5%, 경남이 6.2%, 충남·세종 5.4%, 경북 4.8%, 부산 4.2%, 전북 3.7%, 충북 3.2%, 대구 3.0%, 강원 2.4%, 광주 2.1%, 대전과 울산이 각각 2.0%, 제주 1.4%의 순이었다. 이와 같이 서울, 경기, 인천 등의 수도권 지역에 전체의 55.6%가 거주하고 있다.

다문화가구의 평균가구원 수는 2.9명(전국 2.4명)이었으며, 2인 가구가 27.7%로 가장 많고, 3인 25.8%, 4인 19.7%, 5인 이상 12.3%, 1인 14.5%의 순이었다. 부부와 자녀로 이루어진 핵가족의 비중이 51.0%로 가장 많고, 부부+자녀+부모형제로 이루어진 확대가족의 비중도 10.6%에 달하고 있다. 전체 다문화가구 중 12.8%가 한부모가구인 것으로 나타났으며, 등록장애인 가구원이 있는 가구는 5.8%인 것으로 나타났다.

⑵ 자녀양육과 취학

다문화가구의 평균 자녀 수는 0.95명이며, 평균 연령은 8.3세이다. 연령별로 보면, 6세 미만 영유아가 39.0%, 6~11세 38.2%, 12~14세 8.6%, 15~17세 5.8%, 18세 이상 8.3%이었다. 5세 이하 미취학 자녀 중 76.0%가 어린이집이나 유치원에 다니고 있으며, 어린이집이나 유치원에 보내지 않은 채 양육수당을 받고 있는 가구의 비율은 20.2%이고, 어린이집이나 유치원에 보내지 않으면서 양육수당을 받지 않는 가구는 3.0%이었다.

다문화가구 자녀의 취학률은 초등학교가 98.1%, 중학교 92.8%, 고등학교 87.9%로서 우리나라의 전체학생 취학률인 초등학교 97.4%, 중학교 97.9%, 고등학교 92.4%에 비하여 초등학교를 제외한 중학교와 고등학교의 진학률이 다소 낮은 것으로 나타났다(교육부, 2018 : 15). 한편 전체 저학년 자녀의 53.4%가 혼자 방치되는 시간이 있는 경우가 있으며, 그중에서 1~2시간이 전체의 32.4%로 가장 많고, 3~5시간은 19.8%인 것으로 나타났다.

⑶ 주거 및 경제상태

다문화가구의 주거유형은 단독주택이 40.9%로 가장 많으며, 아파트 37.5%, 다세대주택 13.7%의 순이었다. 자기 집에 거주하는 비율은 45.8%이었으며, 보증금이 있는 월세 30.0%, 전세 17.6%로 나타났다. 지역별로 살펴보면, 동이 단독주택 34.5%, 아파트 40.6%, 다세대주택 16.2%이었으며, 읍·면이 단독주택 61.6%, 아파트 27.3%, 다세대주택 5.7%이었다.

다문화가구의 월평균 가구소득은 200~300만 원 미만이 26.1%로 가장 많으며, 100~200만 원 미만이 22.4%, 300~400만 원 미만이 20.1%의 순으로 나타났다. 이것은 2018년 도시근로자가구(4인) 월평균소득 617만 원에 비하면 너무 적은 수준이라 할 수 있다(통계청, 2019). 한편 다문화가구 중 국민기초생활보장 수급가구는 전체의 5.7%로서 우리나라 전체 수급자비율 3.1%에 비하여 많은 것으로 나타났다(보건복지부, 2018). 이것을 가구유형별로 보면 결혼이민자가 5.8%, 기타귀화자가 5.2%이며, 지역별로 보면 동이 5.9%, 읍·면이 5.1%로 나타났다.

2) 결혼이민자 · 귀화자의 특성

2018년 전국다문화가족실태조사에 따른 결혼이민자 · 귀화자의 특성을 살펴보면 다음과 같다(최윤정 외, 2019 : 63-302).

(1) 인구사회학적 특성

결혼이민자 · 귀화자의 비율을 보면 결혼이민자 85.2%, 기타귀화자 14.8%이며, 성비는 여성이 82.7%, 남성이 17.3%를 차지하고 있다. 연령별로 보면, 만 29세 이하 19.6%, 30대 35.1%, 40대 23.7%, 50대 15.0%, 만 60세 이상은 6.5%이었다. 교육수준은 고등학교 졸업이 43.6%로 가장 많았으며, 중학교 졸업 27.6%, 대학 졸업 이상 15.6%, 초등학교 졸업 이하 13.2%의 순이었다.

혼인상태로는 배우자 있음이 73.5%, 이혼 · 별거 16.4%, 사별 4.8%, 미혼이 5.2%이었다. 이혼 · 별거의 사유로는 성격차이가 52.0%로 가장 많으며, 경제적 문제 12.6%, 학대 · 폭력 8.6%, 외도 등 애정문제 8.4%의 순이었다. 국내 거주기간을 보면, 10년 미만이 39.4%로 가장 많으며, 10~15년 미만 33.0%, 15년 이상 27.6%로서 전체의 60.6%가 10년 이상 국내에 거주하고 있는 것으로 나타났다. 국적으로는 중국(한국계) 31.1%, 베트남 23.4%, 중국 19.3%, 필리핀 6.2%, 미주 · 유럽 · 대양주 4.7%, 일본 4.2%, 러시아 2.1%의 순이었다.

(2) 문화적 차이 경험

배우자가 있는 결혼이민자 · 귀화자에게 문화적 차이를 경험한 적이 있는가에 대한 질문에서 문화적 차이를 경험했다는 응답이 전체의 55.9%를 차지하고 있으며, 문화적 차이를 느낀 적이 없다는 응답이 44.1%이었다. 문화적 차이를 느낀 적이 없다는 응답자를 성별로 보면, 여성이 39.5%, 남성이 67.9%이었다. 문화적 차이를 경험한 정도는 혼인기간과 거주기간이 짧을수록 높게 나타났다. 특히 한국 생활을 시작한 지 얼마 되지 않은 초기에 부부관계에서 문화적 차이를 더 많이 느끼고 있었다.

한편 부부갈등의 원인을 보면, 성격차이가 54.8%로 가장 많은 부분을 차지하고 있으며, 자녀교육·행동문제 24.1%, 경제문제 22.0%, 언어소통의 어려움 21.0%, 가치관의 차이 18.1%, 음주문제 10.1%, 배우자 가족과의 갈등 8.9%의 순으로 나타났다. 우리나라에서 생활하면서 외국인이라는 이유로 차별이나 무시를 당한 적이 있는지를 질문한 결과 30.9%가 있다고 응답하였으며, 차별을 받은 자 중에서 직장·일터에서 지난 1년간 차별을 받은 경험이 있는 사람이 76.9%이었으며, 집이나 공공기관에서 차별을 받은 적이 있는 사람은 20.0%이었다.

(3) 자녀양육의 어려움

결혼이민자·귀화자의 자녀양육의 어려움으로는 5세 이하의 자녀는 본인이 아플 때 자녀를 돌봐줄 사람을 찾기 어려워서가 26.9%로 가장 많으며, 자녀에게 한국어를 직접 가르치기 어려워서 26.3%, 배우자나 다른 가족과의 의견 차이 12.8%, 어린이집·유치원·학교에 대해 잘 몰라서 9.1%의 순이었으며, 어려움이 없다는 응답은 21.8%이었다. 6~24세 자녀를 양육하는 부모들이 느끼는 어려움은 자녀의 학업, 진학, 진로 등에 관한 정보 부족이 47.1%로 가장 많으며, 교육비, 용돈 등 비용부담 40.9%, 게임·스마트폰·인터넷 사용 등에 대한 자녀와의 갈등 25.1%, 자녀와의 대화 부족 16.3%, 학부모회 등 학부모활동 참여의 어려움 14.9%로 나타났으며, 자녀양육에 어려움이 없다는 응답은 12.8%이었다.

(4) 한국생활의 어려움

결혼이민자·귀화자가 한국생활에서 직면한 어려움으로는 경제적 어려움이 26.2%로 가장 많으며, 외로움 24.1%, 언어문제 22.3%, 생활방식·관습·음식 등 문화차이 19.6%, 자녀 양육 및 교육 19.0%, 가족 간의 갈등 8.0%, 편견과 차별 7.4%, 친구 사귀기 7.1%, 은행·시청 등 기관이용 6.2% 등으로 나타났다. 결혼이민자의 경우에는 경제적 어려움이 25.6%로 가장 많으며, 외로움 25.4%,

언어문제 25.0%, 생활방식 · 관습 · 음식 등 문화차이 20.7%, 자녀 양육 및 교육 20.4%, 가족 간의 갈등 8.8%, 친구 사귀기 7.4%, 편견과 차별 7.3%, 은행 · 시청 등 기관이용 6.7%이었다.

기타귀화자의 경우에는 경제적 어려움이 29.3%로 가장 많은 부분을 차지하고 있으며, 외로움 16.2%, 자녀 양육 및 교육 10.9%, 생활방식 · 관습 · 음식 등 문화차이 8.0%, 편견과 차별 8.0 %, 언어문제 6.2%, 친구 사귀기 5.0%, 가족 간의 갈등 3.9%, 은행 · 시청 등 기관이용 3.4%이었다. 한편 한국생활에서 어려움이 없는 경우는 29.9%이었으며, 결혼이민자가 26.6%, 기타귀화자가 48.7%이었다.

(5) 경제활동

결혼이민자 · 귀화자의 경제활동참가율은 69.5%이며, 비경제활동인구의 비율은 30.5%이었다. 이것을 연령별로 보면, 40대 이하의 경제활동참여율은 전체 국민보다 낮은 반면 50대 이상 연령층은 전체 국민보다 결혼이민자 · 귀화자의 경제활동참가율이 더 높은 것으로 나타나고 있다. 취업 중인 결혼이민자 · 귀화자 가운데 단순노무 종사자가 전체의 27.9%로 가장 높았으며, 서비스종사자 17.0%, 장치 · 기계 조작 및 조립 종사자가 13.8%, 전문가 및 관련 종사자 10.7%, 기능원 및 관련 기능 종사자가 10.2%, 사무 종사자 6.0%의 순이었다. 종사상 지위를 살펴보면, 상용근로자가 42.3%로 가장 높았으며, 임시근로자 21.4%, 일용근로자 18.5%, 자영업자 11.1% 등의 순이었다. 결혼이민자 · 귀화자의 월평균임금은 150~200만 원 미만이 25.3%로 가장 높게 나타났으며, 100~150만 원 미만 22.3%, 200~300만 원 미만 20.0%, 300만 원 이상 8.09% 순이었으며, 한국에서 일하면서 느끼는 어려움에 대해서는 42.8%가 어렵다고 응답하였다.

(6) 지원서비스의 이용경험

결혼이민자 · 귀화자의 가족생활과 관련된 각종 지원 서비스를 이용해 본적이 있는 경우가 전체의 60.9%이었으며, 이용하지 않은 경우는 39.1%이었다. 이러한 경험 중에서 한국어 또는 한국사회 적응교육 참여가 51.8%로 가장 많았으며, 임신・출산 지원 45.5%, 가정방문을 통한 각종 지원 44.0%, 일자리 교육・일자리 소개 32.9%, 각종 상담 27.5%, 자녀생활 및 학습지원 23.3%, 부모교육 21.2%, 아이돌보미 지원 17.4%, 통번역서비스 지원 15.5%, 자녀의 언어발달지원・이중언어교육 15.1%, 사회활동지원(자조모임 등) 13.0%의 순이었다. 한편 결혼이민자・귀화자의 지원서비스에 대한 요구는 일자리교육・일자리 소개가 가장 많았으며, 한국어 및 한국사회 적응교육, 가정방문을 통한 각종 교육, 각종상담의 순으로 나타났다.

3) 다문화가족 생활의 어려움

(1) 빈곤문제

다문화가족은 소득이 너무 적어 생활하기에 어려움이 많으며, 자녀의 사교육비를 충당하거나 문화적인 생활을 하기에 매우 부족한 수준이다. 특히 월평균 300만 원 미만 가구가 전체의 48.5%로서 과반수 정도를 차지하고 있으며(최윤정 외, 2019 : 54), 이것은 2018년 기준 중위소득(4인) 452만 원보다 훨씬 적은 금액이어서 최소한의 문화적인 생활을 영위하는데 상당한 어려움으로 존재하고 있다. 특히 결혼이민자의 배우자가 일정한 직업이 없거나, 소유하고 있는 재산이 적거나, 혼인 이전에 상당한 부채를 안고 있는 경우에는 빈곤의 문제가 더욱 심각하다(김오남, 2008 : 137). 빈곤문제는 부부갈등, 가정폭력, 이혼, 자녀교육과 양육의 어려움 등의 사유가 될 수 있기 때문에 다문화가족이 경험하는 가장 심각한 문제 중의 하나이다.

(2) 의사소통의 어려움

다문화가족에서 결혼이민자나 기타귀화자의 경우에는 배우자나 가족과의 의사소통에 가장 큰 어려움이 있으며, 생활습관, 관습, 가치관 등의 차이로 다른 가족이나 지역주민과의 공동생활에서도 어려움이 존재하고 있다. 의사소통의 어려움은 자녀교육과 자녀양육의 어려움, 가정폭력・학대・별거・이혼 등 심각한 부부문제를 야기하는 계기가 될 수 있다. 여성결혼이민자의 배우자는 아내가 내 마음을 알아주겠지 하고 기대하는데 익숙한 편이어서 아내에게 일일이 설명할 필요성을 알지 못하는 현실이 문제를 더욱 심각하게 하고 있다(김오남, 2008 :120). 의사소통의 어려움은 직업생활을 어렵게 하여 가족의 경제상태를 악화시키는 요인이 되고 있으며, 외로움과 가족 간의 갈등의 원인이 되기도 한다.

(3) 자녀교육과 양육의 어려움

결혼이민자와 기타귀화자들은 자녀양육 방법과 교육제도의 이질감 등으로 자녀교육과 양육에 상당한 어려움을 경험하고 있다(이근홍, 2019 : 237). 즉, 결혼이민자와 배우자는 서로 문화적 배경이 달라 자녀에 대한 양육방법과 가정교육 관념도 다를 수 있어 이러한 상황하에서 서로 간에 의견 충돌이 일어날 수 있으며, 이러한 것들이 자녀에게 좋지 못한 영향을 준다. 자녀교육의 어려움은 자녀의 가정생활 지도, 교과공부의 지도, 자녀와의 대화, 언어교육, 학원비 마련 등의 어려움에서 두드러지게 나타나고 있다(김명현 외, 2013 : 143). 또한 다문화가족의 자녀들은 부모와의 의사소통이 원활하지 못하고, 양육비용의 충당이 어렵고 자신을 돌보아 줄 사람이 부족하여 양육을 제대로 받지 못하고 있다.

(4) 부부갈등과 가정폭력

다문화가족은 가족구성원 간의 의사소통의 어려움, 생활습관과 사고방식의 차이, 문화적 이질성 등으로 가족 간의 갈등을 초래하는 경우가 많다. 의사소통의 장애는 일상적인 대화를 비롯하여 서로 간의 생각, 욕구, 고충, 가족의 문제 등을 상의하고 교류하는데 장애를 일으키기 때문에 친밀감을 갖기 어렵고 이로 인하여 심각한 부부문제를 야기할 수 있다(김오남, 2008 : 120). 특히 다문화가족 부부간의 갈등은 가정폭력으로 이어질 수 있으며, 부부간의 의사소통의 어려움, 문화적 이질감과 생활방식의 차이, 경제적 어려움, 배우자의 여성결혼이민자에 대한 이해 부족, 배우자의 음주 등은 가정폭력의 원인이 될 수 있다(박주현 · 최덕경, 2011 : 150). 한편 가정폭력이 여성결혼이민자를 통제하는 수단으로 행해질 수 있으며, 부부갈등의 보편화된 표출방법이 가정폭력으로 나타날 수 있기 때문에 그 심각성은 더욱 악화될 수 있다(김오남, 2008 : 122). 부부갈등과 가정폭력은 별거, 가출, 이혼, 자살, 자녀의 학교부적응 등으로 이어질 수 있기 때문에 더욱 심각한 문제이다.

(5) 자녀의 학교생활 부적응

다문화가족의 자녀는 경제적 어려움으로 또래들보다 사교육에 접할 수 있는 기회가 상대적으로 적을 수 있으며, 부모로부터의 언어습득 기회의 부족, 숙제지도의 어려움 등으로 인하여 학업부진이 나타날 수 있다. 이러한 학업부진은 학교생활의 부적응으로 이어질 수 있다. 즉, 학업부진으로 학교를 다니기 싫어하게 되어 학교생활에 제대로 적응하지 못할 수 있다. 또한 다문화가족 자녀에 대한 학우들의 편견으로 인하여 친구들을 제대로 사귈 수 없거나, 피부색이 다르고 생김새가 다르다는 이유로 차별을 받거나, 다른 학생들에게 놀림을 당하거나, 집단따돌림의 대상이 되는 것 등은 학교생활을 더욱 어렵게 하는 요인이 되고 있다(남복현, 2010 : 150). 이와 같이 다문화가족 자녀의 학업부진, 학우들의 편견과 차별, 집단따돌림 등은 학교생활의 적응을 더욱 어렵게 하는 요인이 되고 있다.

(6) 문화의 이질성

다문화가족은 가족구성원들 간에 가치관, 식사 습관, 의사소통 방식, 자녀교육과 양육 방식, 종교생활, 가족행사, 부모부양, 옷 입는 습관, 친척과의 관계, 이웃 간의 관계, 소비생활, 지역주민과의 공동생활 등이 서로 다르다. 이러한 문화적 이질감은 가정불화 등을 포함한 다양한 문제의 원인이 될 수 있으며, 다른 사람들과 의사소통을 하거나 친구를 사귀는 것도 어렵게 한다(김은미 · 양옥경 · 이해영, 2009 : 132). 한편 결혼이민자의 경우 전혀 다른 문화권으로 옮겨와 새로운 삶을 시작해야 하기 때문에 문화적응의 충격이나 스트레스를 경험할 수 있다(곽윤정, 2014 : 188). 이러한 문화의 이질성은 다문화 가족구성원들 간의 갈등을 초래할 수 있으며, 고부간의 갈등, 부부갈등, 부모 - 자녀 간의 갈등, 가정폭력(배우자학대, 아동학대 등), 별거, 이혼 등의 원인이 될 수 있다.

2. 다문화가족자원봉사의 필요성

우리나라가 산업의 발달과 경제수준의 향상으로 외국인근로자의 유입이 점점 늘어나고 있으며 결혼이주여성의 지속적인 증가로 인하여 빠른 속도로 다문화사회로 접어들고 있다. 2019년 11월 1일 기준 결혼이주여성을 포함한 외국인주민은 2,054,621명으로 전체인구의 4.0%를 차지하고 있으며 매년 꾸준히 증가하는 추세를 보이고 있다(행정안전부, 2019). 이로 인하여 다문화가족이 지속적으로 증가하는 추세를 보이고 있으며, 우리 사회에 그들의 조기정착을 포함한 다양한 과제들이 중요한 관심사로 등장하고 있다.

다문화가족이란 한 가족 내에 다른 문화적 배경을 가진 구성원으로 이루어진 가족을 말한다. 즉, 이것은 우리나라와 다른 문화권을 가진 구성원으로 이루어진 가족을 말한다. 다문화가족은 우리나라의 경제적 위상이 높아지면서 유입되기 시작한 외국인노동자가 증가하고 있으며, 한국남성과 외국여성의 국제적 혼인에 따른 이주여성이 점차 늘어나고 있고, 북한이탈주민이 지속적으로 증가하면서 새로운 가족의 형태로 부각되고 있다(한국여성복지연구회 편, 2008 : 319-320).

다문화가족의 구성원인 결혼이주여성들은 한국사회에서 언어와 문화의 차이로 인하여 사회적응에 어려움이 있으며, 가족구성원 간에 갈등이 야기되고, 자녀교육에 상당한 어려움을 가지고 있다. 결혼이주여성들이 경험하는 한국생활의 어려움을 보면, 경제적 어려움이 26.2%로 가장 높게 나타나고 있으며, 외로움 24.1%, 언어문제 22.3%, 자녀양육 및 교육 19.0%, 생활방식 · 관습 등 문화 차이 18.8%, 가족 간의 갈등 8.0%, 편견과 차별 7.4%의 순으로 나타나고 있다(최윤정 외, 2019 : 182). 이와 같이 결혼이주여성이 한 구성원인 다문화가족은 의사소통의 어려움과 문화의 이질성, 빈곤문제와 가정폭력, 부부갈등과 자녀 양육의 어려움, 자녀의 교육과 학교생활 부적응, 결혼이주여성의 신분상의 불안감과 사회적 소외감 등과 같은 다양하고 복합적이며 장기적인 욕구와 문제를 가지고 있다. 따라서 이러한 다문화가족의 욕구와 문제를 해결하기 위해서는 국가와 지방자치단체의 다양한 제도와 서비스가 필요하지만 그것만으로는 그들의 욕구와 문제를 해결하기 어렵기 때문에 그들에 대한 자원봉사가 필요하다.

3. 다문화가족자원봉사의 원칙

다문화가족에 대한 자원봉사는 다음과 같은 몇 가지 원칙을 기준으로 하여 활동이 이루어져야 한다.

첫째, 모든 다문화가족은 국적, 인종, 피부색, 문화, 성별, 연령, 학력, 종교, 혼인상태, 거주기간, 거주지역, 사회적 지위, 경제적 수준 등과 관계없이 누구나 자원봉사를 받을 권리가 있다.

둘째, 다문화가족을 국가발전의 동반자로 인식하고 그들의 인권을 최대한 보장하며, 그들의 권익을 보장하고 종교와 문화를 이해하며, 인간으로서의 존엄성과 가치를 존중한다.

셋째, 다문화가족이 우리 사회에 통합되고 그들의 사회적응에 도움이 될 수 있도록 하며, 그들이 우리 사회에 조기정착하고 국가와 사회의 발전에 동참할 수 있도록 하는 것과 관련된 서비스를 제공하도록 한다.

넷째, 다문화가족이 자원봉사활동에 의한 서비스를 받으면서 삶의 보람과 행복감을 가지고 살아갈 수 있도록 하며, 그들의 성장 가능성과 잠재능력을 극대화시키고 자립능력을 키울 수 있도록 한다.

다섯째, 다문화가족에게 교육적・직업적・사회적・경제적・정치적・문화적 기회의 평등 보장, 차별대우의 금지, 동정심과 문화적 강요의 배제, 편견과 선입관의 배제, 생활조건의 개선, 완전한 사회참여 등이 이루어지도록 한다(김범수 외, 2018 : 280).

여섯째, 다문화가족이 가족, 집단 및 지역사회의 다양한 사람들과 자유롭게 접촉하고 상호작용할 수 있도록 원조하며, 그들의 자기결정권을 존중하고 어떠한 경우에도 그들이 사회적으로 소외되지 않고 통합되도록 한다.

4. 다문화가족자원봉사의 분야

다문화가족을 대상으로 하는 자원봉사활동은 다양한 분야가 있을 수 있지만 <표 10 - 1>과 같이 대인봉사와 기관봉사로 구분해 볼 수 있을 것이다. 대인봉사는 상담보조, 사회적 지지, 여가활동, 생계지원, 보건의료, 사회활동, 교육활동, 취업지원 등으로 구분할 수 있으며, 기관봉사는 행사지원, 업무지원 등으로 구분할 수 있을 것이다.

대인봉사에서 상담보조로는 가족문제상담(고부갈등, 부부갈등, 배우자학대, 청소년비행), 자녀 학교생활상담(학습지체, 학교생활부적응, 집단따돌림), 자녀 성문제상담 등이 있다. 사회적 지지로는 자녀 친구 되어주기, 결혼이주여성 말벗, 결혼이주여성 자조모임 활동보조, 이 · 미용서비스, 학부모모임 동행, 자녀 가정통신문 내용 알려주기, 종교활동 지원과 종교단체(교회, 성당, 사찰) 동행 등이 있다. 여가활동으로는 결혼이주여성의 여가활동 지원, 여가정보 제공, 취미생활 지도, 자녀 게임활동 · 오락활동 · 동아리활동 지도, 자녀 멘토링 지원, 이야기 친구하기 등이 있다. 또한 생계지원활동으로는 후원자 개발과 연결, 자녀 학비지원, 밑반찬 지원, 생필품 지원, 집수리(도배, 장판 교체, 주방 수선, 화장실 · 목욕탕 수리), 산후도우미 활동 등이 있다.

보건의료활동으로는 병원이용 안내와 동행, 건강검진 안내, 의약품 구입대행, 건강관리 지도, 집안소독, 건강체조 지도, 건강보험과 의료급여 안내, 무료진료 안내 등이 있다. 사회활동으로는 행정기관이용 안내와 동행, 사회복지시설(기관) 이용안내, 공공기관 이용안내, 지역사회생활 안내와 지도, 교통안전 교육 및 지도, 대중교통 이용안내 등이 있다. 교육활동으로는 결혼이주여성 · 이주노동자 한국어교육, 컴퓨터교육, 자녀 학습지도, 자녀 학교생활 지도, 자녀

숙제지도, 한국문화교육, 한국사교육, 한국음식 체험학습, 전통예절교육, 특별활동・특기활동 지원 등이 있다. 한편 취업지원활동으로는 취업정보 제공, 여성새로일하기센터 안내, 자격증(사회복지사, 보육교사, 요양보호사) 취득안내, 직업교육・훈련 보조, 취업처 알선과 사후관리 등이 있다.

기관봉사에서 행사지원활동으로는 체육대회 보조, 작은음악회・작품전시회 지원과 보조, 각종 행사참여, 공연활동 지원과 보조, 각종 행사비용 지원 및 재능기부활동, 각종 행사 시 차량지원 및 행사물품지원, 다문화 관련 세미나・토론회・강연회 지원과 참여 등이 있다. 업무지원활동으로는 다문화가족지원센터・건강가정지원센터 이용안내, 기관 우편물 정리, 행정서류 정리, 기관직원 업무보조, 방문교육지도사 보조, 기관 환경미화, 다문화가족 조사 및 연구활동 보조, 다문화 인식개선캠페인 보조, 각종 위원회 참여, 후원자 개발 등이 있다.

〈표 10-1〉 다문화가족자원봉사의 분야

구 분	봉사유형	자원봉사내용
대인 봉사	상담보조	가족문제상담(고부갈등, 부부갈등, 배우자학대, 청소년비행), 자녀 학교생활상담(학습지체, 학교생활부적응, 집단따돌림), 자녀 성문제상담
	사회적 지지	자녀 친구 되어주기, 결혼이주여성 말벗, 결혼이주여성 자조모임 활동보조, 이 · 미용서비스, 학부모모임 동행, 자녀 가정통신문 내용 알려주기, 종교활동 지원과 종교단체(교회, 성당, 사찰) 동행
	여가활동	결혼이주여성의 여가활동 지원, 여가정보 제공, 취미생활 지도, 자녀 게임활동 · 오락활동 · 동아리활동 지도, 자녀 멘토링 지원, 이야기 친구하기
	생계지원	후원자 개발과 연결, 자녀학비 지원, 밑반찬 지원, 생필품 지원, 집수리(도배, 장판 교체, 주방 수선, 화장실 · 목욕탕 수리), 산후도우미 활동
	보건의료	병원이용 안내와 동행, 건강검진 안내, 의약품 구입대행, 건강관리 지도, 집안소독, 건강체조 지도, 건강보험과 의료급여 안내, 무료진료 안내
	사회활동	행정기관이용 안내와 동행, 사회복지시설(기관) 이용안내, 공공기관 이용안내, 지역사회생활 안내와 지도, 교통안전 교육 및 지도, 대중교통 이용안내
	교육활동	결혼이주여성 · 이주노동자 한국어교육, 컴퓨터교육, 자녀 학습지도, 자녀 학교생활 지도, 자녀 숙제지도, 한국문화교육, 한국사교육, 한국음식 체험학습, 전통예절교육, 특별활동 · 특기활동 지원
	취업지원	취업정보 제공, 여성새로일하기센터 안내, 자격증(사회복지사, 보육교사, 요양보호사) 취득안내, 직업교육 · 훈련 보조, 취업처 알선과 사후관리
기관 봉사	행사지원	체육대회 보조, 작은음악회 · 작품전시회 지원과 보조, 각종 행사참여, 공연활동 지원과 보조, 각종 행사비용 지원 및 재능기부활동, 각종 행사 시 차량지원 및 행사물품지원, 다문화 관련 세미나 · 토론회 · 강연회 지원과 참여
	업무지원	다문화가족지원센터 · 건강가정지원센터 이용안내, 기관 우편물 정리, 행정서류 정리, 기관직원 업무보조, 방문교육지도사 보조, 기관 환경미화, 다문화가족 조사 및 연구활동 보조, 다문화 인식개선캠페인 보조, 각종 위원회 참여, 후원자 개발

| 제11장 | 국제자원봉사

1. 국제자원봉사의 필요성

국제자원봉사는 자원봉사활동을 국내에만 한정하지 않고 국경, 인종, 피부색, 언어, 문화, 종교, 정치이념 등을 초월하여 다른 나라에서 지역개발, 환경보호, 의식개선, 빈민구호, 경제개발, 생활수준향상, 의료지원, 영농지원, 난민보호, 한국어교육, 주거환경개선, 교육제도개선, 인권개선 등을 도모하기 위해 활동하는 것을 말한다. 국제자원봉사는 국제화・세계화 시대를 맞이하여 국가 간의 상호교류 및 원조와 협력이 활발히 전개되면서 더욱 필요하게 되었으며 점차적으로 확대되고 있다. 이러한 국제자원봉사의 필요성은 다음과 같이 제시할 수 있다.

1) 인도적 차원

인도적 차원이란 사람이 지켜야 할 도리나 도덕을 바탕으로 국가 간에 정치적 또는 경제적 손실과 이익에 관계없이 지지하고 원조를 제공하는 것을 말한다. 개발도상국이나 식량위기에 처한 국가들에게 원조를 무상으로 제공하거나, 국가 간 전쟁이나 내전으로 인한 난민의 발생으로 도움이 필요하거나, 심각한 환경파괴로 인하여 환경오염이 확산되어 있거나, 심각한 전염병이 확산되어 치료가 어렵고 의료인력 및 의약품이 부족할 때 그러한 국가들을 돕기 위해 자원봉사자를 파견할 필요가 있다. 또한 태풍 등으로 심각한 피해를 입었으나 복구가 어렵거나, 지진이나 화산폭발 등으로 심각한 피해를 입은 이재민이 발생하여 지원이 필요하거나, 개발도상국의 지역개발 등을 통하여 빈부 격차를 해소하고 생활의 편의를 제공하며 그들의 삶의 질을 개선하여 바람직한 인류공동체를 조성하고 세계평화에 기여하기 위해서 국제자원봉사활동이 필요하다.

2) 경제적 협력

경제적 협력이란 개발도상국의 발전을 위해 선진국이 경제적으로 협력하는 일로서 자본 및 과학기술의 협력, 해외투자, 통상 및 무역협정, 국제경제기구의 활동 등을 포함하는 것을 말한다. 개발도상국의 경제발전을 위해서는 선진국이 경제적으로 협력하는 일이 무엇보다도 필요하며, 자본의 무상공여, 차관의 제공, 장기적인 지불조건의 수출, 민간의 직접투자, 자금협력과 전문가의 파견, 기술협력, 기술연수생의 파견 등을 제공해야 한다. 이와 같이 개발도상국의 경제발전을 위해서는 선진국들이 개발에 필요한 자금을 무상으로 제공하거나 전문가를 자원봉사자로 파견하는 것 등을 포함한 국제자원봉사가 필요하다. 선진국의 개발도상국에 대한 자원봉사활동은 자국의 국제적 이미지 향상에 기여함은 물론 수출증대 등을 통하여 경제발전에도 기여할 수 있다.

3) 정치적 안정

정치적 안정은 선진국이 개발도상국이나 정치적으로 불안한 국가들의 정치적 질서를 회복하고 국가 간의 평화를 유지하는 국제정치적 질서를 존중하도록 하는 것을 말한다. 개발도상국의 정치적 안정을 위해서는 선진국이 그와 관련된 전문가를 자원봉사자로 파견하여 활동하도록 하며, 적절한 지원을 통하여 정치적 안정을 추구하고 지속적인 경제발전을 이루어 나가는데 기여할 수 있도록 하는 것이다. 우리나라의 경우에도 광복 이후 정치적으로 불안할 때나 한국전쟁 이후 경제적으로 상당히 어려움을 겪고 있을 때 선진국의 도움으로 어려움을 극복한 사례가 있듯이 개발도상국이 식수원의 부족, 식량부족으로 인한 빈곤과 기아문제, 정치적 역량의 부족 등으로 정치적으로 불안정할 때 국제협력의 차원에서 자원봉사자를 파견하거나 무상지원을 제공하는 것이 필요하다.

4) 보답의 의미

보답의 의미는 과거에 도움을 받아 어려움을 극복하고 경제발전이나 정치적 안정을 이루게 되어 그에 대한 답례로 필요한 지원을 제공하는 것을 말한다. 우리나라의 경우에도 한국전쟁으로 군사적인 어려움이 있을 때 군인을 참전시켜 국권을 회복도록 하고 국제적십자사 등이 의료 활동을 전개한 것은 물론 그 이후 굶주림, 전쟁고아의 발생, 경제적 어려움 등이 있을 때 유엔아동기금(UNICEF) 및 기독교아동복리회, 세계선명회 등 외원기관들로부터 상당한 지원을 받은 사례가 있다(이배근 · 김미행, 1997 : 14). 우리나라가 1970년대 이후 경제발전을 통하여 이제는 선진국으로 도약하는 단계에 있기 때문에 과거 우리나라가 어려울 때 도움을 주었던 국가들에 대한 보답은 물론 현재 어려움에 처해 있는 개발도상국에게 우리나라가 어려웠던 시절의 도움에 대한 보답의 의미로 그들을 원조하기 위해 자원봉사활동을 전개하는 것이 필요하다.

2. 국제자원봉사의 기능

국제자원봉사는 다양한 국가들에 대한 자원봉사활동의 전개로 국가 간에 협력을 증진하는 계기가 될 수 있으며, 인류가 상호 공동하는 기회를 마련할 수 있고, 개발도상국가의 경제발전에 기여할 수 있으며, 환경오염으로 심각한 지구의 생태계를 보전할 수 있게 할 것이다. 그 외에도 국제자원봉사는 자원봉사활동을 전개하는 사람들에게 성격발달은 물론 국제화시대에 적합한 인재로 성장하는데 도움이 될 것이다. 이와 같이 국제자원봉사는 다양한 분야에 이바지하며 다음과 같은 몇 가지 기능을 수행할 수 있다.

1) 국가 간 협력 증진

국제자원봉사는 국가와 민족을 초월하여 세계적인 연대를 증진하고, 지식과 기술을 공유하여 개발도상국의 교육제도의 개선, 지역사회개발, 경제발전, 경제협력 등에 기여하며, 이러한 활동을 통하여 국가 간에 협력을 증진하는 기능을 수행할 수 있다. 국제자원봉사를 통하여 국가 간에 인식을 증진하고 상호 협력이 필요한 것들을 공유하며, 개발도상국의 어려움과 도움이 필요한 부분을 대변하여 다른 국가들에게도 관심을 갖게 하여 보다 많은 나라들과 협력관계를 유지할 수 있게 할 수 있다.

2) 인류공동체의 실현

국제자원봉사는 개발도상국의 빈곤, 기아문제, 식량부족, 식수원부족, 빈민지역 등에 개입하여 봉사활동과 구호활동을 전개함으로써 그들의 문제를 해결하며, 세계의 전 인류가 상호 협력하면서 살아가야 한다는 공존의식을 바탕으로 인류공동체를 실현하는 기능을 수행할 수 있다. 국제자원봉사는 특히 내전이나 전쟁 이후 피폐해진 국가들에게 자유, 평화, 안전, 정의, 인권보호 등이 실현될 수 있도록 원조하며, 그러한 국가와 민족이 더 나은 삶을 살아가도록 하는데 중요한 역할을 수행하고 있다.

3) 자기성장의 기회 제공

국제자원봉사는 다양한 문화와 접하고 많은 분야에서 풍부한 경험을 할 수 있는 기회를 제공하며, 새로운 분야에 대한 도전과 견문을 넓혀 자기성장의 기회를 제공하는 기능을 수행할 수 있다. 국제자원봉사를 통하여 외국어를 숙달할 수 있는 기회가 될 수 있으며, 종교와 문화에 대한 이해는 물론 국제적인 감각을 키우고, 자기 자신에 대한 새로운 발견을 하며, 어떠한 곳에서도 생활할 수 있는 적응력을 향상시키며, 자신의 잠재력을 극대화할 수 있다. 또한 국제자원봉사는 새로운 지식과 기술을 습득할 수 있는 기회를 제공하며, 인성,

책임감, 도전정신, 모험심, 창의력 등을 증진시켜 자기성장의 중요한 계기가 될 수 있다.

4) 지구의 환경보전

국제자원봉사는 다양한 분야에서 활동이 전개되고 있지만 특별히 지구의 환경을 보전하기 위한 비정부기구(NGO)들의 활동이 상당히 많이 존재한다. 지구의 환경을 보전하기 위해 자원봉사자나 자원봉사단체들은 지구환경의 파괴를 유발하는 현장을 조사하거나, 다양한 생물들이 살아갈 수 있도록 보호하거나, 환경파괴행위를 근절하도록 캠페인을 하거나, 심각한 환경오염을 방지하기 위해 노력하기도 한다. 국제자원봉사는 이와 같은 노력들을 통하여 지구환경의 목소리를 대변하기도 하며, 국제사회에 폭로하여 긍정적인 변화를 일으키기도 하여 지속 가능한 자연환경의 조성과 지구의 환경보전을 위해 적극적으로 활동하고 있다.

3. 국제자원봉사의 원칙

국제자원봉사는 다음과 같은 몇 가지 원칙을 준수하고 이를 기준으로 하여 활동이 이루어져야 한다.

첫째, 국제자원봉사는 국적, 인종, 피부색, 민족, 문화, 종교, 사상, 성별, 연령, 학력, 혼인상태, 가족관계, 사회경제적 지위, 빈부격차 등과 관계없이 누구에게나 자원봉사활동이 이루어져야 한다.

둘째, 국제자원봉사는 세계 어떤 국가나 민족도 인류공동체 발전의 동반자로 인식하고 그들의 건강, 영양, 인권, 교육, 안전, 사회개혁, 경제발전, 환경보전 등을 최대한 보장하면서 자원봉사활동을 전개한다.

셋째, 국제자원봉사는 다른 국가나 민족의 종교, 전통, 관습, 문화, 국민성(가치관, 행동 양식, 사고방식, 기질 등), 생활양식, 사회규범, 정치제도 등을 이해하고 받아들이면서 자원봉사활동이 이루어져야 한다(이배근, 1997 : 18).

넷째, 국제자원봉사는 자원봉사활동을 통해서 다른 국가나 민족의 인권개선, 빈곤퇴치, 사회발전, 국가발전, 환경보전 등에 도움이 되며, 주민들의 삶의 질이 개선되고 그들의 성장과 발전이 극대화되면서 자립능력을 키울 수 있는 방향으로 전개되어야 한다.

다섯째, 국제자원봉사는 자원봉사활동 중에 다른 국가나 민족의 주민들에게 특정 문화와 종교를 강요해서는 안 된다. 또한 주민들에 대한 편견과 선입관을 배제하고 자기결정권을 존중하며, 영리활동을 금지하고 차별대우를 하지 않으며, 그들에게 교육적 · 직업적 · 사회적 · 경제적 · 문화적 기회의 평등을 보장해야 한다.

여섯째, 국제자원봉사는 일정 기간 지속적으로 이루어져야 하며, 외국 주민들과의 약속을 반드시 이행하고 항상 겸손하면서도 감사하는 마음으로 활동에 임하며, 자원봉사활동의 내용을 기록하고 평가해야 한다(이배근, 1997 : 18).

4. 국제자원봉사의 유형

국제자원봉사의 유형은 상당히 다양하지만 자원봉사활동의 내용과 형태에 따라 워크캠프형, 개인 · 단기형, 정기방문형, 장기개발형, 긴급원조형, 인턴십형, 국내형 등 7가지 유형으로 분류할 수 있다(류기형 외, 2009 : 428-432).

1) 워크캠프형

워크캠프(workcamp)형은 서로 다른 국적, 인종, 피부색, 문화, 사상 등을 가진 사람들이 1~3주 동안 함께 생활을 하면서 봉사활동과 문화교류를 하는 국제자원봉사활동의 형태이다. 워크캠프 프로그램을 실행하는 대표적인 기구로는 국제워크캠프기구(International Workcamp Organization)가 있다. 이 기구는 1920년 제1차 세계대전 이후 마을 재건을 위한 평화운동을 시작으로 전 세계에서 국제자원봉사활동을 전개하고 있다. 우리나라는 1999년부터 워크캠프 프로그램에 참가하고 있으며, 전 세계 87개국에서 봉사활동을 하고 있다. 워크캠프는 보통 일주

일에 5~6일, 하루 4~8시간 정도의 봉사활동을 하고 있다(http://www.workcamp.org).

국제워크캠프기구에서 전개하는 봉사활동은 다양하지만 주요한 유형에는 환경(하천·국립공원 정화, 휴양림·생태마을 조성, 동물보호 및 환경캠페인 진행), 건설·보수(학교·수련장·놀이터 보수, 산책로 조성, 지역의 오래된 교회·성당·성 등 건축물 보수), 교육(영어·수학·과학 등 기초과목 교육, 보건교육), 복지(어린이·노인·난민 등과 함께 활동) 등이 있다. 그 외에도 예술(예술단체와 프로젝트 운영·보조, 지역사회 사진촬영 및 전시), 축제(축제 준비와 운영, 무대공연 및 지원), 농업(유기농장에서 파종·수확, 황무지 개간사업), 학습(사회쟁점토론, 현지 언어 공부, 세미나 운영), 아동(수혜자가 아동인 학교·센터·도서관에서 진행되는 활동에 참여) 등이 있다(http://www.workcamp.org).

2) 개인·단기형

개인·단기형은 활동지 또는 인근지역에 거주하면서 일정 기간(몇 주에서 몇 개월) 상근이나 비상근으로 활동하는 것이다. 일반적으로 식사와 숙박을 제공하며, 아주 작은 활동비를 지급하는 곳도 있지만 기본적으로는 무보수로 활동한다. 참가비를 납부하거나 휴일에도 활동하는 경우도 있으며, 주요 활동 분야는 자연보호, 야생동물보호 관련활동, 복지교육 관련활동 등 다양하다. 이것은 워킹홀리데이(Working Holiday)[1]와 유사한 프로그램으로 단기간 자원봉사활동을 실천하거나 특정한 경험을 쌓기 위해 참여하는 경우가 대부분이다.

1) 해외에서 일하면서 어학공부나 관광을 하는 것을 말한다. 보통의 관광비자로는 방문국가에서 노동이 금지되어 있으나 국제친선을 위해 예외적으로 노동과 관광을 할 수 있도록 특별히 허가해 주는 제도이며, 노동력이 부족한 국가에서 대개 18세 이상 30세 이하의 청년들에게 1년 정도 체류하도록 하고 있다. 우리나라는 일본, 캐나다, 호주 및 뉴질랜드와 협정을 맺고 있으며, 호주의 경우에는 지정된 농장에서 3개월 이상 일을 할 경우 2년까지 연장하여 활동을 할 수 있다.

3) 정기방문형

정기방문형은 해외의 민간단체사무소, 병원, 교육시설, 사회복지시설 등에 매일 또는 매주 몇 번씩 정기적으로 통근하면서 활동하는 형태이다. 이것은 자기 집에서 통근하는 국내 자원봉사활동의 해외 형태로 볼 수 있으며, 유학이나 민박을 하면서 활동을 하는 사람, 해외에 몇 개월 사는 동안 활동을 하는 사람도 있다. 여러 가지 이유로 외국에 장기간 체류할 경우 때와 장소를 가리지 않고 적극적으로 지역사회에서 자원봉사활동에 참여할 수 있어야 한다.

4) 장기개발형

장기개발형은 최저 1년 이상 외국의 봉사활동지역에 체류하면서 개발활동(환경, 교육, 농촌개발활동, 기술지도 등)에 종사하는 형태이다. 이것은 주로 개발도상국에서 이루어지는 활동이며, 대부분 전문가로 활동하기 때문에 이에 필요한 전문적 지식・기술・경험이 필요한 경우가 많고, 대개 생활비 정도의 수당과 항공료를 지급받는다. 특히 유엔자원봉사단(UNV : UN Volunteers) 등의 국제기관을 통하는 경우에는 상당한 어학실력과 전문지식이 반드시 필요하다(http://unv.org). 우리나라에서는 국제자원봉사의 유형 중에 장기개발형이 많으며, 종교단체, 민간단체 등이 해외에 장기간 자원봉사자를 파견하고 있다.

5) 긴급원조형

긴급원조형은 재난에 따른 긴급사태가 발생한 지역에 원조활동을 제공하는 형태이다. 이것은 홍수, 지진, 화산폭발 등의 발생 시 인명구조, 생활원조, 난민원조, 분쟁지역 주민의 인권보호활동, 인도적 원조활동 등을 전개한다. 대표적인 사례로는 일본의 고베, 네팔의 카트만두, 중국의 쓰촨성, 터키 서부지역 등에 대지진이 발생하였을 때 재난복구와 이재민 지원을 위해 외국의 자원봉사자들이 신속하게 현지에 도착하여 효율적으로 활동을 전개한 사례들이 있다.

6) 인턴십형

인턴십(internship)은 대개 대학생을 중심으로 사원후보를 선발한 후 일정 기간 실습사원으로 채용하고 그동안의 성과를 평가하여 정규직으로 채용할 기회를 제공하는 사원채용제도라 할 수 있다. 이와 같이 인턴십형은 재학 중에 외국에 나가 자신이 흥미를 가지고 있는 기업 등에서 일정 기간 자원봉사를 통해 현장경험을 쌓아 자신의 지식과 기술을 축적하는데 도움을 받거나 직원으로 채용될 수 있도록 하는 형태이다. 인턴십형의 자원봉사활동은 대부분 무보수이지만 종종 유급인 경우도 있다.

7) 국내형

국내형은 우리나라에 소재한 자원봉사 관련단체 중에서 세계의 환경문제, 인권문제, 개발문제 등의 분야에서 활동하는 단체에 개발도상국 등에 보낼 자금, 물품 등을 지원하거나, 그러한 단체의 사무실에서 봉사활동을 하거나, 자금모금을 위한 바자회에 물건을 보내주거나, 아동들을 위한 학비나 책을 보내는 형태이다. 그 외에도 외국에서 자원봉사활동을 하기 전에 국내에서 그와 관련된 경험을 쌓는 경우도 있으며, 우리나라에 거주하는 외국인근로자에게 봉사활동을 하는 경우도 이에 속한다고 할 수 있다.

5. 국제자원봉사의 분야

국제자원봉사는 다양한 분야에서 이루어질 수 있지만 <표 11 - 1>과 같이 난민 · 빈민 국제구호, 개발도상국 개발지원, 외국인 보호 · 후원 및 국제 친선교류로 구분해 볼 수 있다(이배근, 1997 : 19).

난민 · 빈민 국제구호에는 현장활동으로 기술지원(르완다 난민 정착지원, 기아봉사단 파견) 및 행정지원(르완다 난민 아동의료지원)이 있다. 국내후원으로는 모금활동(평화의 주머니 보내기, 사랑의 달리기 모금, 개발도상국 빈민촌 우물 파주기, 사랑의 동전 모으기, 북한 어린이 급식 후원, 사랑의 굶기 운동, Famine24운동[2], 사랑의 빵 운동, 사랑의 쌀 한줌 모으기, 우정의 선물상자 만들기)과 업무지원(사랑의 맨발걷기, 동전 분류 업무지원, 카드 분류와 봉입)이 있다.

개발도상국 개발지원에는 지역사회개발로 기술지원(베트남 직업훈련원 사업, 르완다 재건 교육지원, 네팔 상수원 건설), 행정자문(연변지역 새마을운동, 인도네시아 양돈 사업, 방글라데시 양어장 사업, 인도네시아 멜론 재배) 및 교육지원(연변과학기술대학 교육봉사, 필리핀 교육봉사, 스리랑카 한국어교육, 인도 초등학교 교육, 베트남 태권도교육, 중국 한국어교육, 스리랑카 보건교육)이 있다. 주민서비스로는 의료지원(네팔 적십자사 혈액원 지원, 네팔 진료소 건립, 네팔 병원 및 학교 건립, 탄자니아 의료지원, 네팔 가족계획 업무)이 있다.

외국인 보호·후원에는 보호활동으로 권익보호(외국인근로자 법률상담소 운영, 외국인근로자 상담, 외국인근로자 인권보호) 및 생활안정(외국인근로자 의료지원, 외국인근로자 통역 지원, 외국인근로자 근로조건 개선활동)이 있다. 후원활동으로는 교육지원(외국근로자 한글교육, 외국인근로자 문화교육, 외국인근로자 자녀 학습지도)과 위문활동(해외입양동포 모국어 연수, 외국인근로자 문화축제, 외국근로자 캠프활동)이 있다. 국제 친선교류로는 행사지원으로 현장활동(국제기독교청소년 교류, 청소년 국제교류 파견사업)과 편의제공으로 후원활동(외국 청소년 민박 제공, 한·에티오피아 친선교류, 한·일 청소년적십자 교류)이 있다.

2) 한국월드비전이 청소년을 대상으로 24시간을 굶으면서 아프리카, 아시아, 또는 국내의 굶주린 이웃의 고통을 직접 체험하게 하고 그 체험을 다른 사람에게 설명하여 후원금을 모금하는 자원봉사 모금캠페인이다.

〈표 11-1〉 국제자원봉사의 분야

<table>
<tr><th>목 표</th><th>체 계</th><th>서비스</th><th>프로그램</th></tr>
<tr><td rowspan="4">난민 · 빈민
국제구호</td><td rowspan="2">현장활동</td><td>기술지원</td><td>르완다 난민 정착지원, 기아봉사단 파견</td></tr>
<tr><td>행정지원</td><td>르완다 난민 아동의료지원</td></tr>
<tr><td rowspan="2">국내후원</td><td>모금활동</td><td>평화의 주머니 보내기, 사랑의 달리기 모금, 개발도상국 빈민촌 우물 파주기, 사랑의 동전 모으기, 북한 어린이 급식 후원, 사랑의 굶기 운동, Famine24운동, 사랑의 빵 운동, 사랑의 쌀 한줌 모으기, 우정의 선물상자 만들기</td></tr>
<tr><td>업무지원</td><td>사랑의 맨발걷기, 동전 분류 업무지원, 카드 분류와 봉입</td></tr>
<tr><td rowspan="4">개발도상국
개발지원</td><td rowspan="3">지역사회
개발</td><td>기술지원</td><td>베트남 직업훈련원 사업, 르완다 재건 교육지원, 네팔 상수원 건설</td></tr>
<tr><td>행정자문</td><td>연변지역 새마을운동, 인도네시아 양돈 사업, 방글라데시 양어장 사업, 인도네시아 멜론 재배</td></tr>
<tr><td>교육지원</td><td>연변과학기술대학 교육봉사, 필리핀 교육봉사, 스리랑카 한국어교육, 인도 초등학교 교육, 베트남 태권도교육, 중국 한국어교육, 스리랑카 보건교육</td></tr>
<tr><td>주민
서비스</td><td>의료지원</td><td>네팔 적십자사 혈액원 지원, 네팔 진료소 건립, 네팔 병원 및 학교 건립, 탄자니아 의료지원, 네팔 가족계획 업무</td></tr>
<tr><td rowspan="4">외국인
보호 · 후원</td><td rowspan="2">보호활동</td><td>권익보호</td><td>외국인근로자 법률상담소 운영, 외국인근로자 상담, 외국인근로자 인권보호</td></tr>
<tr><td>생활안정</td><td>외국인근로자 의료지원, 외국인근로자 통역 지원, 외국인근로자 근로조건 개선활동</td></tr>
<tr><td rowspan="2">후원활동</td><td>교육지원</td><td>외국근로자 한글교육, 외국인근로자 문화교육, 외국인근로자 자녀 학습지도</td></tr>
<tr><td>위문활동</td><td>해외입양동포 모국어 연수, 외국인근로자 문화축제, 외국근로자 캠프활동</td></tr>
<tr><td rowspan="2">국제
친선교류</td><td>행사지원</td><td>현장활동</td><td>국제기독교청소년 교류, 청소년 국제교류 파견사업</td></tr>
<tr><td>편의제공</td><td>후원활동</td><td>외국 청소년 민박 제공, 한 · 에티오피아 친선교류, 한 · 일 청소년적십자 교류</td></tr>
</table>

자료 : 이배근(1997). 국제협력 자원봉사. 자원봉사프로그램백과10 - 국제협력. 한국사회복지협의회, p. 19.

한편 국제자원봉사의 유형은 근로활동, 교육활동, 문화활동, 캠페인활동, 보건의료활동, 문화교류활동 등으로 분류할 수 있다. 근로활동에는 집짓기, 집수리, 벽화작업, 나무심기, 농어촌 일손 돕기, 화단 만들기, 우물개발협조, 교실 책걸상 만들기, 낙후지역 개 · 보수, 교실 개 · 보수, 난민캠프, 교실 환경미화, 마을 일손 돕기 등이 있다. 교육활동에는 언어수업(한국어 초급, 중급, 상급 단계별

수업, 현지어 배우기, 영어 수업), 태권도, 컴퓨터, 예체능(음악, 미술, 체육, 무용, 댄스 등), 과학 교실(간단한 과학상식 제공, 과학제품 만들기) 등이 있다.

문화활동에는 한국문화소개(부채춤, 태권무, 탈춤, 사물놀이, 케이팝, 난타, 다도 등), 인형극, 음악회, 한지공예, 현지 전통 춤 배우기, 노래 배우기 등이 있으며, 캠페인활동에는 AIDS 예방, 쓰레기 분리수거, 깨끗한 마을 만들기, 식수 제공 및 위생교육, 환경보호 활동, 문화재 보호, 평화, 인권 등이 있다. 보건의료활동에는 보건시설보수, 영양, 예방접종, 방충망설치, 해충제거(쥐약, 바퀴벌레약 설치) 기초의료시설 수리 보수, 응급처치 시연 등이 있으며, 문화교류활동에는 미술, 문화교류(전통탈 만들기, 태권무, 태권도 격파시범, 율동, 도자기 만들기, 종이연 만들기 등), 음악회(리코더 연주, 오케스트라 등), 체육대회(훌라후프, 줄넘기, 다리 묶고 달리기, 이어달리기, 족구, 피구, 비눗방울 놀이 등), 대중문화소개(한국영화 및 현지영화 상영), 즉석사진 교환 등이 있다(한국사회복지협의회, 1997).

03

자원봉사자의 관리

| 제12장 | 자원봉사자의 모집과 심사
| 제13장 | 자원봉사자의 교육과 훈련
| 제14장 | 자원봉사자의 배치와 지도감독
| 제15장 | 자원봉사자의 기록과 평가
| 제16장 | 자원봉사자의 인정과 보상

VOLUNTEERISM

자원봉사는 자신의 자발적인 의지에 따라 행하는 활동으로서 타인의 강요나 명령에 의해서 행해지는 활동이 아니기 때문에 보수를 받지 않고도 일정 기간 지속적으로 행하는 경향이 있다. 자원봉사활동이 지속적으로 전개되어야 봉사대상자나 기관에게 효과적·효율적일 수 있지만, 대개 지속적으로 이루어지는 경우가 그다지 많지 않다. 자원봉사자가 지속적으로 활동하지 못하는 이유로는 대개 자원봉사자의 동기가 결여되어 있거나, 기관의 업무에 적절한 자원봉사자를 모집하지 못했거나, 자원봉사자가 보람을 느낄 수 있는 일에 종사하지 못하고 있거나, 지도와 감독을 제대로 받지 못하고 있거나, 자원봉사자에 대한 인정과 보상이 제대로 이루어지지 못하는 경우 등이다.

자원봉사자가 활동을 지속적으로 하지 못하고 중도에 탈락하는 경우에는 기관의 자원을 낭비하게 됨은 물론 봉사대상자에게 원활한 서비스를 제공하는데 장애가 되며, 동료 자원봉사자의 사기를 저하시키고, 서비스의 질적 저하를 가져오게 할 수 있다. 그러므로 자원봉사자의 중도탈락을 방지하고 그들로 하여금 장기간 지속적으로 자원봉사활동을 전개할 수 있도록 함으로써 자원봉사활동을 활성화시키는데 기여할 수 있게 하기 위해서는 자원봉사자에 대한 체계적인 관리가 필요하다.

자원봉사는 대개 자원봉사대상자에게 직접적인 서비스를 제공하는 경우가 많기 때문에 그들에게 가장 적합한 서비스가 제공될 수 있도록 전개되어야 한다. 그렇게 하기 위해서는 자원봉사활동이 체계적이면서도 효과적으로 이루어져야 한다. 자원봉사활동이 효과성을 발휘하기 위해서는 자원봉사대상자에게 적절한 서비스를 제공할 수 있는 자격과 기술을 가진 사람을 자원봉사자로 모집해야 하며, 자원봉사와 관련된 체계적인 기본교육과 실무교육을 실시하고 서비스 제공과 관련된 충분한 훈련을 시켜야 한다. 또한 훈련된 자원봉사자 중에서 업무활동에 적합한 자원봉사자를 선정하여 적절히 배치해야 하며, 자원봉사자가 봉사대상자에게 적합한 서비스를 제공할 수 있도록 지도하고 서비스 과정을 감독하여 적절한 서비스가 제공되도록 해야 한다. 그 외에도 봉사대상자에게 제공되는 서비스가 그들에게 적합하고 적당한가 또는 서비스에 대하여 얼마나 만족하고 있는가 등을 평가하여 서비스 제공의 효과성을 높여야 한다.

이와 같이 자원봉사자가 봉사대상자에게 적합한 서비스를 제공하여 자원봉사활동의 효과성을 증진하고 기관의 자원봉사활동이 활성화되도록 하기 위해서는 자원봉사자가 조직적이고 체계적인 관리과정을 통하여 효율적으로 관리되어야 한다. 자원봉사자를 효율적으로 관리하기 위한 관리과정은 자원봉사자의 모집과 심사, 자원봉사자의 교육과 훈련, 자원봉사자의 배치와 지도감독, 자원봉사자의 기록과 평가 및 자원봉사자의 인정과 보상 등의 5개 과정으로 구분할 수 있다.

| 제12장 | 자원봉사자의 모집과 심사

1. 자원봉사자의 모집

1) 모집기획

자원봉사자를 모집하기 전에 자원봉사자를 필요로 하는 조직이나 기관은 자원봉사자의 모집과 관련된 사항들을 설계하고 구체적으로 모집계획을 수립해야 한다. 자원봉사자의 모집계획에 필수적으로 포함되어야 할 사항으로는 자원봉사자의 필요성, 자원봉사자가 수행해야 할 활동, 자원봉사자 필요인원, 자원봉사활동 수행기간, 자원봉사자 교육·훈련내용, 자원봉사자의 자격요건 등이 있다(Dunn, 1995 : 2485).

자원봉사자의 모집계획에는 특히 자원봉사자를 필요로 하는 조직이나 기관이 자원봉사자를 활용해서 어떤 일을 수행하느냐에 대한 구체적이고 상세한 내용이 포함되어야 하며, 그러한 일들이 자원봉사자에 의해서 수행되어야 하는 이유를 밝혀야 한다(조휘일, 1996 : 120). 자원봉사자 활용의 필요성으로는 대개 지역사회 주민참여의 확대, 지역사회 복지증진, 지역사회 자원의 효율적 활용, 사회적 연대감과 공동체의식의 증진, 사회문제의 예방과 해결, 사회복지서비스의 질적 향상, 기관운영비의 절감, 여가 선용, 다양한 사회적 경험, 자아실현, 새로운 기술의 습득 등이 있다(류기형 외, 2009 : 32-34). 여기에서 자원봉사자를 필요로 하는 이유가 단순히 기관의 운영비를 절감하거나 기관 직원의 업무를 분담하고자 하는데 있다는 인상을 주지 않도록 해야 한다.

자원봉사자의 모집계획에는 어떤 자격을 가진 사람이 얼마나, 얼마 동안 필요한가에 대한 자세한 내용이 포함되어야 한다. 자원봉사자를 기관에서 적절히 활용하기 위해서는 활동을 수행하는데 필요한 자격요건을 갖춘 사람이 모집되는 것이 바람직하다. 그러므로 자원봉사자 모집기관은 자원봉사자 교육·훈련의 효과성과 자원봉사자의 효율적 활용을 위해서 자원봉사활동 영역별로 필요로 하는 자격요건을 제시하여 자원봉사자 모집계획에 반영해야 한다. 한편 자원봉사자 모집계획에는 자원봉사자에 대한 기관의 기대, 필요로 하는 자원봉사자의 정확한 인원, 활용하는 기간과 시간 등을 제시해야 한다.

2) 모집과정

자원봉사자의 모집은 자원봉사자를 활용하는 기관의 목적을 달성하기 위해서 자원봉사 프로그램에 적합한 자원봉사자를 발견하고 그들이 관심을 가지고 자원봉사활동에 참여할 수 있도록 유도하는 일련의 과정이다. 모집은 자원봉사자 관리과정 중에서 가장 중요한 부분이므로 모집방법의 다양화, 모집활동의 적극성, 모집시기의 연속성, 모집분야의 전문화, 모집내용의 적정화, 모집과정의 체계화, 모집절차의 간소화 등을 통하여 이루어져야 한다(남진아, 1998 : 15). 또한 자원봉사활동의 분야별로 적절히 활용할 수 있는 적합한 자원봉사자를 모집하는 것이 중요하다.

자원봉사자의 모집과정은 자원봉사자 모집공고를 하고 모집된 자원봉사자에게 적성에 맞는 업무내용을 제시하고 신청서를 받는다. 자원봉사자가 제출한 신청서를 검토하여 선정보고서를 작성하고 그에 따라 프로그램에 필요한 자원봉사자를 선발한다. 선발된 자원봉사자에 대해 면접을 실시하고 소유한 지식, 기술, 재능, 자격, 경험 등을 확인하며, 프로그램에 적격한 자원봉사자를 선발한다(류기형, 2016 : 78-79).

3) 모집방법

자원봉사자의 모집방법은 대개 인적자원을 활용한 개별모집과 기관을 활용한 기관모집, 대중매체를 활용한 대중모집이 있다. 개별모집은 자원봉사자를 활용하는 기관이 사회복지사, 기존 자원봉사자, 종교인, 교육자, 직장인, 지역주민 등을 활용하여 자원봉사를 희망하는 사람을 모집하는 것이다. 기관모집은 자원봉사자를 모집하고 교육·훈련하여 다른 기관에 연결시켜 주는 역할을 하는 자원봉사 관련기관이나 단체를 통하거나 행정기관의 협조를 통하여 자원봉사자를 모집하는 것이다. 대중모집은 자원봉사자를 활용하는 기관이 지역신문, 지역정보지, 잡지, 텔레비전, 라디오, 기관지, 포스터, 전광판, 게시판, 스티커, 유인물, 인터넷 등을 활용하여 자원봉사자를 모집하는 것이다.

자원봉사자의 모집방법에는 또한 다수모집, 표적모집, 동심원모집, 연계성모집 등이 있다. 다수모집은 특별한 기술이 필요하지 않거나 제한된 시간 안에 배울 수 있어서 대부분의 사람에 의해 수행될 수 있는 활동을 위해 모집하고자 할 때 효과적인 방법으로 단기간에 되도록 많은 사람이 접할 수 있는 대중매체 등을 이용한 모집방법이다. 표적모집은 누가 업무를 수행하면 좋을지를 구체적으로 결정하여 대상자를 찾아내는 방법이다. 동심원모집은 동심원이론을 바탕으로 자원봉사 관련기관과 관계를 맺고 있는 사람들을 시작으로 밖으로 확산하면서 자원봉사자를 모집해 가는 방법이다. 연계성모집은 자아정체감과 연계성이 강한 사람이나 집단으로 이루어진 닫힌 체계들에서 활용하는 방법으로 학교, 회사, 전문직, 종교단체, 시민단체, 행정기관 내에서 구성원들을 대상으로 필요한 자원봉사자를 모집하는 방법이다(김범수 외, 2018 : 112-114).

한편 자원봉사자를 활용하는 기관에서 주로 활용하는 방법으로는 기존의 자원봉사자의 소개를 통하거나 기관의 홍보전단을 통해서 모집을 하는 경우가 많다(정병오, 1997 : 56-57). 앞으로는 이러한 방법을 포함하여 인터넷의 활용이나 다양한 자원봉사조직과 기관의 적극적이고 조직적인 홍보전략을 통해서 자원봉사자를 모집하도록 해야 할 것이다. 자원봉사자의 모집에서 효과적인 방법을 활용하여 보다 많은 자원봉사자를 모집하는 것이 무엇보다도 중요하지만, 그보다도 더 중요한 것은 기관에서 필요로 하는 업무나 활동에 적합한 자원봉사자를 모집하는 것이다. 자원봉사자의 모집에서 어려운 일 중의 하나는 업무에 적합한 자원봉사자를 모집하기가 어렵다는 것이다. 그러므로 적절한 모집방법의 활용과 다양하고 체계적인 전략을 통해서 기관이 원하는 자원봉사자를 모집하는 것이 필요하다.

2. 자원봉사자의 심사

1) 선발면접

자원봉사자의 면접은 자원봉사 지원자가 자원봉사활동을 시작하기 전에 자원봉사관리자와의 대면접촉으로 정보의 교환과 상호성을 목적으로 한 만남이다. 자원봉사자는 자원봉사관리자와의 면접을 통해 자신이 소속되어 활동하게 될 기관과 관심이 있는 활동분야에 대한 정보를 획득하게 되며, 자원봉사관리자는 교육과 훈련 및 선정과 배치를 위해 필요한 정보를 얻을 수 있는 기회를 갖게 된다. 자원봉사자에 대한 면접은 잠재적 자원봉사자의 욕구, 능력, 자격 등을 파악하기 위한 것이다. 면접을 통하여 그들이 충분한 능력의 소유자로서 기관의 프로그램에 기여할 수 있고 자원봉사활동을 통하여 개인적인 만족을 얻을 수 있다는 것을 알게 해야 한다(김범수 외, 2018 : 112-114).

면접에서 잠재적 자원봉사자에게 질문할 사항들을 요약해 보면, 그것은 ① 왜 이 업무에 흥미를 갖는가?, ② 해당 분야의 과거경험이 있는가?, ③ 특정 업무에서 얻으려는 것이 무엇인가?, ④ 이 기관의 업무에 어떻게 기여할 수 있는가?, ⑤ 자신의 취미와 관심사는 무엇인가?, ⑥ 자원봉사 업무에 6개월 또는 1년 동안 책임 있게 봉사할 수 있는가?, ⑦ 기관, 봉사대상자, 그리고 업무에 대해 알고 싶은 것은 무엇인가? ⑧ 현재 자신의 생활에 자원봉사 업무가 여전히 적합한가? 등이라 할 수 있다(조휘일, 1998a : 369). 이와 같이 면접은 선발심사에 들어가 전에 그에 필요한 전반적인 사항들을 확인하기 위한 과정인 것이다.

2) 선발심사

자원봉사자의 심사는 모집과정에서 기관에 찾아온 자원봉사자가 기관의 프로그램에 적합한가를 교육·훈련을 실시하기 이전에 판단하는 과정이다. 즉, 자원봉사자의 심사는 기관의 프로그램이 자원봉사자 자신의 기대와 욕구에 맞는가를 구체적으로 확인하는 과정이며, 기관이 필요로 하는 자격요건을 자원봉사자가 갖추고 있는가를 확인하는 과정이다.

자원봉사자의 심사에서 심사의 기준이 되는 사항으로는 자원봉사자의 측면에서 취미와 관심사, 해당 분야에 대한 흥미와 선호도, 해당 분야의 활동경험, 해당 분야에 대한 능력과 자격, 업무를 통한 자원봉사자 자신의 이익, 활동이 가능한 기간과 시간, 자원봉사자 자신의 생활과의 조화 등이 있다(조휘일, 1996 : 123). 한편 기관의 측면에서는 기관의 프로그램에 대한 자원봉사자의 적합성, 기관의 업무에 대한 기여도, 특정한 업무에서의 활용 가능성 등이 있다.

자원봉사자의 심사에서 자원봉사자가 기관의 프로그램에 대해서 보다 잘 이해하고 업무가 실제로 자신이 원하는 것인가, 자신의 능력에 적합한가, 그리고 시간이 적절한가 등을 확인하는 것이 중요하다(김한구 외, 1997 : 133). 그러나 이러한 자원봉사자의 욕구보다도 기관의 업무수행과 봉사대상자의 욕구충족이 더 우선되어야 하며, 자원봉사자들이 관심을 가지고 기관의 업무와 프로그램에 참여할 수 있도록 적극적으로 유도하는 것이 무엇보다도 중요하다.

| 제13장 | 자원봉사자의 교육과 훈련

1. 자원봉사자의 교육

1) 자원봉사자 교육의 필요성

자원봉사 교육이란 자원봉사자가 활동상 필요한 지식과 기술을 습득하고 발전 가능성을 파악하고 훈련하여, 자원봉사자들의 가치관과 태도, 소양을 형성하고 직무를 수행할 지식과 기술, 능력을 함양할 수 있도록 하는 일련의 계획된 과정을 말한다. 이러한 자원봉사자의 교육의 필요성을 제시하면 다음과 같다. 첫째, 자원봉사 교육을 통해 자원봉사의 가치와 소양을 형성함으로써, 자원봉사자로 하여금 사회적 책임을 성실히 이행하게 하는 계기로 작용한다. 둘째, 자원봉사 교육은 자원봉사에 대한 인식을 전환하는 계기가 되며, 이는 자원봉사 총량을 증가시키는 홍보의 방법으로 활용된다. 셋째, 자원봉사 교육을 통해 자원봉사에 대한 (재)동기를 부여하고, 지속적인 자원봉사활동을 유도할 수 있다. 넷째, 자원봉사 실제적 관리과정의 첫 번째 과정으로 기관과 자원봉사자 간의 신뢰관계를 형성할 수 있다. 다섯째, 자원봉사활동에 필요한 기술 습득을 지원함으로써 적극적이고 전문적인 활동을 유도할 수 있다(김현옥 외, 2008 : 84).

2) 자원봉사자 교육의 기능

자원봉사자에 대한 교육은 자원봉사가 지녀야 할 태도, 가치, 소양 등을 갖도록 하며, 활동에 필요한 지식과 기술을 습득하도록 돕고, 자원봉사자 자신의 발전을 기할 수 있도록 한다. 자원봉사자에 대한 교육은 자원봉사활동에 자발적으로 참여할 수 있도록 동기를 부여하고, 자원봉사활동의 사회적 의미를 이해할 수 있도록 하며, 자원봉사자로 하여금 수행하는 업무에 대한 긍지와 책임감을 갖도록 한다(홍봉선, 1998 : 9).

이와 같은 자원봉사에 대한 교육의 기능 중 중요한 사항들을 제시하면 다음과 같다. 첫째, 기관의 연혁, 사업내용, 자원봉사활동의 지침 등에 대한 설명을 통해 기관을 신뢰하게 되고 막연하게 생각하던 자원봉사에 대해 확신을 갖게 한다. 둘째, 자원봉사의 가치에 대해 좀 더 포괄적으로 이해하게 되며, 바람직한 자원봉사자의 자세를 형성하게 된다. 셋째, 자원봉사에 필요한 기술을 배움으로써 전문적인 자원봉사활동을 하게 된다. 넷째, 자원봉사 사례발표나 동향에 대해 듣게 됨으로써 자원봉사자로서의 사명감을 갖게 된다. 다섯째, 다양한 자원봉사 프로그램에 대한 소개를 통해 자원봉사자는 자신에게 맞는 활동을 찾게 되며, 지속적인 자원봉사활동을 할 수 있도록 발전하게 된다(김범수 외, 2018 : 129).

3) 자원봉사자 교육의 종류와 내용

자원봉사자의 교육은 대개 기관에 대한 교육과 자원봉사에 대한 교육으로 구분할 수 있다. 자원봉사자는 자신이 봉사할 기관에 대한 정확한 이해가 있어야 한다. 기관과 관련된 교육내용으로는 기관의 설립목적, 기관의 정책, 기관의 조직, 사업내용, 기관과 지역사회와의 관계 등이 있다(Dunn, 1995 : 2487). 그 외에도 기관의 특성, 기관 업무의 성격, 기관 직원과 자원봉사자와의 관계 등도 교육할 필요가 있다. 이와 같은 자원봉사자에 대한 교육은 오리엔테이션, 기초교육, 업무교육 및 재교육으로 구분할 수 있다(김범수 외 2018 : 133-135).

(1) 오리엔테이션

자원봉사자에게 자원봉사 및 자원봉사기관에 대한 정보를 제공해 주고 자원봉사활동에 대한 이해를 돕는 교육을 한다. 오리엔테이션에서 다루어야 할 내용으로는 ① 기관의 기능(사명, 주요 사업, 서비스 대상, 프로그램 유형, 활동장소, 자원과 이용시설, 연간행사계획), ② 기관의 역사(연혁, 설립배경, 이사회, 자금제공과정, 제공된 수혜자의 수), ③ 법규와 규칙(정관, 운영지침, 업무수행지침, 직원・자원봉사자의 행동강령, 건강과 안전에 관련된 필요조건, 보고서 양식), ④ 조직(조직구조, 직원소개, 의사소통채널, 자원봉사활동 프로그램의 성격, 자원봉사활동 프로그램의 상태), ⑤ 혜택과 인센티브(자원봉사자에게 주는 특권, 보상에 대한 정책, 훈련 프로그램), ⑥ 시설이용(사무실 배치, 전화, 화장실, 주차, 식사), ⑦ 자원봉사자의 반응(자원봉사자의 관심과 불안, 자원봉사자에 의해 제기되는 부가적인 점, 직원과의 일반적인 토론), ⑧ 응급상황 시 필요절차 등이 있다(류기형 외, 2009 : 189; 김현옥 외, 2008 : 86).

(2) 기초교육

기초교육은 자원봉사와 관련된 기초적인 이론교육을 실시하는 것을 말한다. 기초교육에서 주로 다루는 내용으로는 ① 시민사회와 자원봉사의 이해, ② 자원봉사의 개념, 특성 및 필요성, ③ 자원봉사의 가치 및 철학, ④ 자원봉사의 역사, ⑤ 자원봉사자의 태도, 역할, 소양 및 기본 자세, ⑥ 자원봉사활동 프로그램, ⑦ 자원봉사의 활동 사례, ⑧ 자원봉사의 활동 분야와 주요 내용 등이 있다(김범수 외, 2018 : 134; 박태영・채현탁・정진석・조미정, 2016 : 293).

(3) 업무교육

업무교육은 자원봉사자에게 업무와 관련된 기술과 특정 업무수행에 필요한 행동들을 지도하는 것이다. 업무교육의 주요 내용으로는 ① 자원봉사활동의 진행 절차, ② 자원봉사활동 시 유의사항, ③ 특정한 업무의 수행방법, ④ 자원봉사활동 중에 해서는 안 될 일에 대한 소개, ⑤ 위급한 경우나 예기치 못한 일의 발생 시 처리방법, ⑥ 활동 분야별 사례 발표 등이 있다(김범수 외, 2018 : 134; 박태영・채현탁・정진석・조미정, 2016 : 293).

(4) 재교육

재교육은 현재 활동 중인 자원봉사자들을 대상으로 자원봉사활동과 관련된 능력의 강화, 서비스 제공의 전문성 제고, 자원봉사자에 대한 정보 파악, 자원봉사자 간의 상호 유대 강화, 기관에 대한 소속감의 강화 등을 위해 실시하는 교육이다. 재교육의 주요 내용으로는 ① 자원봉사자로서의 의욕강화와 자질향상, ② 자원봉사자에 대한 새로운 이론, 흐름, 추세 등에 관한 내용, ③ 자원봉사에 대한 정보 제공(현재 자원봉사자 수, 지역사회의 다양한 자원봉사활동, 자원봉사자 모범사례 등), ④ 자원봉사자 간의 인간관계훈련, ⑤ 갈등관리 등 활동 중 발생하는 문제해결 능력, ⑥ 다른 자원봉사활동 기관이나 장소의 견학과 교류, ⑦ 신규 자원봉사활동 영역 및 수요처 발굴, ⑧ 자원봉사활동 우수 사례 확산과 위험사례의 공유, ⑨ 자원봉사를 통한 자기발전과 전문성 제고(김범수 외, 2018 : 135; 박태영 · 채현탁 · 정진석 · 조미정, 2016 : 293; 김현옥 외, 2008 : 87).

한편 자원봉사와 관련된 교육은 기본교육과 실무교육으로도 구분할 수 있다. 기본교육에서는 자원봉사활동의 필요성, 자원봉사의 철학과 동기, 자원봉사자의 역할과 자세, 자원봉사활동 프로그램, 자원봉사대상자에 대한 지식, 자원봉사 분야별 전문지식 등을 교육시켜야 한다. 실무교육에서는 자원봉사대상자와의 접촉과 의사소통, 서비스 제공 기술, 자원봉사대상자의 관리, 자원봉사활동의 기록 등을 교육시켜야 한다. 자원봉사자에 대한 교육은 자원봉사자의 잠재능력의 개발을 통하여 문제해결 능력을 향상시켜 자원봉사활동의 효과성을 증진시키고 자기성장을 도모하는 계기가 된다. 그러나 자원봉사자에 대한 교육은 전반적으로 미비한 실정이며, 기본교육보다도 자원봉사활동에 직접적으로 필요한 실무교육이 더 부족한 형편이다(홍봉선, 1998 : 21). 따라서 기관에 대한 교육과 자원봉사와 관련된 기본교육을 철저히 시행함과 동시에 실무교육을 더욱 강화해야 할 것이다.

4) 자원봉사자 교육과정

자원봉사자에 대한 교육은 일반적으로 교육의 계획수립, 홍보 및 모집, 교육준비, 교육실행, 교육평가의 5단계로 진행될 수 있다. 1단계인 교육계획의 수립은 자원봉사자, 기관 및 지역사회의 교육욕구를 사정하며, 기관의 목적, 실행 가능성, 자원봉사자 관심분야 등을 고려한 교육 프로그램의 목표를 설정하며, 대상 및 인원 선정, 기간 및 장소 선정, 주요 내용과 진행방법 결정, 예산 등을 검토하여 교육 프로그램을 개발한다(김현옥 외, 2008 : 89).

2단계인 홍보 및 모집은 교육 목표로 설정한 참가자에게 효과적인 홍보 방법과 수단을 선택하며, 교육 안내문에는 교육제목, 교육내용, 일정 및 장소, 강사, 신청기간 및 방법, 교육비, 담당자(연락처) 등을 기재하고, 접수를 통하여 신청자에게 교육개요의 숙지 여부를 확인한 후 명단을 작성한다. 교육 참가자를 모집할 때는 교육내용과 형태, 교육효과 등을 고려하여 적정한 참가인원을 미리 정하는 것이 바람직하다(김현옥 외, 2008 : 89; 박태영 · 채현탁 · 정진석 · 조미정, 2016 : 297).

3단계인 교육준비는 우선적으로 교육인원과 접근성 등을 고려하여 장소를 선정해야 하며, 교육목표와 강의내용 고려하여 강사를 섭외하고, 대상자에게 교육 프로그램을 안내하고 참석 여부를 확인해야 한다. 강사의 원고를 취합한 후 교육교재를 준비하고 교육에 사용할 교육기자재를 확보해야 하며, 담당자 및 관련 직원의 업무를 분담하고 기관의 홍보자료 및 소식지 등 참고자료도 준비한다(김현옥 외, 2008 : 89).

4단계인 교육실행은 좌석 배치, 조명 상태, 책상 및 의자 수, 전기코드, 교육기자재 등을 점검하며, 안내데스크 장소, 자리 배열, 시청각 자료 배치 등도 점검한다. 접수 및 등록 시에 교육교재, 명찰, 기관 홍보물 등을 교부하며, 화장실, 다과 장소, 흡연 장소, 주차장 사용, 좌석배치 등도 안내한다(김현옥 외, 2008 : 89). 교육진행에서는 교육에 앞서 참가자들의 분위기를 환기시키고 강사를 소개하며, 교육생의 반응을 강사에게 전달하고 필요할 경우 강조해야 할 부분을 강사에게 제안한다(박태영 · 채현탁 · 정진석 · 조미정, 2016 : 302-303).

5단계인 교육평가는 강의평가서와 자유토론 등을 통하여 참가자들의 반응과 의견을 수집하는 방법으로 평가한다. 평가내용으로는 교육목표 달성도, 교육내용에 대한 참가자들의 이해 정도 파악, 교육방법 및 진행, 교육 환경에 대한 평가, 참가자 자기 평가, 향후 교육에 대한 의견 등이 있다. 평가는 타당성, 신뢰성, 객관성, 실천성 등을 중심으로 실시해야 하며, 교육의 성격에 따라 강의별로 평가를 실시하거나 전체과정을 종료한 후 실시할 수 있다(김현옥 외, 2008 : 89).

2. 자원봉사자의 훈련

자원봉사자가 자원봉사활동을 훌륭히 수행하기 위해서는 자원봉사활동의 수행에 필요한 충분한 훈련이 있어야 한다. 자원봉사자의 훈련은 사전훈련, 초기훈련, 현직훈련, 평가와 환류, 전환훈련 등으로 나누어 실시할 수 있다(Schindler-Rainman & Lippitt, 김옥라・김현자 공역, 1992 : 77-84).

사전훈련은 자원봉사자가 활동을 시작하기 전에 활동에 필요한 지식과 기술의 습득, 수행해야 할 업무의 점검, 활동장소의 답사 등을 하는 일이다. 사전훈련에서 중요한 것은 훈련이 이루어지는 환경(공간, 좌석, 조명, 휴게실 등)을 조성하고 적절한 훈련지도자를 배치하며 훈련을 위해 필요한 자료들을 미리 준비하는 것이다.

초기훈련은 사전훈련을 받고 난 이후 활동수행과 관련된 직접적인 내용을 습득하는 것이다. 이것은 자원봉사자가 최초의 활동을 마친 후 지도자와 활동에 도움이 될 수 있는 의견을 교환하도록 하거나, 새로운 자원봉사자와 경험이 많은 자원봉사자가 같이 활동하도록 하거나, 새로운 자원봉사자들끼리 모임을 통하여 각자가 토론하고 경험을 공유하도록 하는 것 등의 방법이 있다.

현직훈련은 자원봉사자의 사기를 진작시키고 자원봉사활동의 방법과 기술을 향상시키기 위해 행하는 것이다. 이것은 연구집회, 직원회의 참석, 정기적인 문제토론 모임의 개최, 다른 기관과의 교환실습훈련, 단기안식제 등의 방법으로 실시할 수 있다.

평가와 환류에서 평가는 각자의 자원봉사 활동사항에 대해서 서로 토론하거나, 자원봉사활동을 비디오로 담아 자신을 관찰하게 한 뒤 결점을 분석할 수 있는 기회를 제공하는 방법 등으로 실시할 수 있다. 환류는 자원봉사활동이 전반적으로 잘 수행되고 있는가를 검토하고 활동의 적합성, 계속성, 개선방향 등을 결정하는 것이다.

전환훈련은 현재의 활동과 새로운 활동에 대한 준비를 하도록 하고, 과거에 수행했던 일보다 앞으로 해야 할 일에 대한 전망을 갖도록 하는 것이다. 이것은 토의, 관찰, 역할극, 면담 등의 방법을 통하여 실행할 수 있다. 자원봉사자에 대한 훈련은 다양한 방법을 통하여 실시할 수 있다. 자원봉사자 훈련모형에는 연구집회, 모의실험, 역할극, 단체연수 등이 있다. 이러한 훈련모형을 활용하는데 중요한 사항은 가능한 한 많은 자원봉사자를 모형의 활용에 관련시키는 것이다.

3. 자원봉사자 교육 · 훈련 시 고려사항

자원봉사자의 교육과 훈련 프로그램을 기획할 때는 자원봉사자의 특성, 동기, 여건 등 여러 가지 요소들을 고려하여 자원봉사자들의 요구에 부합되는 교육과 훈련이 되도록 해야 한다. 자원봉사자의 특성, 동기, 여건 등을 기반으로 하여 항목별로 교육과 훈련 시 고려해야 할 사항들은 제시하면 다음과 같다(Schindler-Rainman & Lippitt, 김옥라 · 김현자 공역, 1992 : 84-85).

첫째, 자원봉사자는 다양한 경험, 지식 및 재능을 가지고 있다. 자원봉사자의 경험, 지식, 기술 등을 토대로 할 때 가장 효과적이고 연관성 있는 학습이 가능하므로 이를 고려하여 교육 · 훈련 방법을 정한다.

둘째, 대체로 자원봉사자들은 자발적이고 동기가 뚜렷하며 관심을 가지고 배우려 한다. 자원봉사자들이 수동적으로 교육과 훈련을 받을 것이 아니라 자신들의 학습경험을 스스로 계획하고 운영하도록 돕는다.

셋째, 자원봉사자는 활동방법을 배우기 위해 교육 · 훈련에 참여한다. 교육훈련은 실제적이고 배우는 사람들에 관련된 것이어야 하며 그들의 실생활과 관련되어 있어야 한다.

넷째, 많은 자원봉사자들은 딱딱하고 재미없고 연관성도 없는 학교교실과 같은 상태를 전에도 많이 경험했다. 학습활동은 비공식적인 경험 위주의 분위기에서 진행시켜야 한다.

다섯째, 자원봉사자들은 다른 책임들(부모, 직장인, 학생, 시민 등)도 많이 지고 있어서 시간을 아껴 쓰는 사람이다. 대부분의 자원봉사자들은 시간에 제약을 받고 있다는 사실을 감안하여 교육·훈련 계획을 세워야 하며, 그들이 다른 일에도 당연히 시간을 바쳐야 한다는 사실을 인정해야 한다.

여섯째, 자원봉사의 세계에서는 교육·훈련에 참여하는 것을 지원하거나 그것 자체를 보상하는 규범이나 절차가 발전되어 있지 않다. 단체(또는 센터)는 교육·훈련 자체를 자원봉사로 보상하고 인정할 수 있어야 한다.

일곱째, 교육·훈련 방식과 내용은 여러 해에 걸쳐 반복되는 동안 특정한 시기와 특정한 참가자에 맞게 수정되지 못한 채 계속되어 왔다. 가능하면 매번 교육·훈련마다 교육·훈련 담당자와 참가 예정자 중 몇 명이 함께 계획하도록 하여 특정한 집단이 가지고 있는 요구를 충족시키도록 한다.

여덟째, 교육·훈련은 흔히 자원봉사자를 위해 계속적으로 이루어지기보다는 1회로 끝나는 일회용이 되기 쉽다. 자원봉사자에게는 계속적인 재직 교육·훈련이 필요하다. 맨 처음부터 후속 교육·훈련의 중요성을 충분히 주지시켜야 한다.

아홉째, 자원봉사자의 교육·훈련은 보통 한 기관(단체)에 의해서 특정 계층의 자원봉사자를 대상으로 실시한다. 교육·훈련은 기관들의 공동주최로 하여 가능한 한 모든 자원을 활용한다. 그리고 집단 또는 팀 과정으로 실시하도록 한다.

| 제14장 | 자원봉사자의 배치와 지도감독

1. 자원봉사자의 배치

1) 자원봉사자의 선정

자원봉사자의 선정은 자원봉사자를 교육 · 훈련시킨 이후에 적절히 배치될 수 있도록 하기 위해서 그들의 경험, 능력, 교육 · 훈련 정도 등을 고려하여 자원봉사활동 분야별로 적합한 자를 분류하는 것이다. 만일 자원봉사활동 분야별로 적합한 자를 선정하지 못하게 되면 기관의 업무에 부합되는 배치가 이루어지지 못할 수 있다. 자원봉사자를 관리하는 과정에서 중요한 요소 중의 하나는 기관의 업무에 가장 적절한 자원봉사자를 선택하는 것이다. 이것은 기관의 업무에 부적절한 자원봉사자의 선정이 기관의 직원이나 자원봉사대상자와의 관계 및 서비스의 제공에 나쁜 영향을 미칠 수 있기 때문에 중요한 일이 아닐 수 없다.

자원봉사자를 모집하고 심사하는 과정에서 기관의 업무에 적절한 자원봉사자를 선발할 수도 있다. 그러나 모집과정에서 업무에 적합한 자원봉사자를 선발하기가 어려우며, 교육과 훈련을 통하여 자원봉사자의 잠재능력을 개발함으로써 업무수행에 적합하도록 그들을 변화시킬 수도 있다. 그러므로 자원봉사자를 교육 · 훈련시킨 이후에 자원봉사활동의 분야별로 적합한 자를 분류할 필요가 있다.

2) 선정 · 배치기준 확정을 위한 행동지침

자원봉사자를 선정하고 배치하는 기준을 확정하기 위한 행동지침은 다음과 같다(조휘일, 1998b : 371-372).

첫째, 자원봉사자는 유급직원을 대치하는 역할을 담당하게 해서는 안 된다.

둘째, 자원봉사자들은 그들이 가진 지식, 기술, 경험, 자격, 능력 및 욕구를 적절히 반영할 수 있는 역할과 업무에 배정되어야 하며, 어떠한 경우에도 차별대우가 있어서는 안 된다.

셋째, 자원봉사자들은 그들의 능력과 그들이 요청한 일을 수행하겠다는 의욕에 따라 업무가 배정되어야 한다.

넷째, 자원봉사자들은 기관에 대해서 동정심과 헌신적인 마음을 줄 수 있을 정도로 충분히 도전적이고 자원봉사자에게 성장의 계기를 마련할 수 있는 업무들이 제공되어야 한다.

다섯째, 자원봉사자의 선정에 있어서 자원봉사대상자는 물론 자원봉사기관에 대해서도 책임성을 강조해야 한다.

여섯째, 자원봉사자의 업무배정은 초기 접촉을 한 후에 최소한의 시간 내에서 이루어져야 한다.

일곱째, 자원봉사자가 특정 업무에 배정되기를 원한다 할지라도 그 업무의 수행에 적합하지 않은 자원봉사자일 경우에는 수용하지 않아야 하며, 이때 자원봉사관리자는 다른 기회를 찾아보도록 권유해야 한다.

여덟째, 잠정적인 자원봉사자들은 장기간의 봉사를 약속받기 전에 수습과정을 통하여 연습의 기회를 가져야 한다.

아홉째, 상호 간의 협정에 의해 체결된 계약은 자원봉사자의 욕구보다 능력에 맞게 조정되어야 한다.

열째, 자원봉사자의 특수하고 독특한 기술, 경험, 재능 등을 충족시키기 위해서 필요하다면 이들의 업무가 새로이 창조되어야 한다.

열한째, 자원봉사자들이 자원봉사자 교육 및 훈련기관에 의해 의뢰된 경우에는 의뢰받은 기관들 또는 부서는 최소한 다음의 요구사항들을 준비하고 자원봉사자들을 받아들여야 한다. 이러한 요구사항들은 보면, 의뢰된 자원봉사자를 받아들이는 기관 및 부서는 자원봉사자의 서비스를 최대한 잘 활용할 것에 동의해야 하며, 서면으로 작성된 업무분장을 준비해야 하고, 자원봉사자들을 지도하고 감독할 직원을 배정해야 하며, 자원봉사자들에 대한 오리엔테이션과 훈련을 제공해야 한다는 것 등이다.

열두째, 자원봉사자들은 반드시 자원봉사기관에 배속되어 활동해야 하며 개인적으로 의뢰하여 활동을 해서는 안 된다.

3) 자원봉사자의 배치

(1) 적재적소의 배치

자원봉사자의 배치는 적재적소의 원칙에 따라 이루어져야 한다. 즉, 이것은 자원봉사활동 분야별로 선정된 자원봉사자를 기준으로 그들의 욕구와 일치하는 적절한 활동분야에 배치하도록 하는 것이다. 자원봉사자의 배치에서 기관의 필요성보다는 자원봉사자의 욕구가 우선해야 하는 것은 필수적이라 할 수 있다(김영호 · 조휘일 · 이성록, 2000 : 81). 그러나 여기에서 자원봉사자의 욕구를 지나치게 강조하기보다는 업무수행 능력과 조화를 이루는 배치가 이루어져야 한다. 그 외에도 자원봉사자의 배치에서 자원봉사자가 지속적으로 쉽게 접근하여 활동할 수 있도록 거리를 고려하여 활동장소를 정해야 하며, 그들과의 상호협력을 통해서 적합한 시간과 기간을 정해야 하고, 자원봉사 활동분야별로 업무수행에 적정한 인원을 고려해야 한다. 또한 자원봉사자의 배치에서 기존의 자원봉사자의 활동현황, 직무환경과 조건, 배치와 관련된 단점과 장점 등도 고려해야 한다.

(2) 배치과정의 고려사항

자원봉사자를 적재적소에 배치하기 위해 고려해야 할 사항들은 다음과 같다(류기형 외, 2009 : 194-195). 첫째, 자원봉사자 수요기관의 조건이다. 자원봉사자를 필요로 하는 기관에서 요구하는 업무내용과 조건, 기관에 대한 기본적인 이해(설립 취지, 교통수단, 서비스 수용태도), 이전 또는 기존의 자원봉사자 활동 현황 등을 고려해야 한다.

둘째, 자원봉사활동 집단 또는 조직에 대한 조건이다. 자원봉사자들이 개별로 활동하는 것이 아니라 팀으로 활동할 경우가 많으므로 그러할 경우 활동을 함께 할 집단이나 조직에 대한 충분한 정보를 제공해야 한다. 따라서 집단이나 조직의 주요 활동, 구성원의 속성, 정기모임, 가입방법 등에 대한 정보를 알아야 한다.

셋째, 자원봉사자의 조건이다. 자원봉사자가 희망하는 활동내용은 물론 지역, 시간의 한정 여부, 자원봉사자의 속성, 의식 등을 고려해야 한다. 배치에 있어서는 무엇보다도 먼저 활동조건에 대한 합의와 함께 업무내용을 명확히 제시한 직무지침에 대한 설명을 해야 한다. 직무지침은 자원봉사자가 수행할 업무의 책임, 업무를 수행할 자원봉사자의 자격조건, 감독과 책임의 체계, 그리고 업무의 업적을 평가하는 방법, 활동 기간과 시간에 대한 설명이 포함되어 있어야 한다. 훌륭한 지침은 자원봉사자의 각 업무에 있어서 자원봉사자와 직원과의 최선의 관계를 유지하는 방법과 어떻게 서로의 기대감에 의해 발생하는 혼란을 피하고 조직의 목표 달성에 기여할 수 있는가를 분명하게 밝힌다(유성호 역, 1998 : 48-49).

한편 자원봉사자의 배치는 자원봉사자 활용기관의 수요 측면과 자원봉사자의 공급 측면이 일치되거나 적절히 조정되어야 한다는 속성을 지니고 있다. 이러한 측면들이 상호 일치하지 않거나 명백하게 조정되지 않은 상태에서의 배치는 심각한 갈등을 일으킬 수 있으며, 자원봉사활동의 지속성과 전문성에 악영향을 미칠 수 있다. 한편 자원봉사자 중도탈락의 주요한 이유를 살펴보면 자원봉사활동을 시간의 낭비로 여기거나, 자신의 기술과 재능이 자원봉사활동을 통해서 적절히 활용되지 않았거나, 적합한 업무에 배치하지 않았다는 것 등이 지적되고 있다(조휘일, 1998a : 37). 이와 같이 자원봉사자의 배치는 자원봉사자의 효과성 증진은 물론 효율적 관리에서 결정적인 요소로 작용하고 있다.

2. 자원봉사자의 지도감독

1) 지도감독의 필요성

자원봉사자에 대한 지도와 감독은 자원봉사자가 활동하는 동안 업무수행과 관련된 개별적인 적절한 지도를 받을 수 있으며, 활동에 대한 책임을 공유하고 활동을 지지해 줄 수 있는 사람과 접근할 수 있다는 점에서 필요한 관리과정이다. 그러나 자원봉사자를 활용하는 기관들이 자원봉사자를 배치한 이후에 그들에 대한 아무런 지도와 감독이 없는 상태로 자원봉사활동을 전개하도록 하는 경우가 많다. 따라서 자원봉사자를 적절히 관리하기 위해서는 자원봉사활동 중 자원봉사에 대한 개별적인 지도와 그들에 대한 철저한 감독이 이루어져야 한다.

자원봉사자의 활동사항에 대한 기관의 관심은 자원봉사대상자의 사기를 진작시키며, 자신의 활동에 가치를 부여하게 한다. 그러나 자원봉사자에 대한 무관심은 업무활동에 악영향을 미칠 수 있으며, 기관이나 직원들과 갈등을 유발하는 원인이 될 수도 있다. 이로 인하여 자원봉사자가 자신의 활동이 관심을 가질 가치가 없는 것으로 판단하여 중도에 활동을 포기하는 경우가 발생할 수 있다. 자원봉사자를 효과적으로 지도하고 감독하기 위해서는 우선적으로 자원봉사활동과 관련된 업무에 대하여 명확하고 완벽한 지시를 내려야 하며, 자원봉사자의 업무활동과 관련된 어떠한 질문에도 응답할 준비가 되어 있어야 한다. 그 다음으로 기관이 자원봉사자에게 기대하는 것을 명확히 전달해야 하며, 자원봉사활동에 대해서 인정하고 감사하도록 해야 한다. 또한 자원봉사자의 욕구를 충족시킬 수 있도록 업무의 융통성을 발휘하며, 적절한 행동은 강화하고 부적절한 행동은 제거할 수 있도록 해야 한다(조휘일, 1996 : 130).

2) 지도감독의 원칙

자원봉사자에 대한 지도와 감독은 개별화, 동등화, 전문화 등의 원칙에 따라 이루어져야 한다. 자원봉사자들이 동일한 업무를 수행하더라도 서로 다른 특성을 가지고 있기 때문에 그들을 지도하고 감독할 때에는 자원봉사자의 개별적인 특성을 충분히 고려해야 한다. 자원봉사자는 지도와 감독에서 다른 자원봉사자들과 동등하고 공정하게 다루어져야 한다. 또한 자원봉사자는 전문적인 방법으로 지도하고 감독해야 한다. 자원봉사자를 전문적으로 지도하고 감독하게 되면 그들이 업무수행에서 전문적으로 일하려고 노력하게 되며, 전문적인 업무를 수행하고 있다고 느끼게 되면 자신의 활동에 대해 자신감과 긍지를 갖게 되고 업무활동 수행능력을 높이는데 크게 기여할 수 있게 된다.

3) 지도감독 시 고려사항

자원봉사자에 대해 지도감독을 할 때 고려사항은 다음과 같다. 첫째, 과업과 역할이 무엇을 수반하는지 그리고 왜 그것이 중요한지에 관해 자원봉사자가 확실히 이해하도록 하라. 둘째, 긍정적이고 정확한 피드백을 제공하라. 셋째, 직접적으로 과업과 관련하여 계획과 의사결정에 자원봉사자를 참여시켜라. 넷째, 직원, 자원봉사자 그리고 자원봉사대상자와 협력적인 환경을 만들어라. 다섯째, 자원봉사자가 권위를 가지도록 하되 궁극적으로 책임을 지는 것은 아니다. 여섯째, 자원봉사자의 투입에 가치를 주고 들어봐라. 일곱째, 주저하거나 이중적이지 않게 접근하라. 만약 필요하다면 지도감독자와 연락을 할 수 있는 정보를 가진 자원봉사자를 투입하라. 여덟째, 해결을 위한 문제와 계획을 기대하라. 아홉째, 성취한 것에 대해 인정하고 감사하라. 열째, 자원봉사자의 시간을 결코 낭비하지 마라(Connors, 류기형 외, 2009 : 198-199).

| 제15장 | 자원봉사자의 기록과 평가

1. 자원봉사자의 기록

1) 기록의 필요성

자원봉사자가 자신의 활동사항을 기록하는 것은 자원봉사자 자신을 위해서나 기관을 위해서 필요한 작업으로서 자원봉사자가 자신의 활동을 평가하고, 자원봉사 프로그램을 사정하며, 기관의 발전계획을 수립하는 근거로 활용하는데 주요한 자료가 될 수 있다. 또한 이것은 자원봉사자가 앞으로의 업무수행의 참고자료로 활용하거나, 자신의 자원봉사 경력에 이용하거나, 자원봉사 활동에서 학습한 지식이나 기술의 지표로서 활용할 수도 있다(Sissel, 1989 : 21).

자원봉사활동에 관한 기록은 자원봉사자의 활동을 입증할 수 있는 자료가 될 수 있으며, 자원봉사 서비스의 효과성, 효율성, 서비스 질적 수준 등을 분석하고 이를 평가하는 자료로 활용될 수 있으며, 자원봉사자와 봉사대상자 모두의 성장 · 발전에도 도움이 된다. 자원봉사활동 기록은 봉사대상자에 대한 서비스의 제공에 대한 지속성을 유지하는 도구가 되며, 그들에게 더 나은 서비스를 제공하는 계기가 될 수 있다. 또한 이것은 자원봉사관리자의 지도감독을 활성화하는데 도움을 주는 요소가 되며, 자원봉사 프로그램의 개발은 물론 자원봉사의 전반적인 발전에도 도움이 될 수 있기 때문에 반드시 필요하다.

2) 기록의 유형

(1) 과정기록

과정기록은 자원봉사자가 활동 중에 있었던 객관적인 사실이나 사건을 그대로 기술하는 것을 말한다. 이것은 자원봉사자가 봉사대상자와 했던 말, 행동, 관찰로 알게 된 사실들, 서비스 제공 내용 등을 포함하여 자원봉사활동 과정 중에 있었던 모든 사실을 대화의 진행과정에 따라 아주 상세하게 기록하는 것이다. 과정기록은 자원봉사자가 기록하기에 실용적이지는 못하지만 자원봉사자의 교육·훈련과정에는 유용할 수 있다.

(2) 요약기록

요약기록은 자원봉사자가 활동 중에 있었던 객관적인 사실을 모두 상세하게 기록하는 것이 아니라 전체적으로 요점을 정리하여 기술하는 기록방식이다. 이것은 자원봉사자가 봉사대상자가 한 말을 그대로 기술하지 않고 중요한 내용을 기록하며, 자원봉사활동의 순서에 따라 기록하지 않고 다양한 주제별 제목으로 나누어 서술하는 것이다. 이것은 기록에 적은 시간이 소요되고 기록 내용을 확인하기에 간편하기 때문에 유용하게 활용될 수 있다. 요약기록에서 유의할 사항으로는 기록하는 목적을 마음에 간직해야 하며, 서비스의 내용을 상세하게 기록하되 너무 많은 기록을 피하고 가능한 한 간결하게 작성하며, 문단에 소제목을 붙여 기재한 내용을 분야별로 나누고 쉽게 정보를 파악할 수 있도록 해야 한다.

3) 기록의 내용

자원봉사자의 기록은 대개 자원봉사자가 수행하는 구체적인 업무가 무엇이며, 얼마나 자주 그러한 업무를 수행하고 있고, 업무별로 소요되는 시간과 기간은 어떻게 되며, 자원봉사활동을 전개하는 장소는 어디인가 등을 포함하고 있다(Dunn, 1995 : 2488). 자원봉사활동에서 자원봉사자가 기록할 내용으로는 상기의 사항들을 포함하여 봉사대상자의 욕구와 문제, 자원봉사자가 제공한 서비스의 내용, 봉사대상자의 서비스에 대한 반응, 봉사대상자에 대한 점검과 자신의 봉사활동에 대한 평가 등이 있다. 이러한 자원봉사자의 활동기록이 자원봉사자와 기관의 발전에 기여하기 위해서는 업무활동별로 그것에 관한 다양하고 정확한 내용을 기록해야 하며, 자원봉사자의 업무활동과 관련된 자료를 종합적으로 수집하고, 업무활동과 관련된 명확한 근거자료를 유지하고 문서화해야 한다.

2. 자원봉사자의 평가

1) 평가의 필요성

자원봉사자의 평가는 자원봉사자가 봉사대상자에게 제공한 서비스가 얼마나 효과적이며, 자원봉사자의 업무활동이 얼마나 효율적으로 수행되고 있는가를 종합적으로 판단하는 과정이다. 이것은 자원봉사자의 업무활동에 대한 전반적인 효과성과 효율성의 분석을 통하여 봉사대상자에게 더욱 효과적인 서비스를 제공할 수 있는 계기를 마련하고 자원봉사자의 발전에 기여하며, 자원봉사자나 기관에게 환류를 제공하는 자료가 되고, 기관의 프로그램을 수정하는 중요한 수단이 되기도 한다. 한편 자원봉사자의 평가는 자원봉사활동의 적합성을 인식할 수 있게 하며, 자원봉사자의 능력을 평가함은 물론 사기를 진작시키는데 중요한 역할을 수행한다. 그 외에도 자원봉사대상자의 서비스에 대한 만족과 자원봉사활동에 대한 인식을 파악할 수 있으며, 자원봉사자 관리의 전반적인 요소들에 대한 검토를 통하여 자원봉사활동을 활성화시키는데 기여할 수 있게 한다.

2) 평가의 단계

자원봉사자에 대한 평가는 자원봉사활동을 중심으로 초기단계, 중간단계 및 종료단계로 구분하여 실시할 수 있다. 초기단계에서는 자원봉사활동을 시작한 후 활동에 대해 아직 적응하지 못한 단계이므로 함께하는 자원봉사관리자, 자원봉사자, 봉사대상자 간의 관계 및 계획을 평가하고 계획에 포함되지 않은 부분을 파악하여 개선방안을 강구해야 한다. 중간단계에서는 어느 정도 자원봉사활동이 익숙해지고 참여하는 사람들과의 관계형성도 이루어진 시기로 자원봉사활동에 있어서 영향을 받게 되는 단계이므로 정기적으로 중간평가를 실시하고 그에 따라 여러 가지 상황변화에 대해 대처해야 한다. 종결단계에서는 자원봉사활동이 종료된 이후에 그러한 활동들이 효과적・효율적으로 실행되었는가를 최종적으로 평가하는 것이다(김혜영・유진희・신 원, 2018 : 190-191).

3) 평가의 유형

평가의 대표적인 유형에는 평가의 성격에 따라 구분되는 총괄평가와 형성평가가 있다. 총괄평가는 프로그램이 달성하고자 했던 목표를 얼마나 잘 성취했는가 여부를 판단하는 프로그램의 전반적인 효과성과 효율성에 대한 평가이다. 형성평가는 프로그램의 목적을 달성하기 위해 선택한 방법이 얼마나 적합한 것이었는가를 포함한 개입과정을 평가하는 것이다. 즉, 총괄평가는 개입으로 인한 성과를 보여주는 것임에 반하여 형성평가는 개입과정의 어떤 요소들이 성과를 내게 했는가를 보여주는 것이다(엄명용・김성천・오혜경・윤혜미, 2011 : 349).

자원봉사자의 평가는 결과평가와 과정평가로도 구분할 수 있다. 결과평가는 봉사대상자 수준에서의 평가로서 자원봉사자가 그들이 수용할 수 있는 형태와 수준의 서비스를 제공하고 있는가?, 그들에게 제공되는 서비스는 적당한가?, 서비스가 일반적으로 수용할 수 있는 양질의 실천기준에 적합한가?, 그들은 제공되는 서비스에 대하여 만족하는가? 등을 평가하는 것이다. 과정평가는 자원봉사자 관리과정의 중요요소에 대한 평가로서 이러한 과업들이 적절한 방법으로 실행되고 있는가?, 이러한 과업들은 기관의 업무수행에 얼마나 도움이 되는가?, 이러한 과업들은 기관의 정책과 프로그램에 부합되는가? 등을 전반적으로 평가하는 것이다.

자원봉사자에 대한 평가는 또한 다음과 같이 네 가지로 구분하여 볼 수 있다. 이것은 ① 각 개별 자원봉사자의 기간별 평가, ② 자원봉사서비스에 대한 봉사대상자에 의한 평가, ③ 직원에 의한 자원봉사 프로그램의 평가, ④ 자원봉사 프로그램이 이 기관의 서비스에 주는 화폐적인 기여도의 평가 등이다. 이러한 평가를 원활하게 하기 위해서 자원봉사관리자는 직원 및 자원봉사자 개개인에 대한 충분한 지식을 소유하고 그들과의 협조가 전제되어야 한다(최덕경 외, 2006 : 198-199).

한편 자원봉사자의 평가는 자원봉사자와 봉사대상자뿐만 아니라 그 밖의 다양한 자료원으로부터 자료수집이 우선되어야 하며, 정기적인 평가와 부정기적인 평가로 구분하여 실시할 수 있다. 평가의 수단으로는 공식적 설문지, 직접면접, 전화면접, 자원봉사활동 기록과 자원봉사자 관리 프로그램의 검토 등이 있다.

4) 평가의 수준

자원봉사자에 대한 평가는 사회적 수준, 조직적 수준 및 관리적 수준의 세 가지 수준으로 구분하여 평가할 수 있다. 사회적 수준에서의 평가항목으로는 사회에 대해 자원봉사활동은 얼마나 많은 값어치가 있는가?, 자원봉사활동은 어떻게 가치 있게 되어야 하는가?, 평가를 위해 이용할 수 있는 접근방법은 무엇인가? 등이 있다. 조직적 수준에서의 평가항목으로는 조직에 대한 자원봉사자의 가치는 무엇인가?, 조직에 대한 자원봉사활동의 비용은 어떠한가?, 자원봉사자들은 책임감 있게 활용되는가?, 지역사회는 자원봉사활동을 통해 조직을 지원하는가? 등이 있다. 관리적 수준에서의 평가항목으로는 각 프로그램에서 자원봉사자의 참여는 얼마나 효과적인가?, 자원봉사자는 각자의 영역에서 기대되는 결과를 성취하는가?, 자원봉사자는 어떻게 유급직원의 업무를 확대하고 향상시킬 수 있는가?, 자원봉사자는 어떠한 훈련을 필요로 하는가? 등이 있다(류기형, 2016 : 180-182).

5) 평가의 주요 요소

자원봉사활동에 있어서 주요한 평가요소는 다음과 같다(볼런티어21, 2004). 첫째, 무엇을 평가할 것인가? 여기에서는 활동의 목적과 목표, 달성하고자 하는 것 및 그 밖의 변화들에 대해 평가를 한다.

둘째, 어떻게 평가할 것인가? 여기에 해당하는 요소들은 다음과 같다. ① 양적 평가(계량화)로서 모집결과, 자원봉사자 수, 자원봉사자의 서비스 제공시간, 훈련에 참석한 자원봉사자 수, 인정을 받은 자원봉사자 수, 활동이 지속되는 자원봉사자 수, 자원봉사활동에 대한 금전적 기여 환산 등을 평가한다. ② 구조화된 설문지를 통한 평가로서 자원봉사자의 노력의 결과로 프로그램 대상자에게 어떤 변화나 성과가 일어났는가를 측정하며, 평가 설문지, 평가토론회, 특정한 평가척도를 이용한 프로그램 전후 검사 등으로 평가한다. ③ 질적 평가(사례 토의)로서 1일 활동 후 간담회 개최, 활동소감 나누기, 대상자 및 지역사회 주민 간담회 등을 통해 평가한다. ④ 자원봉사자 개인의 목표에 대한 평가를 실시한다. ⑤ 프로그램에 투입된 비용과 프로그램의 효과성을 비교하는 효율성 측정으로서 프로그램 실행에 투입된 노력과 산출의 비율로서 투입을 비용으로 보고 산출을 효과로 보면 '효율성=산출/투입=효과/비용'이 된다. 이를 동일한 서비스를 자원봉사자가 아닌 자원봉사자가 아닌 자원봉사조정자가 수행했을 경우에 투입되어야 하는 비용과 비교하는 것도 가능하다.

셋째, 누가 평가할 것인가? 이것은 ① 계획시점 평가로서 프로그램 계획의 자체의 합리성 평가, ② 진행시점 평가로서 모든 분야의 진행상황에 대한 지속적인 평가, ③ 결과시점 평가로서 프로그램 실행결과 변화된 정도와 목표 달성 정도 측정 등이다.

| 제16장 | 자원봉사자의 인정과 보상

1. 자원봉사자 인정과 보상의 필요성

자원봉사자가 안심하고 보람을 가지며 자원봉사활동을 수행할 수 있도록 하기 위해서는 자원봉사활동에 대한 인정과 보상이 이루어져야 한다. 자원봉사는 자발적으로 활동에 상응하는 보수를 받지 않고 공익이나 사회복지 증진을 위해서 행하는 활동이지만(野尻茂敏 外, 2001 : 60), 자원봉사활동을 활성화시키기 위해서는 제도적인 차원에서 인정과 보상을 통한 동기화가 필요하다(김미숙·김유경·김성희, 1998 : 237). 한편 자원봉사자가 봉사활동에 대해서 만족을 느끼지 못하는 이유 중의 하나는 봉사활동에 대해 보람을 느끼지 못하고 있다는 것이다. 그러므로 자원봉사자가 봉사활동을 통하여 사회심리적 보상을 받고 있다는 인식을 갖게 된다는 것은 자원봉사활동을 촉진하는 중요한 요소가 될 수 있다(김영호, 1997 : 404). 따라서 자원봉사활동을 활성화시키고 자원봉사자에게 지지와 격려를 제공하여 지속적으로 활동할 수 있는 동기를 부여하며, 자원봉사자로서 자긍심을 가지고 활동에 참여할 수 있도록 하기 위해서는 그들의 활동을 인정하는 체계와 적절히 보상하는 제도가 마련되는 것이 반드시 필요하다.

2. 자원봉사자 인정과 보상의 법적 근거

자원봉사자의 활동에 대한 인정과 보상에 관한 법적 근거를 살펴보면, 자원봉사활동기본법 제11조(학교·직장 등의 자원봉사활동 장려), 제12조(포상), 제13조(자원봉사자의 날 및 자원봉사주간), 제14조(자원봉사자의 보호), 제15조(자원봉사활동의 관리) 및 동법 시행령 제8조(포상), 제9조(자원봉사자의 날 및 자원봉사주간 행사), 제10조(자원봉사자에 대한 보험가입 등) 등에 명시되어 있다.

자원봉사활동기본법 제11조에서 학교는 학생의 자원봉사활동을 권장하고 지도・관리하기 위하여 노력하며, 직장은 직장인의 자원봉사활동을 촉진하기 위하여 노력하며, 학교・직장 등의 장은 학생 및 직장인 등의 자원봉사활동에 대하여 그 공헌을 인정하여 줄 수 있도록 명시하고 있다. 제12조에서 국가와 지방자치단체는 국가와 사회에 현저한 공로가 있는 자원봉사활동을 한 자원봉사자, 자원봉사단체, 자원봉사센터 등에 대하여 대통령령으로 정하는 바에 따라 포상할 수 있도록 하고 있다.

동법 제13조에서 국가는 국민의 자원봉사활동에 대한 참여를 촉진하고 자원봉사자의 사기를 높이기 위하여 매년 12월 5일을 자원봉사자의 날로 하고 자원봉사자의 날부터 1주일간을 자원봉사주간으로 설정하며, 자원봉사자의 날 및 자원봉사주간의 행사에 필요한 사항은 대통령령으로 정하도록 하고 있다. 제14조에서 국가와 지방자치단체는 자원봉사활동이 안전한 환경에서 이루어질 수 있도록 노력하여야 하며, 자원봉사자에 대한 보험의 가입 등 보호의 종류와 내용에 관하여 필요한 사항은 대통령령으로 정하도록 하고 있다. 제15조에서 자원봉사단체 및 자원봉사센터는 자원봉사자에 대한 교육훈련 및 안전대책 등이 체계적으로 관리될 수 있도록 노력하여야 한다고 명시하고 있다.

자원봉사활동기본법 시행령 제8조에서는 동법 제12조의 규정에 의한 포상대상자의 선정절차와 훈격은 상훈법의 규정에 따르도록 하고 있다. 동법 시행령 제9조에서는 동법 제13조의 규정에 의한 자원봉사자의 날 및 자원봉사주간을 기념하기 위하여 국가와 지방자치단체 및 자원봉사단체 등은 ① 기념행사, ② 연구발표 및 국제교류행사, ③ 유공자 및 유공단체에 대한 격려, ④ 대중매체 등을 통한 홍보, ⑤ 그 밖에 자원봉사 활성화에 대한 범국민적인 관심을 높이기 위한 행사 등을 실시하도록 하고 있다.

동법 시행령 제10조에서는 국가와 지방자치단체는 동법 제14조 제1항의 규정에 의하여 자원봉사단체 및 자원봉사센터로 하여금 위험이 수반되는 자원봉사활동에 대한 안전교육 등 사전에 필요한 조치를 취하도록 할 수 있도록 하고 있다. 동법 제14조 제2항의 규정에 의한 자원봉사자에 대한 보호의 종류는 ① 자원봉사활동 중인 자원봉사자의 신체적 보호, ② 자원봉사활동 중에 발생한 자원봉사자의 경제적 손실보호, ③ 자원봉사활동 중에 발생한 타인의 신체 또는 재물손괴에 대한 보호 등으로 규정하고 있다. 국가 및 지방자치단체는 자원봉사센터 또는 비영리민간단체 지원법에 의하여 등록된 단체에 소속한 자원봉사자의 보호를 위하여 ① 자원봉사활동 중에 발생한 자원봉사자의 사망, 후유장애 및 의료·입원·수술비 등에 대한 보상을 할 수 있을 것, ② 자원봉사활동 중에 발생한 타인의 신체 또는 재물손괴에 대한 보상을 할 수 있을 것 등의 요건을 모두 갖춘 보험 또는 공제에 가입할 수 있도록 하고 있으며, 지방자치단체는 상기의 규정에 의한 보험의 가입절차 및 방법 등에 관하여는 조례로 정하도록 하고 있다.

3. 자원봉사자 인정과 보상의 유형

자원봉사자에 대한 인정과 보상은 공식적 차원과 비공식적 차원으로 구분할 수 있다. 공식적 차원에서의 인정과 보상제도로는 상해보험제도의 도입, 인증관리, 무료건강진단의 제공, 교통경비의 제공, 신분증 발급, 세제감면, 제복의 제공, 지역사회 편의시설의 할인이용, 입학·취업 등에서의 가산점 제공 등이 있다. 비공식 차원으로는 우수한 자원봉사자에 대하여 시상, 감사장·감사패·기념메달 또는 선물의 제공, 직책 부여, 연수회 참가, 교통비와 식사비의 제공, 지역신문이나 회보에의 게재, 지역TV나 라디오에서의 소개, 사례발표회의 개최, 기관행사에의 초대, 감사파티의 개최, 감사카드와 생일카드의 송부 등이 있다. 자원봉사자에 대한 인정과 보상은 일시적·즉흥적으로 실시하는 것이 아니라 지속적으로 이루어져야 하고 제도적으로 확립되어야 한다. 또한 이것은 제도적으로는 공평하고 공정하게 실시하면서도 자원봉사자별로는 개별적이고 융통성이 있게 운영하여 자원봉사를 활성화시키는데 기여할 수 있도록 해야 한다.

한편 자원봉사자에 대한 인정과 보상은 <표 16 - 1>과 같이 정서적 인정, 기회의 인정, 상징적 인정, 간접적・경제적 인정, 사회적 인정 등으로도 구분할 수 있다. 정서적 인정으로는 감사카드, 축하카드(생일, 성년 등), 연하장, 휴대폰 문자 등 및 언어적・비언어적 감사의 표시와 관심 표현 등이 있다. 기회의 인정으로는 국내외 행사 참석 기회, 보건소 무료 건강검진 기회, 전문 심화교육과 워크숍 참석 기회, 국내・외 연수, 테마여행 기회 등이 있다. 상징적 인정으로는 각종 기념품・활동조끼・자원봉사자 수첩의 제공, 자원봉사자 배지(누적 봉사활동 시간에 따른 금・은・동 배지) 제공, 자원봉사자(리더) 명함 제작 또는 자원봉사 인증패 증정, 이달의 모범 자원봉사자 선정 또는 봉사왕 선정 등이 있다. 간접적・경제적 인정으로는 주차할인권 제공, 공공시설 및 복지관 프로그램 이용료 할인, 놀이공원・공연관람료 할인 또는 무료 티켓 등 제공, 할인쿠폰 제공(할인가맹점 이용) 등이 있다. 사회적 인정으로는 추천이나 추천서 제공, 우수 자원봉사자 표창, 정부포상 추천, 지역 또는 전국적 미디어 활용 홍보, 상급학교 진학 시 경력 인정, 자원봉사 활동기록 및 자원봉사 명예의 전당 등재 등이 있다.

〈표 16-1〉 자원봉사자에 대한 인정과 보상 프로그램

유 형	인정과 보상 프로그램
정서적 인정	• 감사카드, 축하카드(생일, 성년 등), 연하장, 휴대폰 문자 등 • 언어적 · 비언어적 감사의 표시와 관심 표현
기회의 인정	• 국내외 행사 참석 기회, 보건소 무료 건강검진 기회 • 전문 심화교육, 워크숍 참석 기회 • 국내 · 외 연수, 테마여행 기회
상징적 인정	• 각종 기념품, 활동조끼, 자원봉사자 수첩 제공 • 자원봉사자 배지(누적 봉사활동 시간에 따른 금 · 은 · 동 배지) • 자원봉사자(리더) 명함 제작 또는 자원봉사 인증패 증정 • 이달의 모범 자원봉사자 선정 또는 봉사왕 선정 등
간접적 · 경제적 인정	• 주차할인권, 공공시설 및 복지관 프로그램 이용료 할인 • 놀이공원 · 공연관람료 할인 또는 무료 티켓 등 제공 • 할인쿠폰 제공(할인가맹점 이용)

유 형	인정과 보상 프로그램
사회적 인정	• 추천이나 추천서 제공 • 우수 자원봉사자 표창, 정부포상 추천 • 지역 또는 전국적 미디어 활용 홍보 • 상급학교 진학 시 경력 인정 • 자원봉사 활동기록 및 자원봉사 명예의 전당 등재

자료 : 행정안전부(2020). 자원봉사센터 운영지침, p. 56.

4. 자원봉사자의 인증관리

1) 자원봉사자 인증관리의 필요성

자원봉사는 자발적으로 보수를 받지 않고 행하는 활동으로서 자기만족과 자아실현을 포함하는 활동이기도 하지만(田中尙輝, 1998 : 105), 활동에 대한 상응하는 인정과 보상이 이루어지지 않으면 지속적으로 활동을 전개하지 못하는 경우가 있을 수 있다. 그러므로 자원봉사자의 중도탈락을 예방하고 그들이 지속적으로 봉사활동에 참여할 수 있도록 하는 동기부여가 무엇보다도 필요하다. 자원봉사활동을 활성화시키기 위한 방안은 다양하지만 자원봉사자에 대한 적극적인 유인과 지속적인 참여를 위해서는 자원봉사활동의 실적과 수준에 따라 인정과 보상을 제공하는 인증관리의 실시가 우선되어야 할 것이다(김남순, 1997 : 292).

자원봉사활동 인증관리는 자원봉사활동을 개인의 일방적인 '희생과 보람'에서 '인정과 보상'체계로 전환하여 자원봉사 활동실적이 일정 수준 이상인 사람이 필요시 자원봉사서비스를 되돌려 받을 수 있도록 하는 제도이다. 이것은 자원봉사가 사회구성원들 간의 상호부조와 협력관계의 일환이며, 사회적 공동생활을 이해하고 운명공동체의 의식을 확인하는 것이라는 철학에 기초를 두고 있다(立木茂雄 編, 2001 : 111-112). 즉, 자원봉사활동 인증관리는 자원봉사를 활성화시키고자 하는 목적과 자원봉사에 대한 보상을 동시에 추구하는 제도인 것이다.

2) 자원봉사자 인증관리의 기본 원칙

자원봉사자의 활동에 대한 인증은 1일 8시간 이내를 원칙으로 하며, 실제 활동시간에 한하여 인증해 주도록 하고, 자원봉사활동 확인・실적 인정은 활동 종료 3개월 이내에 이루어지도록 함을 원칙으로 하고 있다. 자원봉사자의 인증관리는 다음과 같은 기본적인 원칙에 의해 이루어져야 한다(행정안전부, 2020 : 49).

첫째, 자원봉사활동의 인증은 자원봉사자와 관련 기관단체 간 상호신뢰를 바탕으로 자원봉사활동에 관한 정보와 기록・관리에 있어 위조, 변조, 누락, 추가 등으로 인한 왜곡이 발생하지 않도록 해야 한다.

둘째, 인증대상이 되는 봉사활동은 자원봉사의 공익성(공공성, 비영리성), 무보수성의 기준을 충족하여야 한다.

셋째, 매 활동 혹은 누적시간에 따라 인증관리를 해야 한다.

넷째, 봉사자가 요구 시 자원봉사활동에 대한 소정의 인증서를 발급해야 한다.

다섯째, 자원봉사활동인증은 자원봉사자의 연령제한이 없이 자원봉사자 개인단위로 해야 한다. 단, 가족단위 봉사활동 중 미취학아동 봉사자가 직접 봉사활동에 참여한 경우에는 시간인증이 가능하다.

여섯째, 자원봉사활동을 실제 시간보다 늘리거나 양도하는 것은 금지한다.

일곱째, 자원봉사활동 신청의 승인은 활동 전 7일 전까지, 자원봉사활동의 인증은 활동 종료 후 1개월 이내에 하는 것을 원칙으로 한다.

여덟째, 자원봉사활동의 인증 및 관리방법, 절차는 가능한 간편하고 효율적이어야 한다.

3) 온라인 자원봉사 인증관리

자원봉사자의 온라인 자원봉사는 비영리와 공공성의 목적으로 수행된 직접적인 봉사활동이 온라인을 기반으로 이루어지는 자원봉사활동이다. 이것은 시간・공간적 제약을 받지 않고 쉽게 자원봉사에 접근하여 참여할 수 있으며,

자원봉사 영역을 확장하여 자원봉사 참여 문화를 확산하기 위한 것이다. 활동 유형으로는 ① 번역 및 통역으로 국제행사 및 사회적 약자(청각장애인 등)를 위한 온라인 통・번역 활동, ② 상담 및 자문으로 마케팅, 법률 등의 온라인 상담 및 전문 자문 제공, ③ 모니터링 활동으로 환경, 안전 등 공익적 모니터링 활동, ④ 인식개선 및 홍보-사회문제해결을 위한 다양한 온라인 활동, ⑤ 기타 전문기술 제공으로 콘텐츠 제작 등 다양한 분야의 기술 제공 등이 있다. 온라인 자원봉사활동은 1365 자원봉사포털을 통해 활동인증서를 발급하는 방법으로 인증을 하고 있다(행정안전부, 2020 : 55).

한편 자원봉사활동의 인증관리는 자원봉사자에게 인정과 보상을 제공하여 자원봉사를 활성화시키는데 중요한 역할을 수행하게 될 것이다. 그러나 자원봉사활동 인증관리가 단순히 베푼 것을 되돌려 받는다는 인상을 주게 해서는 안 되며, 자원봉사자가 자긍심을 갖고 활동하도록 하는 것이 무엇보다도 중요하고, 자원봉사활동을 적극적으로 수행하는 과정 속에서 인정과 보상을 받는다는 이미지를 갖게 해야 한다. 또한 자원봉사활동 인증관리는 자원봉사활동에 대한 엄정한 실적관리와 실적에 따른 효과적인 서비스의 제공을 통하여 신뢰성과 효율성을 확보해야 한다.

04

자원봉사의 미래

| 제17장 | 자원봉사의 과제와 전망

VOLUNTEERISM

| 제17장 | 자원봉사의 과제와 전망

1. 자원봉사의 과제

자원봉사는 자발적인 참여를 바탕으로 현대사회의 주요한 사회문제를 해결하고 국가의 사회적 비용을 절감할 수 있는 중요한 요소이며, 자원봉사자 개인의 발전은 물론 지역사회 발전에 기여하고 세계평화에도 공헌할 수 있는 자원이다. 그러나 우리나라의 자원봉사는 아직도 홍보가 다소 부족하고 인식이 결여되어 자원봉사에 참여하는 국민이 상대적으로 적으며, 프로그램이 다양화되어 있지 않아 자원봉사를 원하는 사람들이 자신이 원하는 프로그램에 쉽게 접근하는데 어려움이 있다. 자원봉사자가 모집되어 활동을 시작하더라도 그들에 대한 효율적인 관리가 되지 않는 경우가 있어서 지속적인 활동을 하지 못하고 있으며, 아직도 그들에 대한 보호보상제도가 부족한 실정이다. 이러한 자원봉사의 문제점들을 개선하여 자원봉사를 더욱 활성화시켜야 하며, 그와 관련된 자원봉사의 과제는 다음과 같다.

1) 자원봉사의 홍보 강화

자원봉사를 활성화시키기 위해서는 국가와 지방자치단체의 차원에서 적극적이고 체계적인 홍보가 필요하다. 즉, 이것은 자원봉사에 참여할 수 있는 잠재적 자원인 지역사회 주민들에게 자원봉사에 대한 긍정적인 측면을 부각시키고 필요성을 강조하며, 자원봉사활동과 관련된 정보를 그들에게 제공하는 것이다. 지역사회 주민들 중에는 지역사회의 취약계층을 돕고 지역사회 발전에 동참하고자 하는 사람들이 많지만, 자원봉사활동을 하고 싶어도 어떤 분야에서 어떠한 경로를 통해 참여할 수 있는가를 알지 못하여 참여하지 못하는 경우도 있다. 한편 지역사회에서 자원봉사를 할 수 있는 전문적 지식, 기술 및 경험을 가지고 있어도 자원봉사에 대한 관심이 부족하여 참여하지 못하는 경우도 있으므로 그들에 대한 적극적인 홍보를 통해 자원봉사활동에 참여할 수 있도록 해야 한다. 이와 같이 자원봉사에 대한 홍보를 강화하여 보다 많은 사람들이 자원봉사에 관심을 가지고 지속적으로 참여할 수 있도록 해야 한다(이근홍, 2020b : 168).

2) 자원봉사의 인식 제고

자원봉사는 개인, 단체, 조직, 지역사회, 국가 및 세계에도 긍정적 영향을 미치는 훌륭한 요소임에도 불구하고 아직도 그에 대한 인식이 결여되어 활성화되지 못하고 있다. 자원봉사는 청소년들에게는 자립심, 협동심, 리더십, 바람직한 인성 등을 갖게 하여 자기성장을 도모할 수 있으며, 자신의 미래와 관련된 자아정체감 형성에도 도움이 되고, 청소년문제를 예방 · 해결하거나 자아실현을 할 수 있게 한다. 노인에게는 건강을 유지하고 생활만족에도 기여할 수 있으며, 자아실현은 물론 지역사회 발전에도 공헌할 수 있게 한다. 따라서 아직도 자원봉사의 참여율이 너무 낮기 때문에 자원봉사의 긍정적인 측면을 더욱 강조하여 국민적인 인식을 높이고 많은 사람들이 자원봉사활동에 참여할 수 있도록 해야 한다. 그와 동시에 자원봉사에 참여한 사람들이 소명감을 가지고 활동에 임할 수 있도록 해야 하며, 봉사활동 대상에 대한 책임감을 높일 수 있도록 해야 한다.

3) 자원봉사 프로그램의 다양화

자원봉사에 대한 관심이 높아지면서 자원봉사활동에 참여하고자 하는 사람들이 점점 증가하고 있지만, 프로그램이 다양하지 못하여 자원봉사활동을 하지 못하거나 자신이 원하는 분야에서 자원봉사를 할 수 없는 경우가 있다. 특히 청소년이나 노인의 자원봉사에서 일시적이고 비전문적인 분야에 치중되어 있어서 그들이 흥미를 가지고 계속적으로 활동을 전개하지 못하는 경우도 있다. 이와 같이 자원봉사활동에 있어서 시급한 문제 중의 하나는 자원봉사를 하고 싶어 하는 수요의 측면과 자원봉사활동 프로그램을 제공해야 하는 공급의 측면이 불일치한다는 것이다(김혜영 · 유진희 · 신원정, 2018 : 209). 따라서 아동의 자원봉사, 청소년의 자원봉사, 노인의 자원봉사, 장애인자원봉사, 여성의 자원봉사, 다문화가족자원봉사, 기업의 자원봉사, 종교단체의 자원봉사, 국제자원봉사 등과 관련된 다양한 프로그램을 개발하고 보급하여 자원봉사를 활성화시킬 수 있도록 해야 한다. 특히 자원봉사의 각 연령계층별 · 분야별로 특별히 잘할 수 있는 적합한 프로그램을 다양하게 개발하여 그들이 흥미를 가지고 지속적으로 활동할 수 있도록 해야 할 것이다.

4) 자원봉사자의 효율적인 관리

자원봉사를 활성화시키기 위해서는 무엇보다도 자원봉사자에 대한 효율적인 관리가 필요하다. 우선적으로 자원봉사에 대한 홍보가 부족하고 인식이 결여되어 모집에 어려움이 있으며, 자원봉사자에 대한 교육과 훈련이 형식적이고 너무 적은 시간 동안 실시한 경우가 많다. 프로그램이 다양화되지 못하여 자원봉사자들이 원하는 프로그램에 적절히 배치가 못하는 경우도 있으며, 자원봉사자의 활동에 대한 지도 · 감독이나 평가가 부족하고 그들에 대한 보호보상제도가 제대로 정비되어 있지 못한 경우도 있다. 따라서 자원봉사를 활성화시키기 위해서는 참여빈도를 높이고 지속성을 더욱 강화해야 하며, 이를 위해서 자원봉사자를 잘 관리해야 한다. 자원봉사자는 대개 모집, 교육 · 훈련, 배치, 평가, 보호보상 등의 과정을 통하여 관리되므로 자원봉사자를 적극적으로 모집하고, 그들의 적성에 맞는 교육과 훈련을 시키며, 적재적소에 배치하여 지속적으로 자원봉사를 할 수 있도록 해야 한다. 그와 동시에 자원봉사자의 봉사활동을 정기적으로 평가하며, 자원봉사활동이 지속적으로 이루어질 수 있는 동기를 제공하기 위한 보호보상제도가 확충되어야 할 것이다(이근홍, 2020b : 169).

5) 자원봉사자 보호보상제도의 확충

자원봉사자들이 안심하고 보람을 가지며 자원봉사활동을 수행할 수 있도록 하기 위해서는 자원봉사자에 대한 보호와 보상이 이루어져야 한다. 자원봉사가 자발적으로 활동에 상응하는 보수를 받지 않고 공익이나 사회복지 증진을 위해서 행하는 활동이기는 하지만, 자원봉사활동을 활성화시키기 위해서는 제도적인 차원에서 보호와 보상을 통한 동기화가 필요하며, 신분보장과 사고에 대한 대책은 물론 봉사실적에 따른 인센티브가 제공되어야 한다(최덕경 외, 2006 : 460-461). 자원봉사자에 대한 보호보상제도는 공식적 차원과 비공식적 차원으로 구분하여 도입할 수 있다. 공식적인 보호제도로는 상해보험제도의 도입, 무료건강진단 등이 있으며, 비공식적인 보호제도로는 교통편의의 제공이 있다. 공식적인 보상제도로는 신분증의 발급, 지역사회 내의 편의시설의 할인이용, 세제감면 혜택, 일률적인 복장의 제공, 인증관리 등이 있다. 비공식적인 보상제도로는 시상, 감사장・감사패・기념메달 또는 선물의 제공, 교통비와 식사비의 제공, 지역신문이나 회보에의 게재, 지역TV나 라디오에서의 소개, 사례발표회, 기관의 행사에의 초대, 감사파티의 개최 등이 있다(이근홍, 2020b : 169).

2. 자원봉사의 전망

자원봉사는 사회복지의 한 분야로서 지역주민의 복지증진과 국가의 사회복지의 발전에도 크게 기여하고 있다. 최근 우리나라에서도 자원봉사에 대한 사회적 인식이 점점 높아지면서 자원봉사를 활성화시키기 위한 노력이 다각적으로 이루어지고 있다. 우리나라의 자원봉사 참여율은 2017년 기준으로 21.4%로서 아직은 선진국에 비해 우리나라의 자원봉사는 양적인 면에서나 질적인 면에서 매우 부족한 실정이며(주성수 외, 2017 : 3), 앞으로 개선해야 할 많은 문제점을 안고 있다. 이러한 문제점을 개선하여 선진국과 같은 수준의 자원봉사활동을 수행하기 위해서는 우리 모두가 자원봉사에 적극적으로 참여해야 할 것이다. 앞으로 미래지향적인 측면에서 자원봉사의 전망을 제시하면 다음과 같다.

첫째, 자원봉사활동에 참여하는 인구가 점점 증가하게 될 것이다. 자원봉사는 개인적 측면이나 지역사회의 측면에서 상당한 이익을 가져다주는 훌륭한 활동이므로 체계적인 홍보와 인식의 제고를 통하여 많은 사람들이 활동에 참여할 것으로 전망된다. 특히 베이비부머의 은퇴가 시작되면서 전문적인 지식, 기술 및 경험이 풍부한 유휴인력이 증가하고 여성의 사회참여가 확대되면서 다양한 자원봉사 프로그램에 관심을 갖게 될 것이며 그로 인하여 자원봉사가 더욱 활성화될 것이다.

둘째, 자원봉사 프로그램이 다양화되고 자원봉사 행정이 전문화될 것이다. 그동안의 자원봉사 프로그램은 비교적 단순하고 비전문적인 분야가 많았다면 앞으로는 프로그램이 더욱 다양해지고 전문적인 분야가 확대될 것이다. 또한 자원봉사활동이 점점 증가하면서 자원봉사자를 관리하기 위한 조직도 확대되고 자원봉사 관련 정보망도 조직화됨과 동시에 자원봉사 행정이 보다 전문화될 것으로 보인다. 그와 동시에 자원봉사 영역도 세부적으로 전문화되고 다양해질 것이다(성민선, 1997 : 151). 자원봉사 프로그램이 다양해지고 전문화되면 자원봉사활동에 참여하는 인구도 증가하고 자원봉사도 더욱 활성화될 것이다.

셋째, 자원봉사 관련기관(단체), 사회복지시설(기관) 및 행정기관과의 연계·협력체계가 구축될 것이다. 자원봉사활동은 자원봉사를 하고자 하는 욕구를 가진 사람과 자원봉사자를 관리하는 기관과의 연계가 잘 이루어져야 하며(김혜영·유진희·신원정, 2018 : 210), 자원봉사 관련기관(단체)과 자원봉사의 수요처라 할 수 있는 사회복지시설(기관)과의 연계·협력이 잘 이루어져야 한다. 그와 동시에 자원봉사 관련기관(단체)에 대한 행정기관의 지원과 지도·감독이 잘 이루어져야 한다. 이와 같이 자원봉사가 활성화되기 위해서는 자원봉사 관련기관(단체), 사회복지시설(기관) 및 행정기관과의 연계·협력체계가 구축될 필요가 있으며, 앞으로 이러한 연계·협력체계가 구축되어 자원봉사를 더욱 활성화시키는 요소가 될 것이다.

넷째, 국제자원봉사는 활동분야가 다양해지고 참여자가 많아져 더욱 활성화될 것이다. 국제자원봉사는 외국과의 교류의 활성화와 교류분야의 다양화, 인도적 차원의 국제협력 증진, 대학생의 해외자원봉사활동 확대, 국제협력기구 활동의 활성화 등으로 인하여 활동이 더욱 촉진되고 증가할 것으로 전망된다. 특히 기업, 종교단체, 자원봉사단체 및 대학생의 해외자원봉사활동이 늘어나면서 국제자원봉사는 더욱 활성화될 것이며, 인류애를 바탕으로 한 자원봉사활동이 보다 적극적으로 이루어질 것이다(성민선, 1997 : 151). 앞으로 국제자원봉사가 외국과의 교류 활성화를 통해 개발도상국의 빈곤, 환경오염, 식량문제, 식수문제, 교육문제 등을 해결하는데 기여하게 될 것이다

자원봉사는 개인, 단체, 조직, 지역사회, 국가 및 세계에 광범위하게 영향을 미치는 바람직한 활동이지만, 자원봉사를 지나치게 강조하고 그에 반하여 국가의 사회복지를 축소시키거나 사회복지의 한 대안으로 활용해서는 안 된다. 따라서 자원봉사활동을 더욱 활성화시키고 그와 더불어 사회복지제도와 서비스도 강화해야 하며, 자원봉사는 사회복지제도에 보충적인 역할을 수행함은 물론 독자적인 영역에서 지역주민의 삶의 질의 향상과 지역과 국가의 발전에 기여해야 할 것이다.

부 록

자원봉사활동기본법
자원봉사활동기본법 시행령
자원봉사활동 시간인증 표준표

자원봉사활동기본법

[법률 제14839호(정부조직법) 일부개정 2017. 7. 26]

제1조(목적) 이 법은 자원봉사활동에 관한 기본적인 사항을 규정함으로써 자원봉사활동을 진흥하고 행복한 공동체 건설에 이바지함을 목적으로 한다.
[전문개정 2014. 1. 7]

제2조(기본 방향) 자원봉사활동의 진흥을 위한 정책은 다음 각 호의 사항을 기본 방향으로 하여야 한다.

1. 자원봉사활동은 국민의 협동적인 참여 능력을 높일 수 있는 방향으로 추진하여야 한다.
2. 자원봉사활동은 무보수성, 자발성, 공익성, 비영리성, 비정파성(非政派性), 비종파성(非宗派性)의 원칙 아래 수행될 수 있도록 하여야 한다.
3. 모든 국민은 나이, 성별, 장애, 지역, 학력 등 사회적 배경에 관계없이 누구든지 자원봉사활동에 참여할 수 있도록 하여야 한다.
4. 자원봉사활동의 진흥을 위한 정책은 민·관 협력의 기본 정신을 바탕으로 하여 추진하여야 한다.

[전문개정 2014. 1. 7]

제3조(정의) 이 법에서 사용하는 용어의 뜻은 다음과 같다.

1. "자원봉사활동"이란 개인 또는 단체가 지역사회·국가 및 인류사회를 위하여 대가 없이 자발적으로 시간과 노력을 제공하는 행위를 말한다.
2. "자원봉사자"란 자원봉사활동을 하는 사람을 말한다.
3. "자원봉사단체"란 자원봉사활동을 주된 사업으로 하거나 이를 지원하기 위하여 설립된 비영리 법인 또는 단체를 말한다.
4. "자원봉사센터"란 자원봉사활동의 개발·장려·연계·협력 등의 사업을 수행하기 위하여 법령과 조례 등에 따라 설치된 기관·법인·단체 등을 말한다.

[전문개정 2014. 1. 7]

제4조(국가와 지방자치단체의 책무) 국가와 지방자치단체는 자원봉사활동의 진흥에 관한 시책을 마련하여 국민의 자원봉사활동을 권장하고 지원하여야 한다. [전문개정 2014. 1. 7]

제5조(정치활동 등의 금지 의무)

① 제14조, 제18조 및 제19조에 따라 지원을 받는 자원봉사단체 및 자원봉사센터는 그 명의 또는 그 대표의 명의로 특정 정당이나 특정인의 선거운동을 하여서는 아니 된다.

② 제1항에서 "선거운동"이란 「공직선거법」 제58조제1항에 따른 선거운동을 말한다.
[전문개정 2014. 1. 7]

제5조의2(자원봉사활동의 강요 금지) 누구든지 개인 또는 단체에 대하여 자원봉사활동을 강요하여서는 아니 된다.
[본조신설 2016. 12. 27]

제6조(다른 법률과의 관계) 자원봉사활동의 진흥 등에 관하여는 다른 법률에 특별한 규정이 있는 경우를 제외하고는 이 법에서 정하는 바에 따른다.
[전문개정 2014. 1. 7]

제7조(자원봉사활동의 범위) 이 법의 적용을 받는 자원봉사활동의 범위는 다음 각 호와 같다.
1. 사회복지 및 보건 증진에 관한 활동
2. 지역사회 개발·발전에 관한 활동
3. 환경보전 및 자연보호에 관한 활동
4. 사회적 취약계층의 권익 증진 및 청소년의 육성·보호에 관한 활동
5. 교육 및 상담에 관한 활동
6. 인권 옹호 및 평화 구현에 관한 활동
7. 범죄 예방 및 선도에 관한 활동
8. 교통질서 및 기초질서 계도에 관한 활동
9. 재난 관리 및 재해 구호에 관한 활동
10. 문화·관광·예술 및 체육 진흥에 관한 활동
11. 부패 방지 및 소비자 보호에 관한 활동
12. 공명선거에 관한 활동
13. 국제협력 및 국외봉사활동
14. 공공행정 분야의 사무 지원에 관한 활동
15. 그 밖에 공익사업의 수행 또는 주민복리의 증진에 필요한 활동

[전문개정 2014. 1. 7]

제8조(자원봉사진흥위원회)
① 자원봉사활동에 관한 주요 정책을 심의하기 위하여 국무총리 소속으로 관계 중앙행정기관 및 민간 전문가로 구성된 자원봉사진흥위원회를 둔다.
② 자원봉사진흥위원회는 다음 각 호의 사항을 심의한다.
1. 자원봉사활동의 진흥을 위한 정책 방향의 설정 및 협력·조정
2. 자원봉사활동의 진흥을 위한 국가기본계획과 연도별 시행계획에 관한 사항
3. 자원봉사활동의 진흥을 위한 제도 개선에 관한 사항
4. 그 밖에 자원봉사활동의 진흥에 필요한 사항

③ 제2항에 따른 심의 사항을 미리 검토하고 관계 기관 간의 협의 사항을 정리하기 위

하여 자원봉사진흥위원회에 실무위원회를 둘 수 있다.

④ 자원봉사진흥위원회 및 실무위원회의 구성·조직 및 운영에 필요한 사항은 대통령령으로 정한다.

[전문개정 2014. 1. 7]

제9조(자원봉사활동의 진흥에 관한 국가기본계획의 수립)

① 행정안전부장관은 관계 중앙행정기관의 장과 협의하여 자원봉사활동의 진흥을 위한 국가기본계획(이하 "기본계획"이라 한다)을 5년마다 수립하여야 한다. [개정 2014. 11. 19. 제12844호(정부조직법), 2017. 7. 26. 제14839호(정부조직법)]

② 기본계획에는 다음 각 호의 사항이 포함되어야 한다.

1. 자원봉사활동의 진흥에 관한 기본 방향
2. 자원봉사활동의 진흥에 관한 추진 일정
3. 관계 중앙행정기관의 자원봉사활동에 관한 추진 시책
4. 자원봉사활동의 진흥을 위하여 필요한 재원(財源)의 조달방법
5. 그 밖에 자원봉사활동의 진흥을 위하여 특히 필요하다고 인정되는 사항

[전문개정 2014. 1. 7]

제10조(연도별 시행계획의 수립) 관계 중앙행정기관의 장과 지방자치단체의 장은 기본계획에 따라 연도별 시행계획을 수립·시행하여야 한다.

제11조(학교·직장 등의 자원봉사활동 장려)

① 학교는 학생의 자원봉사활동을 권장하고 지도·관리하기 위하여 노력한다.

② 직장은 직장인의 자원봉사활동을 촉진하기 위하여 노력한다.

③ 학교·직장 등의 장은 학생 및 직장인 등의 자원봉사활동에 대하여 그 공헌을 인정하여 줄 수 있다.

[전문개정 2014. 1. 7]

제12조(포상) 국가와 지방자치단체는 국가와 사회에 현저한 공로가 있는 자원봉사활동을 한 자원봉사자, 자원봉사단체, 자원봉사센터 등에 대하여 대통령령으로 정하는 바에 따라 포상할 수 있다.

[전문개정 2014. 1. 7]

제13조(자원봉사자의 날 및 자원봉사주간)

① 국가는 국민의 자원봉사활동에 대한 참여를 촉진하고 자원봉사자의 사기를 높이기 위하여 매년 12월 5일을 자원봉사자의 날로 하고 자원봉사자의 날부터 1주일간을 자원봉사주간으로 설정한다.

② 자원봉사자의 날 및 자원봉사주간의 행사에 필요한 사항은 대통령령으로 정한다.

[전문개정 2014. 1. 7]

제14조(자원봉사자의 보호)

① 국가와 지방자치단체는 자원봉사활동이 안전한 환경에서 이루어질 수 있도록 노력하여야 한다.

② 자원봉사자에 대한 보험의 가입 등 보호의 종류와 내용에 관하여 필요한 사항은 대통령령으로 정한다.

[전문개정 2014. 1. 7]

제15조(자원봉사활동의 관리) 자원봉사단체 및 자원봉사센터는 자원봉사자에 대한 교육훈련 및 안전대책 등이 체계적으로 관리될 수 있도록 노력하여야 한다.

제16조(국유 · 공유 재산의 사용) 국가와 지방자치단체는 「국유재산법」 또는 「공유재산 및 물품 관리법」에도 불구하고 자원봉사활동의 진흥을 위하여 자원봉사단체 및 자원봉사센터가 대통령령으로 정하는 특정한 사업을 수행하기 위하여 국유 · 공유 재산이 필요하다고 인정하면 이를 무상으로 대여하거나 사용하게 할 수 있다.

[전문개정 2014. 1. 7]

제17조(한국자원봉사협의회)

① 자원봉사단체는 전국 단위의 자원봉사활동을 진흥 · 촉진하기 위한 다음 각 호의 활동을 하기 위하여 한국자원봉사협의회를 설립할 수 있다.

1. 회원단체 간의 협력 및 사업 지원
2. 자원봉사활동의 진흥을 위한 대국민 홍보 및 국제교류
3. 자원봉사활동과 관련된 정책의 개발 및 조사 · 연구
4. 자원봉사활동과 관련된 정책의 건의
5. 자원봉사활동과 관련된 정보의 연계 및 지원
6. 그 밖에 자원봉사활동의 진흥과 관련하여 국가 및 지방자치단체로부터 위탁받은 사업

② 한국자원봉사협의회는 법인으로 한다.

③ 한국자원봉사협의회는 정관을 작성하여 행정안전부장관의 인가를 받아 등기함으로써 설립된다. [개정 2014. 11. 19. 제12844호(정부조직법), 2017. 7. 26. 제14839호(정부조직법)]

④ 한국자원봉사협의회의 조직과 운영 등에 필요한 사항은 대통령령으로 정한다.

[전문개정 2014. 1. 7]

제18조(자원봉사단체에 대한 지원) 국가 및 지방자치단체는 자원봉사단체의 활동에 필요한 행정적 지원을 할 수 있으며 「비영리민간단체지원법」에 따라 사업비를 지원할 수 있다.

[전문개정 2014. 1. 7]

제19조(자원봉사센터의 설치 및 운영)
① 국가기관 및 지방자치단체는 자원봉사센터를 설치할 수 있다. 이 경우 자원봉사센터를 법인으로 하여 운영하거나 비영리 법인에 위탁하여 운영하여야 한다.
② 제1항 후단에도 불구하고 자원봉사활동을 효율적으로 추진하기 위하여 필요하다고 인정할 경우에는 국가기관 및 지방자치단체가 운영할 수 있다.
③ 국가는 자원봉사센터의 설치·운영이 활성화될 수 있도록 적극 노력하여야 하며, 지방자치단체는 자원봉사센터의 운영에 필요한 경비를 지원할 수 있다.
④ 자원봉사센터 장의 자격요건과 자원봉사센터의 조직 및 운영 등에 필요한 사항은 대통령령으로 정한다.
[전문개정 2014. 1. 7]

제20조(벌칙) 자원봉사단체 및 자원봉사센터가 제5조에 따른 정치활동 등의 금지 의무를 위반한 경우에는 「공직선거법」 제255조제1항제11호에 따른 벌칙을 적용한다.
[전문개정 2014. 1. 7]

부칙 [2005. 8. 4. **제**7669**호**]

①(시행일) 이 법은 공포 후 6월이 경과한 날부터 시행한다.
②(사단법인 한국자원봉사협의회에 관한 경과조치) 이 법 시행 당시 「민법」 제32조의 규정에 의하여 설립된 사단법인 한국자원봉사협의회는 이 법에 의한 한국자원봉사협의회로 본다. 다만, 이 법 시행 후 6월 이내에 정관을 변경하여 행정자치부장관의 인가를 받아야 한다.

부칙 [2008. 2. 29. **제**8852**호(정부조직법)**]

제1조(시행일) 이 법은 공포한 날부터 시행한다. 단서 생략
제2조부터 **제5조**까지 생략
제6조(다른 법률의 개정) ①부터 <216>까지 생략
<217> 자원봉사활동 기본법 일부를 다음과 같이 개정한다.
제9조제1항 및 제17조제3항 중 "행정자치부장관"을 각각 "행정안전부장관"으로 한다.
<218>부터 <760>까지 생략
제7조 생략

부 칙[2013. 3. 23. **제**11690**호(정부조직법)**]

제1조(시행일) ① 이 법은 공포한 날부터 시행한다.
② 생략
제2조부터 **제5조**까지 생략

제6조(다른 법률의 개정) ①부터 <185>까지 생략

<186> 자원봉사활동 기본법 일부를 다음과 같이 개정한다.

제9조제1항 및 제17조제3항 중 “행정안전부장관”을 각각 “안전행정부장관”으로 한다.

<187>부터 <710>까지 생략

제7조 생략

부 칙[2014. 1. 7. 제12211호]

이 법은 공포한 날부터 시행한다.

부 칙[2014. 11. 19. 제12844호(정부조직법)]

제1조(시행일) 이 법은 공포한 날부터 시행한다. 다만, 부칙 제6조에 따라 개정되는 법률 중 이 법 시행 전에 공포되었으나 시행일이 도래하지 아니한 법률을 개정한 부분은 각각 해당 법률의 시행일부터 시행한다.

제2조부터 제5조까지 생략

제6조(다른 법률의 개정) ①부터 <94>까지 생략

<95> 자원봉사활동 기본법 일부를 다음과 같이 개정한다.

제9조제1항 및 제17조제3항 중 “안전행정부장관”을 각각 “행정자치부장관”으로 한다.

<96>부터 <258>까지 생략

제7조 생략

부 칙[2016. 12. 27. 제14473호]

이 법은 공포한 날부터 시행한다.

부 칙[2017. 7. 26. 제14839호(정부조직법)]

제1조(시행일) ① 이 법은 공포한 날부터 시행한다. 다만, 부칙 제5조에 따라 개정되는 법률 중 이 법 시행 전에 공포되었으나 시행일이 도래하지 아니한 법률을 개정한 부분은 각각 해당 법률의 시행일부터 시행한다.

제2조부터 제4조까지 생략

제5조(다른 법률의 개정) ①부터 <77>까지 생략

<78> 자원봉사활동 기본법 일부를 다음과 같이 개정한다.

제9조제1항 및 제17조제3항 중 “행정자치부장관”을 각각 “행정안전부장관”으로 한다.

<79>부터 <382>까지 생략

제6조 생략

자원봉사활동기본법 시행령

[대통령령 제28211호(행정안전부와 그 소속기관 직제) 일부개정 2017. 7. 26]

제1조(목적) 이 영은 「자원봉사활동 기본법」에서 위임된 사항과 그 시행에 필요한 사항을 규정함을 목적으로 한다.

제2조(자원봉사진흥위원회의 구성)

① 「자원봉사활동 기본법」(이하 "법"이라 한다) 제8조제1항의 규정에 의한 자원봉사진흥위원회(이하 "위원회"라 한다)는 위원장 1인과 부위원장 2인을 포함하여 30인 이내의 위원으로 구성하되, 위원은 다음 각 호의 자로 한다. [개정 2008. 2. 29. 대령 제20741호(「행정안전부와 그 소속기관 직제」), 2010. 3. 15. 제22075호(보건복지부와 그 소속기관 직제), 2013. 3. 23. 제24425호(안전행정부와 그 소속기관 직제)]

1. 당연직 위원 : 기획재정부장관 · 교육부장관 · 법무부장관 · 보건복지부장관 · 여성가족부장관 및 국무조정실장
2. 민간위원 : 자원봉사분야에 관한 학식과 경험이 풍부한 자 중에서 제13조의 규정에 의한 한국자원봉사협의회와 교육부장관 · 보건복지부장관 또는 여성가족부장관의 추천을 받아 국무총리가 위촉하는 자

② 위원회의 위원장은 국무총리가 되고, 부위원장은 행정안전부장관과 민간위원 중에서 호선한 자 1인이 된다. [개정 2008. 2. 29. 대령 제20741호(「행정안전부와 그 소속기관 직제」), 2013. 3. 23. 제24425호(안전행정부와 그 소속기관 직제), 2014. 11. 19. 제25751호(행정자치부와 그 소속기관 직제), 2017. 7. 26. 제28211호(행정안전부와 그 소속기관 직제)]

③ 제1항의 규정에 의한 위원 중 민간위원이 과반수가 되도록 하여야 한다.

④ 민간위원의 임기는 2년으로 한다.

⑤ 위원장은 위원회를 대표하며, 위원회의 업무를 통할한다.

⑥ 부위원장은 위원장을 보좌하며, 위원장이 부득이한 사유로 직무를 수행할 수 없는 경우 그 직무를 대행하되 행정안전부장관, 민간부위원장 순으로 한다. [개정 2008. 2. 29. 대령 제20741호(「행정안전부와 그 소속기관 직제」), 2013. 3. 23. 제24425호(안전행정부와 그 소속기관 직제), 2014. 11. 19. 제25751호(행정자치부와 그 소속기관 직제), 2017. 7. 26. 제28211호(행정안전부와 그 소속기관 직제)]

제3조(위원회의 운영 등)

① 위원회의 회의는 위원장이 필요하다고 인정하는 때 또는 재적위원 4분의 1 이상의 회의소집 요청이 있는 때에 위원장이 이를 소집하며, 위원장이 회의를 소집하고자 하는 때에는 회의의 일시 · 장소 및 부의안건을 회의개최 5일 전까지 각 위원에게 서면으로 통지하여야 한다. 다만, 긴급을 요하는 경우에는 그러하지 아니하다.

② 위원회의 회의는 재적위원 과반수의 출석으로 개의하고, 출석위원 과반수의 찬성으로 의결한다.

③ 부의된 안건과 관련하여 필요한 경우 위원장이 지정하는 중앙행정기관의 장은 위원회에 출석하여 발언할 수 있다.

④ 위원회의 사무를 처리하기 위하여 위원회에 간사 1인을 두며, 간사는 자원봉사활동 업무를 담당하는 행정안전부 소속 공무원으로 한다. [개정 2008. 2. 29. 대령 제20741호(「행정안전부와 그 소속기관 직제」), 2013. 3. 23. 제24425호(안전행정부와 그 소속기관 직제), 2014. 11. 19. 제25751호(행정자치부와 그 소속기관 직제), 2017. 7. 26. 제28211호(행정안전부와 그 소속기관 직제)]

⑤ 위원회는 자원봉사진흥 등에 관한 전문적인 사항을 조사·연구하게 하기 위하여 위원회에 5인 이내의 전문위원을 둘 수 있다.

⑥ 제5항의 규정에 의한 전문위원은 자원봉사에 관한 학식과 경험이 풍부한 자 중에서 행정안전부장관이 위촉한다. 이 경우 예산의 범위 안에서 연구비 및 여비를 지급할 수 있다. [개정 2008. 2. 29. 대령 제20741호(「행정안전부와 그 소속기관 직제」), 2013. 3. 23. 제24425호(안전행정부와 그 소속기관 직제), 2014. 11. 19. 제25751호(행정자치부와 그 소속기관 직제), 2017. 7. 26. 제28211호(행정안전부와 그 소속기관 직제)]

⑦ 그 밖에 위원회의 구성·운영에 관하여 필요한 사항은 위원회의 의결을 거쳐 위원장이 정한다.

제4조(자원봉사진흥 실무위원회의 구성 등)

① 법 제8조제3항의 규정에 의한 자원봉사진흥 실무위원회(이하 "실무위원회"라 한다)는 위원장 1인과 부위원장 2인을 포함하여 25인 이내의 실무위원으로 구성하되, 실무위원은 다음 각 호의 자로 한다. [개정 2008. 2. 29. 제20741호(「행정안전부와 그 소속기관 직제」), 2010. 3. 15. 제22075호(보건복지부와 그 소속기관 직제), 2013. 3. 23. 제24425호(안전행정부와 그 소속기관 직제), 2014. 11. 19. 제25751호(행정자치부와 그 소속기관 직제), 2017. 7. 26. 제28211호(행정안전부와 그 소속기관 직제)]

1. 당연직 실무위원 : 기획재정부·교육부·법무부·보건복지부·여성가족부·경찰청 및 소방청의 자원봉사에 관한 업무를 담당하는 국장
2. 민간실무위원 : 자원봉사분야에 관한 학식과 경험이 풍부한 자 중에서 제13조의 규정에 의한 한국자원봉사협의회와 교육부장관·보건복지부장관 또는 여성가족부장관의 추천을 받아 행정안전부장관이 위촉하는 자

② 실무위원회의 위원장은 행정안전부차관이 되고, 부위원장은 자원봉사활동 업무를 담당하는 행정안전부 소속 공무원과 민간실무위원 중에서 호선한 자 1인이 된다. [개정 2008. 2. 29. 대령 제20741호(「행정안전부와 그 소속기관 직제」), 2013. 3. 23. 제24425호(안전행정부와 그 소속기관 직제), 2014. 11. 19. 제25751호(행정자치부와 그 소속기관 직제), 2017. 7. 26. 제28211호(행정안전부와 그 소속기관 직제)]

③ 제1항의 규정에 의한 실무위원 중 민간실무위원이 과반수가 되도록 하여야 한다.

④ 민간실무위원의 임기는 2년으로 한다.

⑤ 부의된 안건과 관련하여 필요한 경우 실무위원회의 위원장이 지정하는 중앙행정기관의 자원봉사 관련 국장은 실무위원회에 출석하여 발언할 수 있다.
⑥ 실무위원회의 사무를 처리하기 위하여 실무위원회에 간사 1인을 두며, 간사는 자원봉사활동 업무를 담당하는 행정안전부 소속 공무원으로 한다. [개정 2008. 2. 29. 대령 제20741호(「행정안전부와 그 소속기관 직제」), 2013. 3. 23. 제24425호(안전행정부와 그 소속기관 직제), 2014. 11. 19. 제25751호(행정자치부와 그 소속기관 직제), 2017. 7. 26. 제28211호(행정안전부와 그 소속기관 직제)]
⑦ 그 밖에 실무위원회의 구성·운영에 관하여 필요한 사항은 위원회의 의결을 거쳐 위원장이 정한다.

제5조(자원봉사활동의 진흥에 관한 국가기본계획의 수립)

① 행정안전부장관은 법 제9조의 규정에 의한 자원봉사활동의 진흥에 관한 기본계획(이하 "기본계획"이라 한다)을 기본계획 개시연도의 전년도에 수립하여야 한다. [개정 2008. 2. 29. 대령 제20741호(「행정안전부와 그 소속기관 직제」), 2013. 3. 23. 제24425호(안전행정부와 그 소속기관 직제), 2014. 11. 19. 제25751호(행정자치부와 그 소속기관 직제), 2017. 7. 26. 제28211호(행정안전부와 그 소속기관 직제)]
② 행정안전부장관은 기본계획을 수립할 때에는 관계중앙행정기관의 장과 협의하고 위원회의 심의를 거쳐야 한다. [개정 2008. 2. 29. 대령 제20741호(「행정안전부와 그 소속기관 직제」), 2013. 3. 23. 제24425호(안전행정부와 그 소속기관 직제), 2014. 11. 19. 제25751호(행정자치부와 그 소속기관 직제), 2017. 7. 26. 제28211호(행정안전부와 그 소속기관 직제)]

제6조(연도별 시행계획의 수립·시행)

① 법 제10조의 규정에 의하여 시장·군수·구청장(자치구의 구청장을 말한다. 이하 같다)은 매년 12월 말까지 특별시장·광역시장·도지사(이하 "시·도지사"라 한다)에게 다음 연도의 소관 자원봉사활동진흥에 관한 시행계획을 제출하여야 한다.
② 관계 중앙행정기관의 장과 시·도지사는 매년 1월 말까지 당해연도의 소관 자원봉사활동 진흥에 관한 시행계획을 행정안전부장관에게 제출하여야 하며, 행정안전부장관은 이를 종합하여 위원회의 심의를 거쳐 확정한 후 이를 3월 말까지 중앙행정기관의 장 및 시·도지사에게 알려야 한다. [개정 2008. 2. 29. 대령 제20741호(「행정안전부와 그 소속기관 직제」), 2013. 3. 23. 제24425호(안전행정부와 그 소속기관 직제), 2014. 11. 19. 제25751호(행정자치부와 그 소속기관 직제), 2017. 7. 26. 제28211호(행정안전부와 그 소속기관 직제)]
③ 시장·군수·구청장은 매년 1월 15일까지 시·도지사에게, 중앙행정기관의 장 및 시·도지사는 매년 1월 말까지 행정안전부장관에게 각각 전년도 시행계획의 이행결과를 제출하여야 한다. [개정 2008. 2. 29. 대령 제20741호(「행정안전부와 그 소속기관 직제」), 2013. 3. 23. 제24425호(안전행정부와 그 소속기관 직제), 2014. 11. 19. 제25751호(행정자치부와 그 소속기관 직제), 2017. 7. 26. 제28211호(행정안전부와 그 소

속기관 직제)〕

④ 국무총리는 행정안전부장관으로 하여금 제3항의 규정에 의한 이행결과를 점검 · 평가하고 그 결과를 위원회에 제출하게 할 수 있으며, 행정안전부장관은 이행상황을 점검 · 평가하기 위하여 필요한 경우 전문 연구기관에 자문을 구하거나 조사 · 연구를 의뢰할 수 있다. 〔개정 2008. 2. 29. 대령 제20741호(「행정안전부와 그 소속기관 직제」), 2013. 3. 23. 제24425호(안전행정부와 그 소속기관 직제), 2014. 11. 19. 제25751호(행정자치부와 그 소속기관 직제), 2017. 7. 26. 제28211호(행정안전부와 그 소속기관 직제)〕

제7조(관계기관 등에 대한 협조요청) 국가 및 지방자치단체는 제5조 및 제6조의 규정에 의한 기본계획 및 연도별 시행계획의 수립 · 시행을 위하여 필요한 때에는 공공기관 · 자원봉사단체 그 밖의 민간단체에 대하여 필요한 자료 또는 의견의 제출 등의 협조를 요청할 수 있다.

제8조(포상) 법 제12조의 규정에 의한 포상 대상자의 선정절차와 훈격은 「상훈법」의 규정에 따른다.

제9조(자원봉사자의 날 및 자원봉사주간 행사) 법 제13조의 규정에 의한 자원봉사자의 날 및 자원봉사주간을 기념하기 위하여 국가와 지방자치단체 및 자원봉사단체 등은 다음 각 호의 행사를 실시할 수 있다.

1. 기념행사
2. 연구발표 및 국제교류행사
3. 유공자 및 유공단체에 대한 격려
4. 대중매체 등을 통한 홍보
5. 그 밖에 자원봉사 활성화에 대한 범국민적인 관심을 높이기 위한 행사

제10조(자원봉사자에 대한 보험가입 등)

① 국가와 지방자치단체는 법 제14조제1항의 규정에 의하여 자원봉사단체 및 자원봉사센터로 하여금 위험이 수반되는 자원봉사활동에 대한 안전교육 등 사전에 필요한 조치를 취하도록 할 수 있다.

② 법 제14조제2항의 규정에 의한 자원봉사자에 대한 보호의 종류는 다음 각 호와 같다.

1. 자원봉사활동 중인 자원봉사자의 신체적 보호
2. 자원봉사활동 중에 발생한 자원봉사자의 경제적 손실보호
3. 자원봉사활동 중에 발생한 타인의 신체 또는 재물손괴에 대한 보호

③ 국가 및 지방자치단체는 자원봉사센터 또는 「비영리민간단체 지원법」에 의하여 등록된 단체에 소속한 자원봉사자의 보호를 위하여 다음 각 호의 요건을 모두 갖춘 보험 또는 공제에 가입할 수 있다.

1. 자원봉사활동 중에 발생한 자원봉사자의 사망, 후유장애 및 의료 · 입원 · 수술비

등에 대한 보상을 할 수 있을 것
2. 자원봉사활동 중에 발생한 타인의 신체 또는 재물손괴에 대한 보상을 할 수 있을 것

④ 지방자치단체는 제3항의 규정에 의한 보험의 가입절차 및 방법 등에 관하여는 조례로 정한다.

제11조(교육훈련) 자원봉사단체 및 자원봉사센터는 법 제15조의 규정에 의하여 자원봉사자의 안전한 봉사활동을 위한 교육훈련을 관련 교육시설에 위탁할 수 있다.

제12조(국 · 공유재산의 사용)

① 법 제16조의 규정에 의하여 국가 또는 지방자치단체가 국 · 공유재산을 무상으로 대여하거나 사용하게 할 수 있는 자원봉사단체 및 자원봉사센터의 사업은 다음 각 호와 같다.
1. 국제행사에 관한 사업
2. 재난복구 및 구호에 관한 사업
3. 그 밖에 국가 및 지방자치단체가 자원봉사활동의 진흥을 위하여 필요하다고 인정하는 사업. 이 경우 국 · 공유재산을 사무실 용도로 대여 · 사용하거나 1년 이상의 기간을 대여 · 사용하게 할 수 없다.

② 국 · 공유재산의 무상대여나 사용의 절차 및 방법 등에 관하여는 「국유재산법」 또는 「공유재산 및 물품관리법」의 규정에 따른다.

제13조(한국자원봉사협의회의 회원 등)

① 법 제17조의 규정에 의한 한국자원봉사협의회(이하 "협의회"라 한다)의 회원은 다음 각 호의 어느 하나에 해당하는 자로 한다.
1. 자원봉사를 주된 사업으로 하는 비영리법인 또는 단체의 대표자
2. 그 밖에 자원봉사활동의 진흥을 위하여 필요하다고 인정되어 협의회 이사회의 의결을 거친 자

② 협의회의 임원으로 대표이사 1인을 포함한 20인 이상 50인 이하의 이사와 감사 2인을 둔다.

③ 임원은 정관이 정하는 바에 따라 총회에서 선출한다.

④ 임원의 임기는 2년으로 하되 연임할 수 있다.

⑤ 임원의 자격요건과 선출방법 및 협의회의 운영에 관하여 필요한 사항은 협의회의 정관으로 정한다.

⑥ 협의회에 관하여 이 영에 규정된 것을 제외하고는 「민법」 중 사단법인에 관한 규정을 준용한다.

제14조(자원봉사센터 장의 자격요건 등)

① 법 제19조의 규정에 의한 자원봉사센터 장의 자격요건은 다음과 같다.
1. 대학교의 자원봉사 관련 학과에서 조교수 이상의 직에 3년 이상 재직한 자

2. 자원봉사단체 · 자원봉사센터 또는 사회복지기관 · 시설 · 학교 · 기업에서 자원봉사 관리업무에 5년 이상 종사한 자
3. 5급 이상 퇴직공무원으로서 자원봉사업무 또는 사회복지업무에 3년 이상 종사한 자
4. 국가 및 지방자치단체에 등록된 자원봉사 관련 시민사회단체에서 임원으로 10년 이상 활동한 자

② 자원봉사센터 장은 공개경쟁의 방법에 의하여 선임한다.
③ 지방자치단체는 자원봉사센터 장의 선임방법 및 절차 등에 관하여는 조례로 정한다.

제15조(자원봉사센터의 조직 및 운영 등)

① 자원봉사센터의 사무를 처리하게 하기 위하여 자원봉사센터에 사무국을 둔다.
② 자원봉사센터의 원활한 운영을 위한 정책결정기구로서 운영위원회를 둔다. 다만, 자원봉사센터를 법인으로 하여 운영하는 경우에는 이사회를 둔다.
③ 제2항의 규정에 의한 운영위원회는 20인 이하로 하되 자원봉사단체 대표를 과반수 이상으로 구성하고 대표는 민간인으로 한다.
④ 특별시 · 광역시 · 도 자원봉사센터는 지역 내 자원봉사 활성화를 위하여 다음 각 호의 사업을 수행한다.
1. 특별시 · 광역시 · 도 지역의 기관 · 단체들과의 상시협력체계 구축
2. 자원봉사 관리자 및 지도자의 교육훈련
3. 자원봉사 프로그램의 개발 및 보급
4. 자원봉사 조사 및 연구
5. 자원봉사 정보자료실 운영
6. 시 · 군 · 자치구 자원봉사센터 간의 정보 및 사업의 협력 · 조정 · 지원
7. 그 밖에 특별시 · 광역시 · 도 지역의 자원봉사 진흥에 기여할 수 있는 사업

⑤ 시 · 군 · 자치구 자원봉사센터는 지역 내 자원봉사 활성화를 위하여 다음 각 호의 사업을 수행한다.
1. 시 · 군 · 자치구 지역의 기관 · 단체들과의 상시협력체계 구축
2. 자원봉사자의 모집 및 교육 · 홍보
3. 자원봉사 수요기관 및 단체에 자원봉사자 배치
4. 자원봉사 프로그램의 개발 · 보급 및 시범운영
5. 자원봉사 관련 정보의 수집 및 제공
6. 그 밖에 시 · 군 · 자치구 지역의 자원봉사 진흥에 기여할 수 있는 사업

⑥ 지방자치단체는 자원봉사센터의 조직 및 운영 등에 관한 사항은 조례로 정한다.

제16조(고유식별정보의 처리)

① 행정안전부장관은 법 제11조에 따른 자원봉사활동 공헌 인정에 필요한 자원봉사활동실적 정보를 수집(자원봉사활동 관련 사무를 수행하는 다른 중앙행정기관의 정보시스템으로부터 제공받는 경우를 포함한다) · 저장 · 보유 · 가공 · 제공(자원봉사활동 관련 사무를 수행하는 다른 중앙행정기관의 정보시스템으로 제공하는 경우를 포

함한다)하는 사무를 수행하기 위하여 불가피한 경우 「개인정보 보호법 시행령」 제19조제1호 또는 제4호에 따른 주민등록번호 또는 외국인등록번호(이하 이 조에서 "주민등록번호등"이라 한다)가 포함된 자료를 처리할 수 있다. [개정 2014. 11. 19. 제25751호(행정자치부와 그 소속기관 직제), 2017. 7. 26. 제28211호(행정안전부와 그 소속기관 직제)]

② 행정안전부장관 또는 지방자치단체의 장은 법 제14조제2항에 따른 자원봉사자에 대한 보험 가입에 관한 사무를 수행하기 위하여 불가피한 경우 주민등록번호등이 포함된 자료를 처리할 수 있다. [개정 2014. 11. 19. 제25751호(행정자치부와 그 소속기관 직제), 2017. 7. 26. 제28211호(행정안전부와 그 소속기관 직제)]

[본조신설 2014. 7. 7]

부칙 [**제**19318**호**, 2006. 2. 6]

① (시행일) 이 영은 공포한 날부터 시행한다.

② (자원봉사센터의 장에 대한 경과조치) 이 영 시행 당시 자원봉사센터의 장에 임명된 자는 제14조의 규정에 의하여 임명된 것으로 본다.

③ (자원봉사활동 관련 조례에 관한 경과조치) 이 영 시행 당시 시행 중인 자원봉사활동 관련 조례는 이 영에 의한 조례로 보되, 이 영 시행 후 6월 이내 이 영의 규정에 적합하게 개정하여야 한다.

부칙 [2008. 2. 29. **제**20741**호**(**행정안전부와 그 소속기관 직제**)]

제1조(시행일) 이 영은 공포한 날부터 시행한다. <단서 생략>

제2조부터 제5조까지 생략

제6조(다른 법령의 개정) ①부터 <59>까지 생략

<60> 자원봉사활동 기본법 시행령 일부를 다음과 같이 개정한다.

제2조제1항제1호 중 "재정경제부장관 · 교육인적자원부 · 법무부장관 · 보건복지부장관 · 여성가족부장관 · 기획예산처장관 · 국무조정실장 · 국정홍보처장 및 청소년위원회위원장"을 "기획재정부 · 교육과학기술부 · 법무부장관 · 보건복지가족부 · 여성부장관 및 국무총리실장"으로 한다.

제2조제1항제2호 중 "교육인적자원부장관 · 보건복지부장관 · 여성가족부장관 또는 청소년위원회위원장"을 "교육과학기술부장관 · 보건복지가족부장관 또는 여성부장관"으로 한다.

제2조제2항, 제2조제6항 및 제3조제6항 중 "행정자치부장관"을 "행정안전부장관"으로 한다.

제3조제4항, 제4조제2항 및 제4조제6항 중 "행정자치부"를 각각 "행정안전부"로 한다.

제4조제1항제1호 중 "재정경제부장관 · 교육인적자원부 · 법무부 · 보건복지부 · 여성가족부 · 경찰청 · 소방방재청 및 청소년위원회"를 "기획재정부 · 교육과학기술부 ·

법무부·보건복지가족부·여성부·경찰청 및 소방방재청"으로 한다.

제4조제1항제2호 중 "교육인적자원부장관·보건복지부장관·여성가족부장관 또는 청소년위원회위원장"을 "교육과학기술부장관·보건복지가족부장관 또는 여성부장관"으로, "행정자치부장관"을 "행정안전부장관"으로 한다.

제5조제1항, 제5조제2항, 제6조제2항부터 제4항까지 중 "행정자치부장관"을 각각 "행정안전부장관"으로 한다.

<61>부터 <105>까지 생략

부 칙[2010. 3. 15. **제**22075**호**(**보건복지부와 그 소속기관 직제**)]

제1조(시행일) 이 영은 2010년 3월 19일부터 시행한다. <단서 생략>

제2조(다른 법령의 개정) ①부터 <128>까지 생략

<129> 자원봉사활동 기본법 시행령 일부를 다음과 같이 개정한다.

제2조제1항제1호 중 "보건복지가족부·여성부장관"을 "보건복지부장관·여성가족부장관"으로 한다.

제2조제1항제2호 및 제4조제1항제2호 중 "보건복지가족부장관 또는 여성부장관"을 각각 "보건복지부장관 또는 여성가족부장관"으로 한다.

제4조제1항제1호 중 "보건복지가족부·여성부"를 "보건복지부·여성가족부"로 한다.

<130>부터 <187>까지 생략

부 칙[2013. 3. 23. **제**24425**호**(**안전행정부와 그 소속기관 직제**)]

제1조(시행일) 이 영은 공포한 날부터 시행한다. 다만, 부칙 제6조에 따라 개정되는 대통령령 중 이 영 시행 전에 공포되었으나 시행일이 도래하지 아니한 대통령령을 개정한 부분은 각각 해당 대통령령의 시행일부터 시행한다.

제2조부터 제5조까지 생략

제6조(다른 법령의 개정) ①부터 <78>까지 생략

<79> 자원봉사활동 기본법 시행령 일부를 다음과 같이 개정한다.

제2조제1항제1호 중 "기획재정부·교육과학기술부"를 "기획재정부장관·교육부장관"으로, "국무총리실장"을 "국무조정실장"으로 한다.

제2조제1항제2호 중 "교육과학기술부장관"을 "교육부장관"으로 한다.

제2조제2항·제6항, 제3조제6항 전단, 제4조제1항제2호, 제5조제1항·제2항 및 제6조제2항부터 제4항까지 중 "행정안전부장관"을 각각 "안전행정부장관"으로 한다.

제3조제4항, 제4조제2항 및 제6항 중 "행정안전부"를 각각 "안전행정부"로 한다.

제4조제1항제1호 중 "교육과학기술부"를 "교육부"로 한다.

<80>부터 <129>까지 생략

부 칙[2014. 7. 7. 제25440호]

이 영은 공포한 날부터 시행한다.

부 칙[2014. 11. 19. 제25751호(행정자치부와 그 소속기관 직제)]

제1조(시행일) 이 영은 공포한 날부터 시행한다. 다만, 부칙 제5조에 따라 개정되는 대통령령 중 이 영 시행 전에 공포되었으나 시행일이 도래하지 아니한 대통령령을 개정한 부분은 각각 해당 대통령령의 시행일부터 시행한다.

제2조부터 제4조까지 생략

제5조(다른 법령의 개정) ①부터 <190>까지 생략

<191> 자원봉사활동 기본법 시행령 일부를 다음과 같이 개정한다.

제2조제2항 · 제6항, 제3조제6항 전단, 제4조제1항제2호, 제5조제1항 · 제2항, 제6조제2항부터 제4항까지 및 제16조제1항 · 제2항 중 "안전행정부장관"을 각각 "행정자치부장관"으로 한다.

제3조제4항 및 제4조제6항 중 "안전행정부"를 각각 "행정자치부"로 한다.

제4조제2항 중 "안전행정부 제2차관"을 "행정자치부차관"으로, "안전행정부 소속 공무원"을 "행정자치부 소속 공무원"으로 한다.

<192>부터 <418>까지 생략

부 칙[2017. 7. 26. 제28211호(행정안전부와 그 소속기관 직제)]

제1조(시행일) 이 영은 공포한 날부터 시행한다. 다만, 부칙 제8조에 따라 개정되는 대통령령 중 이 영 시행 전에 공포되었으나 시행일이 도래하지 아니한 대통령령을 개정한 부분은 각각 해당 대통령령의 시행일부터 시행한다.

제2조부터 제7조까지 생략

제8조(다른 법령의 개정) ①부터 <150>까지 생략

<151> 자원봉사활동 기본법 시행령 일부를 다음과 같이 개정한다.

제2조제2항 · 제6항, 제3조제6항 전단, 제4조제1항제2호, 제5조제1항 · 제2항, 제6조제2항부터 제4항까지 및 제16조제1항 · 제2항 중 "행정자치부장관"을 각각 "행정안전부장관"으로 한다.

제3조제4항 및 제4조제2항 · 제6항 중 "행정자치부"를 각각 "행정안전부"로 한다.

제4조제1항제1호 중 "소방방재청"을 "소방청"으로 하고, 같은 항 제2호 중 "교육과학기술부장관"을 "교육부장관"으로 한다.

제4조제2항 중 "행정자치부차관"을 "행정안전부차관"으로 한다.

<152>부터 <388>까지 생략

자원봉사활동 시간인증 표준표

대분류	소 분 류	시 간
사회복지 및 보건증진	급식소 봉사활동	6시간
	김장김치 만들기	8시간
	나들이 보조	8시간
	노인 · 장애인 수발	4시간
	놀이, 말벗	4시간
	도시락, 밑반찬, 물품 배달	6시간
	모금활동 및 후원 캠페인	4시간
	바자회	4시간
	보육, 음식조리(제과제빵 포함)	8시간
	빨래방 봉사활동	6시간
	사무보조, 장애인 직업재활작업장 보조	6시간
	영정사진촬영 및 제작지원	4시간
	재가세대 이사지원	8시간
	재가세대 행정 및 금융 업무 대행	2시간
	청소, 빨래, 주변 환경정리	4시간
	체육보조 활동	4시간
	기타 사회복지 분야 봉사활동	4시간
	호스피스활동	4시간
	의료수발 및 식사보조	4시간
	환자 접수 및 안내, 의료기구 및 보급품 정리 등 행정보조	4시간
	대기실 환경정리, 입원실 청소 및 화단정리	2시간
	물리치료 관련 운동보조 활동	4시간
	무료의료봉사	6시간
	헌혈자 접수 및 안내, 거리캠페인	4시간
	병동 내 및 재가세대 대상 도서대출 및 회수	4시간
	이 · 미용 봉사활동	6시간
	목욕봉사활동	4시간
	보건의료 분야 자문위원 활동	2시간

대분류	소 분 류	시 간
지역사회 개발 · 발전	집짓기, 수리(전기 · 보일러 수리, 도배장판, 도색 등)	8시간
	공동체 마을 만들기, 아파트 공동체 실천 활동, 주민 자치활동	8시간
	농촌봉사활동, 텃밭 가꾸기	8시간
	알뜰시장 및 벼룩시장 봉사활동	8시간
	꽃길 가꾸기, 놀이터 보수 활동	6시간
	기타 지역사회 분야 봉사활동	
환경보전 및 자연보호	환경정화활동, 재활용품 수거 및 분류	4시간
	불법홍보물 제거	4시간
	환경감시	4시간
	기타 환경보전(자연보호) 분야 봉사활동	
취약계층 권익보호 및 청소년 육성 · 보호	문화체험, 홈스테이, 청소년수련 지도	8시간
	청소년유해업소감시 및 정화활동	4시간
	청소년 보호 관련 캠페인 활동	4시간
	기타 청소년 육성·보호 분야 봉사활동	
교육 및 상담	평생교육 관련 지도활동(예술, 컴퓨터, 언어, 직업교육 등)	4시간
	학교 교과목과 관련된 학습지도	4시간
	면접, 전화, 인터넷 상담(법률, 세무, 여성, 가족문제 등)	4시간
	멘토링(멘토링사업 참가자) 활동	8시간
	기타 교육상담 분야 봉사활동	
인권옹호 및 평화구현	여성차별개선활동, 아동인권보호활동	4시간
	북한동포돕기 활동 및 캠페인	4시간
	외국인노동자 및 결혼이민자 지원활동	4시간
	기타 인권옹호 및 평화구현 분야 봉사활동	
범죄예방 및 선도	범죄예방, 야간방범, 유해환경추방활동	4시간
	교도소, 감호소 위문(공연)활동(관내 4, 타지 8)	4/8시간
	아동 안전지킴이 활동	4시간
	기타 범죄 예방 및 선도 봉사활동	
교통 및 기초질서 계도	교통정리, 주정차안내, 등하교 횡단보도 지도 - 지자체 행사 혹은 명절 시 실제 활동시간 적용	4시간
	차량봉사(장애인, 노인, 환자이송활동)(관내 4, 타지 8)	4/8시간

대분류	소 분 류	시 간
	교통안전교육	4시간
	부정주차금지 캠페인	4시간
	기타 교통 및 기초질서계도 분야 봉사활동	
재난관리 및 재해구호	피해복구활동	8시간
	응급구조활동	8시간
	피해복구참여자 대상 급식활동	8시간
	재해예방교육	2시간
	대민안전캠페인 및 재난재해모금 캠페인	4시간
	피해지역 모니터활동 및 현장사무소 업무보조	8시간
	기타 재난관리 및 재해구호 분야 봉사활동	
문화 · 관광 · 예술 및 체육진흥	문화재 · 관광 가이드, 문화해설	8시간
	문화예술시설 견학안내	4시간
	문화 · 예술 · 체육분야에서 (보조)지도자 활동	4시간
	문화, 예술, 체육행사 지원활동	8시간
	공연봉사활동	4시간
	문화재보호 캠페인	4시간
	문화재지역 환경정화, 유해문화 추방활동	4시간
	기타 문화, 관광, 예술, 체육 분야 봉사활동	
부패방지 및 소비자보호	지방정부 및 의회 모니터 활동	4시간
	의식계몽활동, 소비자보호활동	4시간
	상업주의 방송 감시활동	4시간
	부패방지 및 소비자보호 분야 봉사활동	4시간
	기타 부패방지 및 소비자보호 분야 봉사활동	
공명선거	선거 관련 봉사활동	8시간
국제협력 및 해외봉사	국외에서의 봉사활동	8시간
	국제기구 및 단체 지원활동	8시간
	국제스포츠행사 지원활동	8시간
	통 · 번역 봉사활동	8시간
	기타 국제협력 및 해외봉사 분야 봉사활동	

대분류	소 분 류	시 간
공공행정 사무지원	동사무소 · 시청 · 세무서 · 문화의집 · 주민자치센터 · 도서관 등에서 민원안내, 사무협력, 도서정리	4시간
	소방서에 소방 · 홍보 업무	4시간
	경찰서에서 민원안내 및 상담	4시간
	자원봉사 실적관리 및 자원봉사자 지도	4시간
	기타 공공행정 및 사무지원 분야 봉사활동	
기타 공익사업 수행 등	자원봉사 관련 회의	2시간
	기타 봉사활동	

자료 : 행정안전부(2020). 자원봉사센터 운영지침, pp. 124-127.

참고문헌

곽윤정(2014). 다문화아동 가족상담. 강현출판사.
교육부(2018). 2018년 교육기본통계주요내용.
구재관 외(2014). 자원봉사론. 양서원.
김명현 외(2013). 결혼이주여성의 생활세계. 경인문화사.
김범수 외(2018). 자원봉사론. 학지사.
김성이・박영희 편(2003). 자원봉사총론. 양서원.
김성희 외(2018). 2017년 장애인실태조사. 보건복지부・한국보건사회연구원.
김영호・조휘일・이성록(2000). 자원봉사 관리의 실제. 서울특별시사회복지협의회.
김오남(2008). 결혼이민자가족의 이해. 집문당.
김용득・김진우・유동철(2007). 한국 장애인복지의 이해. 인간과복지.
김은미・양옥경・이해영(2009). 다문화 사회, 한국. 나남.
김종천(1996). 정신장애인의 욕구 결정요인. 중앙대학교 대학원 박사학위논문.
김한구 외(1997). 자원봉사론. 백산출판사.
김현옥 외(2008). 자원봉사활동 관리 표준매뉴얼 개발 연구. 한국자원봉사관리협회・행정안전부.
김혜영・유진희・신원정(2018). 자원봉사론. 어가.
남복현(2010). 한국과 베트남 국제결혼을 통해 본 다문화가족의 이해. 도서출판 장서원.
남진아(1998). 일본의 자원봉사에서 본 우리나라 자원봉사활동관리에 관한 연구. 숭실대학교 대학원 석사학위논문.
류기형(2016). 자원봉사관리론. 공동체.
류기형 외(2009). 자원봉사론. 양서원.
박주현・최덕경(2011). 다문화사회의 이해와 실천. 창지사.
박태영・채현탁・정진석・조미정(2016). 자원봉사론. 공동체.
보건복지부(2020). 장애인등록현황(2019년).
볼런티어21(2004). 자원봉사 관리자 아카데미 일반과정.
__________(2008). 2008 전국 자원봉사활동 및 기부 실태조사연구.
__________(2011). 2011 전국 자원봉사활동 및 기부 실태조사연구.
성민선(1997). 자원봉사에 대한 이해. 자원봉사프로그램백과2 - 자원봉사의 기초. 한국사회복지협의회.
양옥경(1996). 지역사회 정신건강. 나남출판.
엄명용・김성천・오혜경・윤혜미(2011). 사회복지실천의 이해. 학지사.
여성가족부(2019). 2019 청소년백서.
오세영(2012). 자원봉사론. 창지사.
유성호 역(1997). 자원봉사 프로그램의 관리와 리더십. 아시아미디어리서치.
유안진・김혜선(1996). 인간발달. 한국방송대학교출판부.
윤 진(1994). 성인・노인심리학. 중앙적성출판사.

이근홍(2008). 케어매니먼트. 공동체.

______(2019). 인간행동과 사회환경. 공동체.

______(2020a). 사례관리론. 지식공동체.

______(2020b). 노인복지론. 지식공동체.

이문국 외 공역(1999). 사회복지대백과사전3. 나눔의집.

이배근(1997). 국제협력 자원봉사. 자원봉사프로그램백과10 - 국제협력. 한국사회복지협의회.

이옥형(2002). 아동・청년발달. 집문당.

이윤로(2007). 사회복지실천기술론. 학지사.

정경희 외(2017). 2017년도 노인실태조사. 보건복지부・한국보건사회연구원.

정병오(1997). 사회복지조직의 효과적인 자원봉사 관리방안에 관한 연구. 연세대학교 대학원 석사학위논문.

조추용(2001). 일본 노인의 자원봉사활동 실태. 노인복지연구, 제12호. 한국노인복지학회.

조휘일(1996). 자원봉사 프로그램 관리과정 개발에 관한 연구. 사회과학논총, 제2집. 서울여자대학교.

______(1997). 주요국과 한국의 자원봉사 동향. 자원봉사프로그램백과2 - 자원봉사의 기초. 한국사회복지협의회.

______(1998a). 자원봉사관리자의 구체적 업무. 자원봉사의 효율적 관리. 사회복지자원봉사정보안내센터.

______(1998b). 현대사회와 자원봉사. 홍익재.

주성수(2005). 자원봉사 - 이론, 제도, 정책 -. 아르케.

주성수 외(2017). 2017 자원봉사활동 실태조사 및 활성화 방안 연구. 행정안전부.

중앙노인보호전문기관(2019). 2018 노인학대현황보고서.

최덕경 외(2006). 자원봉사론. 공동체.

최성재・장인협(2011). 노인복지학. 서울대학교 출판문화원.

최윤미 외(1998). 현대청년심리학. 학문사.

최윤정 외(2019). 2018년 전국다문화가족실태조사 연구. 여성가족부.

최현미 외(2012). 다문화가족복지론. 양서원.

통계청(2019a). 장래인구추계.

______(2019b). 2018년 사망원인통계.

______(2020). 주민등록인구통계.

한국노인복지학회 편(2006). 노인복지학 사전. 학현사.

한국사회복지협의회(1997). 자원봉사프로그램백과1 - 백과총론.

한국여성복지연구회(2008). 가족복지론. 청목출판사.

행정안전부(2020). 자원봉사센터 운영지침.

허혜경・김혜수(2002). 청년발달심리학. 학지사.

홍봉선(1998). 부산지역 사회복지관 자원봉사자의 의식과 운영실태에 관한 연구. 사회복지연구, 제8집. 부산대학교 사회복지연구소.

野尻武敏 外(2001). 現代社會とボラソティア. 京都 : ミネルヴァ書房.

日本 總務省(2020). 日本統計資料.

立木茂雄 編(2001). ボラソティアと市民社會 -公共性は市民が紡ぎ出す-. 京都 : 晃洋書房.

田中尙輝(1998). ボラソティアの時代 -NPOが社會を變える-. 東京 : 岩波書店.

仲村優一 外(1982). 現代社會福祉事典. 東京: 全國社會福祉協議會.

Barker, R. L.(1995). *The Social Work Dictionary*(3rd ed.). Washington, D. C. : NASW Press.

Connors, T. D.(2014). *The Volunteer Management Handbook*. John Wiley & Sons, Inc..

Craig, G. J.(1999). *Human Development*(8th ed.). Englewood Cliffs, NJ : Prentice-Hall.

Dunn, P. C.(1995). Volunteer Management. In Edwards, Richard L. et al.(Eds.), *Encyclopedia of Social Work*(19th ed.). Vol. 3. Washington D. C.: NASW Press.

Norlin, J. M., & Chess, W. A.(1997). *Human Behavior and the Social Environment : Social Systems Theory*. Boston : Allyn and Bacon.

Papalia, D. E., Olds, S. W., & Feldman, R. D.(1998). *Human Development*(7th ed.). New York : McGraw-Hill Co., Inc.

Santrock, J. W.(1997). *Life-Span Development*(6th ed.). Madison, WI : Brown & Benchmark Publishers.

Schindler-Rainman, E., & Lippitt, R.(1975). *The Volunteer Community : Creative Use of Human Resources*(2nd ed.). NTL Learning Resources Corp., 김옥라 · 김현자 공역(1992). 자원봉사 : 사랑의 공동체. 희성출판사.

Sissel, P.(1989). Documenting Volunteer Participation : Recording Techniques. *Voluntary Action Leadership*. National Information Center on Volunteerism.

Zanden, J. W. V.(1997). *Human Development*(6th ed.). New York : McGraw-Hill Co., Inc.

http://unv.org

http://www.nationalservice.gov

http://www.workcamp.org

http://youngcitizens.volunteernow.co.uk/millennium-volunteers

찾아보기

(ㄱ)

가사지원 ········ 115
가설 연역적 추리 ········ 76
가정폭력 ········ 124, 127
가족문제상담 ········ 128
가출 ········ 125
간장애인 ········ 110
감사카드 ········ 173
감사파티 ········ 184
개발도상국 ········ 131, 132, 133, 139
개별모집 ········ 147
개별화 ········ 163
개인 · 단기형 ········ 137
개인적 우화 ········ 77
거식증(anorexia nervosa) ········ 81
걸스카우트 ········ 48
결과평가 ········ 168
결혼이민자 가구 ········ 118
결혼이민자 · 귀화자 ········ 120, 121, 122
결혼이민자 · 귀화자의 월평균임금 ·· 122
결혼이민자 · 귀화자의 특성 ········ 120
결혼이주여성 ········ 117, 126
겸손한 태도 ········ 29
경제기회법(Economic Opportunity Act) 51
경제적 어려움 ········ 121, 126
경제적 학대 ········ 99
경제적 협력 ········ 132
경제활동참가율 ········ 111, 122
경청 ········ 35
계속성 ········ 17
고독 ········ 97
고령사회(aged society) ········ 89
고령화사회(aging society) ········ 89
고부간의 갈등 ········ 126
공감과 동정 ········ 35
공공성 ········ 16
공동모금회 ········ 48
공동체 활동 ········ 47
공동체의식 ········ 23
공무원연금 ········ 93
공식 지원체계 ········ 37
공식적 차원 ········ 173
공식적인 보상제도 ········ 184
공식적인 보호제도 ········ 184
공적 · 제도적 서비스 ········ 18
과정기록 ········ 166
과정평가 ········ 168
관찰 ········ 35
교육계획의 수립 ········ 155
교육성 ········ 16
교육실행 ········ 155
교육적 재활 ········ 113
교육준비 ········ 155
교육평가 ········ 156
교육활동 ········ 115, 128
국가 간 협력증진 ········ 134
국가 및 지역사회 서비스 법(National and Community Service Trust Act) ········ 53
국내 자원봉사자 서비스법

(Domestic Volunteer Service Act) ········ 51
국내형 ········ 139
국민기초생활보장제도 ········ 93
국민보건서비스(National Health Service)43
국민연금 ········ 93
국제결혼 ········ 117
국제기독교청소년 교류 ········ 140
국제봉사 ········ 68
국제워크캠프기구(International Workcamp Organization) ········ 136
국제자원봉사 ········ 131, 186
국제자원봉사의 기능 ········ 133
국제자원봉사의 분야 ········ 139, 141
국제자원봉사의 원칙 ········ 135
국제자원봉사의 유형 ········ 136
국제자원봉사의 필요성 ········ 131
국제적십자사 ········ 133
군인연금 ········ 93
권리보장 ········ 22
권익보호 ········ 140
기관봉사 ········ 129
기독교아동복리회 ········ 133
기록 ········ 38
기록과 평가 ········ 33
기록기술 ········ 38
기록대장(record book) ········ 46
기록의 내용 ········ 166
기록의 유형 ········ 166
기록의 필요성 ········ 165
기본교육 ········ 154
기본적 욕구 ········ 94
기아문제 ········ 134
기아봉사단 ········ 139
기준 중위소득 ········ 123
기초교육 ········ 153
기초연금 ········ 93
기회의 평등 ········ 114
긴급원조형 ········ 138

(ㄴ)

난민보호 ········ 131
노인 ········ 89
노인문제 ········ 95
노인보호전문기관 ········ 99
노인복지법 ········ 63
노인봉사단 ········ 50, 53
노인빈곤율 ········ 96
노인의 성격 특성 ········ 91
노인의 성별 구성비 ········ 89
노인의 욕구 ········ 94
노인의 특성 ········ 89
노인인구 ········ 89
노인일자리사업 ········ 93
노인자살 ········ 99
노인자원봉사 ········ 89, 100
노인자원봉사의 분야 ········ 104, 106
노인자원봉사의 원칙 ········ 104
노인자원봉사의 필요성 ········ 100
노인치매(senile dementia) ········ 98
노인학대 ········ 98
뇌병변장애인 ········ 109
뇌전증장애인 ········ 110
뉴딜정책 ········ 49

(ㄷ)

다문화가구 ········ 118

다문화가구 자녀 ··· 119
다문화가구의 월평균 가구소득 ··· 119
다문화가구의 주거유형 ··· 119
다문화가구의 특성 ··· 118
다문화가구의 평균 자녀 수 ··· 119
다문화가구의 평균가구원 수 ··· 118
다문화가족 ··· 117, 124, 126
다문화가족자원봉사의 분야 ··· 128, 130
다문화가족자원봉사의 원칙 ··· 127
다문화가족자원봉사의 필요성 ··· 126
다문화가족 생활의 어려움 ··· 123
다문화가족의 특성 ··· 117
다문화가족자원봉사 ··· 117
다세대주택 ··· 119
다수모집 ··· 147
다차원적인 사고 ··· 76
단체연수 ··· 157
대공황 ··· 49
대민봉사 ··· 69
대인봉사 ··· 67, 85, 105, 128
대인봉사활동 ··· 114
대인서비스 욕구 ··· 18
대중모집 ··· 147
동등화 ··· 163
동성애착 ··· 78
동심원모집 ··· 147
두볼(DOVOL) ··· 56
등록장애인 수 ··· 110

(ㅁ)

만성질병실태 ··· 96
면접 ··· 35
면접기술 ··· 35
면접의 비밀성 ··· 35
명료화 ··· 35
모의실험 ··· 157
무급성 ··· 15
무료건강진단 ··· 173, 184
무보수성 ··· 15
문화의 이질성 ··· 125, 127
문화적 차이 경험 ··· 120
문화차이 ··· 121
미국봉사단 ··· 50, 53
미국시민지역사회봉사단 ··· 53
미국자유봉사단 ··· 53
미국적십자 ··· 48

(ㅂ)

바꾸어 말하기 ··· 35
방임 ··· 99
배우자학대 ··· 126
배치과정의 고려사항 ··· 161
범죄예방자원봉사단체협의회 ··· 54
별거 ··· 125, 126
보건의료활동 ··· 115, 128
보답의 의미 ··· 133
보이스카우트 ··· 48
복지국가의 위기 ··· 41, 43
복지권 ··· 19
복지넷 ··· 55
복지이념 ··· 19
부부갈등 ··· 124, 127
부부갈등의 원인 ··· 121
북한이탈주민 ··· 118, 126
비경제활동인구 ··· 122

비공식 지원체계 …… 37
비공식 차원 …… 173
비공식적인 보상제도 …… 184
비공식적인 보호제도 …… 184
비밀보장 …… 34
비언어적 의사소통 …… 35
비정부기구(NGO) …… 135
빈곤 …… 96
빈곤과의 전쟁(war on poverty) …… 51
빈곤문제 …… 123, 127
빈민구호 …… 131
빈민지역 …… 134

(ㅅ)

사랑의 굶기 운동 …… 140
사랑의 달리기 모금 …… 139
사랑의 동전 모으기 …… 140
사랑의 맨발걷기 …… 140
사랑의 빵 운동 …… 140
사례발표회 …… 173, 184
사립학교교직원연금 …… 93
사무봉사 …… 67, 86, 106
사전준비와 책임감 …… 30
사전훈련 …… 156
사춘기 …… 74
사회문제 …… 19
사회복지 전문인력 …… 20
사회복지사업법 …… 63
사회복지성 …… 15
사회복지의 민영화 …… 41
사회복지자원봉사 정보안내센터 …… 54
사회복지자원봉사인증관리시스템(VMS) · …… 56
사회복지정보센터 …… 55
사회복지포털 서비스 …… 56
사회봉사 …… 70
사회적 욕구 …… 94
사회적 재활 …… 113
사회적 지지 …… 114, 128
사회활동 …… 115
산업혁명 …… 41
상담보조 …… 128
상담보조활동 …… 114
상상의 청중 …… 77
상용근로자 …… 122
상해보험제도 …… 184
상해보험제도의 도입 …… 173
상호부조의 정신 …… 23
새마을운동 …… 53
새천년자원봉사단(Millenium Volunteers) ·· …… 44, 45
생계지원활동 …… 128
생활조건의 개선 …… 114
석유 파동 …… 41, 43
선발면접 …… 148
선발심사 …… 149
선정 · 배치기준 확정을 위한 행동지침 · …… 160
섭식장애 …… 81, 83
성적 학대 …… 99
세계선명회 …… 133
세제감면 …… 173, 184
소년클럽 …… 48
소득보장 …… 18
시각장애인 …… 109
시설(기관)봉사활동 …… 115

시설보호 ··· 18
시설운영의 사회화 ··· 19
신뢰관계의 형성 ··· 35
신자유주의 ··· 41, 43
신장장애인 ··· 110
신체적 노화 ··· 90
신체적 학대 ··· 99
실무교육 ··· 154
심리적 재활 ··· 113
심장장애인 ··· 110

(ㅇ)

아동구호협회 ··· 47
아동학대 ··· 126
아베스보고서(Aves Report) ··· 43
안내 ··· 35
안면장애인 ··· 110
약속의 이행 ··· 29
양육수당 ··· 119
언어문제 ··· 121, 126
언어장애인 ··· 109
업무교육 ··· 153
업무지원활동 ··· 129
엘리자베스 구빈법 ··· 41
여가활동 ··· 114, 128
여성자원활동센터 ··· 54
역할극 ··· 157
역할상실 ··· 93, 97
연계성모집 ··· 147
연구집회 ··· 157
연금보험 ··· 93
영국의 자원봉사 ··· 41
영국자원봉사센터(Volunteer Centre UK) ··· 44
영농지원 ··· 131
오리엔테이션 ··· 152
온라인 자원봉사 인증관리 ··· 176
옹호 ··· 37
옹호기술 ··· 37
완전한 사회참여 ··· 127
외국인근로자 ··· 117
외원기관 ··· 133
요약 ··· 35
요약기록 ··· 166
욕구중심의 활동 ··· 27
우애방문원 ··· 42, 47
우울증 ··· 80, 83
우호적 관계유지 ··· 32
워크캠프 프로그램 ··· 136
워크캠프(workcamp)형 ··· 136
워킹홀리데이(Working Holiday) ··· 137
유기 ··· 99
유엔아동기금(UNICEF) ··· 133
유엔자원봉사단(UN Volunteers) ··· 138
의료보장 ··· 18
의료적 재활 ··· 113
의료지원 ··· 131
의사소통기술 ··· 34
의사소통의 어려움 ··· 123, 127
의식개선 ··· 131
이기적 동기 ··· 25
이성애착 ··· 78
이차성징 ··· 75
이타성 ··· 15
이타적 동기 ··· 24
이혼 ··· 125, 126

인간의 존엄성 ······ 22
인권보호 ······ 140
인권존중 ······ 21
인도적 차원 ······ 131
인류공동체의 실현 ······ 134
인보관(Settlement House) ······ 42
인보관운동 ······ 42
인증관리 ······ 173, 175
인턴십(internship) ······ 139
인턴십형 ······ 139
일용근로자 ······ 122
일차성징 ······ 74
임시근로자 ······ 122

(ㅈ)

자기결정권 ······ 128, 136
자기결정권의 존중 ······ 31
자기방임 ······ 99
자기성장을 위한 노력 ······ 31
자기성장의 기회 제공 ······ 134
자녀교육과 양육의 어려움 ······ 124
자녀양육과 취학 ······ 119
자녀양육의 어려움 ······ 121, 127
자녀의 학교부적응 ······ 125
자녀의 학교생활 부적응 ······ 125
자녀의 학업부진 ······ 125
자발성 ······ 14
자살 ······ 80, 83, 125
자선법(Charity Act) ······ 43
자선조직협회(Charity Organization Society) ······ 42
자아실현 ······ 17, 84, 102
자아실현성 ······ 17
자아실현의 동기 ······ 26
자아정체감 ······ 77
자영업자 ······ 122
자원동원기술 ······ 36
자원봉사 ······ 13, 14, 83
자원봉사 참여율 ······ 184
자원봉사 프로그램의 다양화 ······ 182
자원봉사센터 ······ 54, 63
자원봉사센터협회 ······ 54
자원봉사의 개념 ······ 13
자원봉사의 과제 ······ 181
자원봉사의 동기 ······ 24
자원봉사의 역사 ······ 41
자원봉사의 인식 제고 ······ 182
자원봉사의 전망 ······ 184
자원봉사의 철학 ······ 21
자원봉사의 특성 ······ 14
자원봉사의 필요성 ······ 17
자원봉사의 홍보 강화 ······ 181
자원봉사인력은행 ······ 54
자원봉사자 ······ 42
자원봉사자 교육 · 훈련 시 고려사항 157
자원봉사자 교육과정 ······ 155
자원봉사자 교육의 기능 ······ 151
자원봉사자 교육의 종류 ······ 152
자원봉사자 교육의 필요성 ······ 151
자원봉사자 보호보상제도의 확충 ······ 184
자원봉사자 인정과 보상의 법적 근거 ······ 171
자원봉사자 인정과 보상의 유형 ······ 173
자원봉사자 인정과 보상의 필요성 ······ 171
자원봉사자 인증관리의 기본 원칙 ······ 176
자원봉사자 인증관리의 필요성 ······ 175

자원봉사자 훈련모형 ························ 157
자원봉사자에 대한 인정과
보상 프로그램 ································ 174
자원봉사자의 관리 ···························· 143
자원봉사자의 교육 ···························· 151
자원봉사자의 기록 ···························· 165
자원봉사자의 기술 ······························ 34
자원봉사자의 면접 ···························· 148
자원봉사자의 모집 ···························· 145
자원봉사자의 모집계획 ······················ 145
자원봉사자의 모집과정 ······················ 146
자원봉사자의 모집방법 ······················ 146
자원봉사자의 배치 ··········· 159, 161, 162
자원봉사자의 보호 ······························ 62
자원봉사자의 선정 ···························· 159
자원봉사자의 심사 ··················· 148, 149
자원봉사자의 인증관리 ······················ 175
자원봉사자의 자세 ······························ 27
자원봉사자의 지도감독 ······················ 163
자원봉사자의 평가 ···························· 167
자원봉사자의 효율적인 관리 ············ 183
자원봉사자의 훈련 ···························· 156
자원봉사진흥위원회 ···························· 60
자원봉사활동 대상 ······························ 69
자원봉사활동 대상별 분류 ·················· 71
자원봉사활동 분야 ······························ 67
자원봉사활동 분야별 분류 ·················· 69
자원봉사활동 진흥에 관한 국가기본계획
··· 60
자원봉사활동기본법 ······· 54, 55, 59, 171
자원봉사활동기본법 시행령 ·············· 172
자원봉사활동의 기본 방향 ·················· 59
자원봉사활동의 범위 ·························· 60
자원봉사활동의 장려 ·························· 61
자폐성장애인 ···································· 110
장기개발형 ·· 138
장루 · 요루장애인 ······························ 110
장애의 유형 ······································ 109
장애인 대상 자원봉사의 분야 ·· 114, 116
장애인 대상 자원봉사의 원칙 ·········· 113
장애인 대상 자원봉사의 필요성 ······ 112
장애인복지법 ···································· 109
장애인의 욕구 ·································· 112
장애인의 특성 ·································· 109
재교육 ·· 154
적십자운동 ·· 53
적재적소의 배치 ······························ 161
적재적소의 원칙 ······························ 161
전국다문화가족실태조사 ·········· 118, 120
전국자원봉사단체협의회(National Council
for Voluntary Organization) ··············· 45
전국자원봉사사무소협회(National
Association of Volunteer Bureaux) ······ 45
전국자원봉사센터
(National Volunteer Center) ················ 52
전문화 ·· 163
전환훈련 ·· 157
정기방문형 ······································ 138
정보제공 ·· 35
정상화 ································· 19, 114
정서적 지지 ······································ 36
정서적 학대 ······································ 99
정신장애인 ······································ 110
정치적 안정 ······································ 132
제2성장급등기 ··································· 74
제3의 길 ·· 44

조합적 사고 ········· 76
종결 ········· 38
종결기술 ········· 38
주거 및 경제상태 ········· 119
주거환경개선 ········· 131
주변인(marginal man) ········· 83
지구의 환경보전 ········· 135
지도감독 시 고려사항 ········· 164
지도감독의 원칙 ········· 163
지도감독의 필요성 ········· 163
지역개발 ········· 131
지역사회보호 ········· 18, 19, 43
지역사회봉사 ········· 68, 86, 106
지원서비스의 이용경험 ········· 122
지적장애인 ········· 110
지체장애인 ········· 109
직업적 재활 ········· 113
질문 ········· 35
질병 ········· 96
질풍노도의 시기 ········· 76, 83
집단따돌림 ········· 82, 83, 125

(ㅊ)

차별대우의 금지 ········· 22, 114, 127
천부적 인권 ········· 113
청각장애인 ········· 109
청소년기본법 ········· 73
청소년문제 ········· 79, 83
청소년비행 ········· 79, 83
청소년비행의 원인 ········· 79
청소년의 자아중심성 ········· 76
청소년의 특성 ········· 73
청소년자원봉사 ········· 73
청소년자원봉사센터 ········· 54
청소년자원봉사의 분야 ········· 85
청소년자원봉사의 원칙 ········· 85
청소년자원봉사의 필요성 ········· 83
청소년활동진흥법 ········· 56, 63
초고령사회(super-aged society) ········· 89
초기훈련 ········· 156
초점유지 ········· 35
촛불재단 ········· 50, 52
총괄평가 ········· 168
추상적 사고 ········· 76
취업지원활동 ········· 129
치매유병률 ········· 98
친절하고 예의 바른 태도 ········· 28
침묵의 활용 ········· 35

(ㅌ)

태화기독교사회관 ········· 53
통솔과 지시 ········· 35
통합화 ········· 19

(ㅍ)

편견과 선입관의 배제 ·· 22, 28, 114, 127
편견과 차별 ········· 121, 126
평가와 환류 ········· 157
평가의 단계 ········· 167
평가의 수준 ········· 169
평가의 유형 ········· 168
평가의 주요 요소 ········· 170
평가의 필요성 ········· 167
평등의식 ········· 22
평화봉사단 ········· 49, 50
폭식증(bulimia) ········· 81

표적모집 ········· 147

(ㅎ)

한국대학사회봉사협의회 ········· 54, 56
한국사회복지협의회 ········· 53, 55
한국생활의 어려움 ········· 121
한국어교육 ········· 131, 140
한국여성개발원 ········· 54
한국자원봉사단체협의회 ········· 54
한국자원봉사협의회 ········· 55, 62
한국청소년활동진흥원 ········· 56
해석 ········· 35
핵가족화 ········· 92
행사지원활동 ········· 115, 129
행정업무 ········· 115
현직훈련 ········· 156
형성평가 ········· 168
호흡기장애인 ········· 110
홍보 및 모집 ········· 155
확대가족 ········· 92, 118
환경보호 ········· 131
환류 주기 ········· 35
후원결연 ········· 115
희생정신 ········· 24

(영문)

ACTION ········· 49, 51
CNCS(Corporation for National and Community Service) ········· 52
Famine24운동 ········· 140
NCCC(National Civilian Community Corps) ········· 53
VISTA ········· 49, 51, 53
YMCA ········· 48, 53

저자 **이근홍**

중앙대학교 사회복지학과 졸업
중앙대학교 대학원 사회복지학과(석사)
중앙대학교 대학원 사회복지학과(박사)
University of Missouri-Columbia Visiting Scholar
한국노인복지학회 회장 역임
현재 협성대학교 사회복지학과 명예교수

저서 및 논문

사례관리론(지식터, 2023)
노인복지론(지식터, 2023)
사회복지개론(공저, 신정, 2011)
케어매니지먼트(공동체, 2008)
한국의 노인복지(공저, 인간과복지, 2008)
노인복지학개론(공저, 학현사, 2007)
인간행동과 사회환경(공동체, 2006)
한국 노인복지의 새로운 도전(공저, 현학사, 2004)
현대사회보장론(공저, 한국복지정책연구소 출판부, 2001)
한국사회복지와 불평등(공저, 일조각, 1997)
한국사회보장제도의 재조명(공저, 한국복지정책연구소 출판부, 1992)
주택과 사회정책(공저, 한국복지정책연구소 출판부, 1991)
한국 재가노인의 사례관리 실천모형에 관한 연구 외 논문 다수

자원봉사론

1판 1쇄 발행 2023년 1월 4일
1판 2쇄 발행 2025년 8월 1일

지은이 이근홍
펴낸이 김동근
펴낸곳 지식터
등 록 2022년 10월 19일(등록번호 제2022-000170호)
주 소 경기도 고양시 일산동구 정발산로 42번길60 웨스턴853, 437호(장항동)
전 화 031-811-8500
팩 스 031-811-8600
이메일 jster22@naver.com
홈페이지 www.jster22.com
ISBN 979-11-92845-02-9 (93330)

값 15,000원